COLLECTION MICHEL LÉVY

LES
GUÊPES

ŒUVRES COMPLÈTES
D'ALPHONSE KARR
PUBLIÉES DANS LA COLLECTION MICHEL LÉVY

AGATHE ET CÉCILE..	1 vol.
LE CHEMIN LE PLUS COURT....................................	1 —
CLOTILDE..	1 —
CLOVIS GOSSELIN...	1 —
CONTES ET NOUVELLES...	1 —
LA FAMILLE ALAIN..	1 —
LES FEMMES...	1 —
ENCORE LES FEMMES..	1 —
FEU BRESSIER...	1 —
LES FLEURS..	1 —
GENEVIÈVE..	1 —
LES GUÊPES...	6 —
UNE HEURE TROP TARD...	1 —
HORTENSE...	1 —
MENUS PROPOS..	1 —
MIDI A QUATORZE HEURES..	1 —
LA PÊCHE EN EAU DOUCE ET EN EAU SALÉE...............	1 —
LA PÉNÉLOPE NORMANDE...	1 —
UNE POIGNÉE DE VÉRITÉS...	1 —
PROMENADES HORS DE MON JARDIN.........................	1 —
RAOUL..	1 —
ROSES NOIRES ET ROSES BLEUES..............................	1 —
LES SOIRÉES DE SAINTE-ADRESSE..............................	1 —
SOUS LES ORANGERS..	1 —
SOUS LES TILLEULS..	1 —
TROIS CENTS PAGES...	1 —
VOYAGE AUTOUR DE MON JARDIN..............................	1 —

ŒUVRES NOUVELLES D'ALPHONSE KARR
Format grand in-18.

DE LOIN ET DE PRÈS (2e édition)................................	1 vol.
EN FUMANT (3e édition)..	1 —
SUR LA PLAGE (2e édition)..	1 —
LETTRES ÉCRITES DE MON JARDIN.............................	1 —
LE ROI DES ILES CANARIES (sous presse)...................	1 —
LES DENTS DU DRAGON (sous presse)........................	1 —

Clichy. — Impr. M. Loignon, Paul Dupont et Cie, rue du Bac-d'Asnières, 12.

LES
GUÊPES

PAR

ALPHONSE KARR

— PREMIÈRE SÉRIE —

NOUVELLE ÉDITION

PARIS
MICHEL LÉVY FRÈRES, ÉDITEURS
RUE VIVIENNE, 2 BIS, ET BOULEVARD DES ITALIENS, 15
A LA LIBRAIRIE NOUVELLE
—
1869

Droits de reproduction et de traduction réservés

A MES AMIS INCONNUS

L'histoire racontée par les *Guêpes* renferme une période de dix ans.

De ce recueil, complétement épuisé en librairie, on me demande une nouvelle édition.

J'aurais cru ma probité intéressée à ne faire aucuns changements, ni aux idées, ni aux appréciations, — quand même mes idées et mes appréciations auraient changé, — ce qui n'est pas.

Quelques pages seulement ont été supprimées, à la demande des éditeurs. — Nous n'aurions pu imprimer aujourd'hui ce que je disais alors, — et je ne veux pas dire autre chose.

Je viens de relire les cent volumes des *Guêpes*, et, dans ma conscience, je puis répéter aujourd'hui ce que j'ai dit en tête du premier volume, publié en novembre 1839.

A. K.

Avril 1853.

LES
GUÊPES

PRÉFACE, AVERTISSEMENT, AVANT-PROPOS;

LE TOUT EN VINGT LIGNES.

Ce petit livre est le premier de douze volumes semblables qui paraîtront successivement et chaque mois, d'ici à un an.

Ils contiendront l'expression franche et inexorable de ma pensée sur les hommes et sur les choses en dehors de toute idée d'ambition, de toute influence de parti.

Je parlerai sans colère, parce qu'à mes yeux les hommes les plus méchants sont encore plus ridicules que méchants, et que d'ailleurs je suis sûr de leur faire ainsi à la fois plus de tort et plus de chagrin.

Je n'appartiens à aucun parti : je juge les choses à mesure qu'elles arrivent, les hommes à mesure qu'ils se manifestent ; je prends peu de choses au sérieux, parce que, n'ayant besoin de personne que de mes amis, et ne leur demandant que leur amitié, je sens, je vois et je juge avec le sang-froid et la gaieté tranquille d'un spectateur passablement assis.

J'adresse mes petits livres *aux amis inconnus* que je puis avoir dans le monde, aux gens de bonne foi, de bon sens et d'esprit : c'est-à-dire que j'ai pris mes mesures pour n'avoir besoin que d'un petit nombre de souscripteurs.

Nous rirons bien ensemble de bien des gens qui voudraient passer pour sérieux, et nous nous amuserons à mesurer la petitesse des *grands* hommes et des *grandes* choses.

Novembre 1839.

Aux amis inconnus. — Le gouvernement et les portiers. — Les partis et leurs queues. — Indépendance des gens de lettres. — Le roi des tragédies. — N'importe qui premier. — Ce que signifient les prodiges.— Gouvernement des marchands de peaux de lapin. — Consciences à trois francs. — Voyage du duc et de la duchesse d'Orléans. — Porte-crayons en or, contrôlés par la Monnaie. — L'hospitalité de Bourges. — Chercher Blanqui. — M. Cousin, philosophe cynique. — Les rois et les bergères.— Bon mot de S. M. Louis-Philippe. — Bon mot de M. Thiers. — Mauvais mot de M. de Salvandy. — Sur le jury. — Sur les avocats du roi. — Manière de faire condamner un accusé. — Vol de grand chemin. — M. Laffitte et un cocher. — Les livres. — Les romans. — M. de Salvandy.—Aux gens sérieux. — Parenthèse : les femmes de lettres. — L'école des journalistes. — La *Cenerentola* et les pieds des chanteuses. — Le Daguerréotype et Christophe Colomb. — Le nez de M. Arago. — Les femmes s'en vont. — Les gants jaunes. — Les écuyères du Cirque.

Certes, aux personnes qui me connaissent pour un homme de loisir et de fantaisie, il doit paraître extraordinaire que j'aille ainsi, de gaieté de cœur, me donner le tracas et l'ennui de créer une publication, quand il paraît chaque matin, sous le titre ambitieux d'*organes* de *l'opinion publique*, un si grand nombre de carrés de papier, où il me serait loisible de glisser ce que je puis avoir à dire à mes contemporains.

Il faut donc que j'aie une raison forte et invincible, et cette raison la voici :

C'est qu'*il n'y a pas* UN *journal dans lequel on puisse mettre vingt lignes où il n'y aurait ni bêtise, ni mauvaise foi*. J'en prends à témoin plusieurs de mes amis, hommes d'esprit et de talent, qui y écrivent ou plutôt qui y rament avec tant d'ennui et de dégoût. Je fais mieux, je prouve.

Autant que je me le rappelle, au mois de juillet de l'année 1830, une révolution a été faite *pour la liberté de la presse* par cette intéressante partie de la population qui ne sait pas lire : la presse est donc libre.

Si le despotisme a ses inconvénients, la liberté a aussi les siens ; le despotisme est considéré par celui qui l'exerce, ou comme un droit, ou comme une puissance acquise par la force, et conséquemment odieuse : comme droit, il a des limites, comme tout droit, en dehors desquelles il cesserait d'être ; comme usurpation, il y a une goutte qu'on n'ose pas mettre dans la coupe sous peine de la faire déborder.

Mais la liberté étant une vertu, elle prend ses plus funestes ou ses plus grotesques excès pour un progrès, et elle ne reconnaît pas de bornes.

Le gouvernement a cru agir sagement, en mettant *quelques* restrictions à la liberté de la presse.

Ces quelques restrictions remplissent dans le Code onze pages, contenant chacune cinquante lignes de soixante lettres, c'est-à-dire environ soixante-dix pages d'un volume ordinaire.

Le gouvernement a cru agir sagement, en quoi il s'est parfaitement trompé.

La presse sans entraves se servait de contre-poids à elle-même ; chaque nuance avait son journal, et chaque journal n'avait qu'un petit nombre de clients.

Le cautionnement a été la plus grande entrave, mais en même temps il a créé des priviléges ; c'est-à-dire que, s'il a rendu beaucoup de journaux impossibles, il a donné une immense puissance à ceux qui ont pu remplir cette condition, en cela que les diverses nuances de lecteurs se sont absorbées dans une couleur et ont fait à chacun des journaux existants une très-nombreuse clientèle.

Les conditions fiscales imposées à la presse l'ont retirée des mains des écrivains pour la mettre à celles des spéculateurs et des entrepreneurs.

Ainsi, aujourd'hui, on ne pourrait citer un seul écrivain possesseur d'un journal ; mais, en revanche, la presse est gouvernée, dirigée par d'anciens bonnetiers, d'anciens pharmaciens, d'anciens avoués, etc. ; quelques-uns, — les journaux par actions, — appartiennent à la fois à deux mille épiciers, bottiers, pâtissiers, merciers, rôtisseurs, portiers, perruquiers, bouchers, avocats — et autres citoyens d'une littérature contestable.

Voici quels sont les résultats de cet ordre de choses pour le gouvernement et pour les écrivains.

Le gouvernement, par une de ces maladresses qu'il n'y a que les gouvernements qui sachent faire, a fait passer l'arme dont il avait peur des mains des poëtes aux mains des hommes d'affaires et des marchands. Les marchands savent ce qu'ils mettent et ce qu'ils risquent dans une affaire, et les bénéfices multipliés par les risques que doit leur rapporter cet argent. Ils ont une tenue, une pertinacité, que n'auraient jamais eues les écrivains, qui n'auraient eu en vue que des idées, des paradoxes ou des systèmes. Les marchands vont droit à leur but, qui est de rançonner comme ami ou comme ennemi le gouvernement, ou de le renverser pour prendre ou vendre sa place. Vous avez voulu avoir affaire aux marchands ; eh bien ! arrangez-vous avec eux ; ils vous achètent la presse en gros, ils vous la revendront en détail, et gagneront dessus, et ils vous la vendront cher, et ils vous la feront payer de tout ce qui est à vous, et de bien des choses qui ne sont pas à vous.

✻ Pour les gens de lettres, qui parlent si haut et si souvent de leur indépendance, voici ce qu'ils ont gagné au *progrès*. Ils ne sont plus, il est vrai, aux gages de Louis XIV ; ils lèvent fièrement la tête et plaignent ou méprisent Corneille, qui a subi ce joug honteux ; mais ils sont aux gages de M. Trois-Étoiles, négociant en vins, ou fabricant de cheminées, ou des deux mille bottiers, rôtisseurs, portiers, avocats, etc., dont je vous parlais tout à l'heure, qui ont déposé le cautionnement de cent mille francs exigé par la loi.

✻ Il n'y a que deux sortes de journaux: ceux qui approuvent et soutiennent le gouvernement, quoi qu'il fasse, et ceux qui le blâment et l'attaquent, quoi qu'il fasse. Que le gouvernement prenne deux mesures *contradictoires*, ce qui n'est ni impossible ni rare : il est clair que si l'une est mauvaise, la seconde est bonne ; que si la première est bonne, la deuxième est mauvaise. Eh bien ! *il n'y a pas un seul journal* où on puisse dire cela.

✻ Les journaux de l'opposition sont aussi obstinés et serviles dans leur critique que les journaux ministériels dans leur enthousiasme.

✻ A côté de ces inconvénients visibles, il y en a d'autres plus cachés.

Tel journal indépendant, habituellement hostile au pouvoir, adoucit ses colères chaque fois qu'il faut faire renouveler à un théâtre royal l'engagement de certaine danseuse maigre.

✻ Tel autre, toujours confit en admiration devant les derniers garçons de bureau des ministères, mêle un peu d'absinthe à son miel, à certaines époques où il est d'usage de discuter les subventions accordées aux journaux.

Outre que dans aucun journal on ne peut dire sa pensée entière, il y a pour les gens qui n'ont pas d'ambition, et conservent conséquemment du bon sens et de la bonne foi, il y a un inconvénient qui empêche de se rallier à aucun des partis en possession de la presse.

Le parti gouvernemental, à le juger par ses sommités, a l'avantage sur le parti de l'opposition. Il possède des hommes de science réelle, d'expérience, d'esprit vrai et de bonne compagnie ; mais il traîne à sa suite tout ce qu'il y a de mendiants, de valets et de cuistres.

Le parti de l'opposition montre avec un juste orgueil des gens de résolution et même de dévouement, des gens d'une probité sévère et d'une conscience éprouvée ; mais sa queue se forme de tout ce qu'il y a de fainéants coureurs d'estaminets, de tapageurs, de braillards, de vauriens, de *culotteurs de pipes*.

Et les hommes recommandables des deux partis savent combien ces queues sont lourdes et difficiles à traîner.

Il n'y a pas en France un seul journal qui oserait imprimer en entier dans ses colonnes le présent petit livre. Ce n'est pas cependant qu'il renferme rien qui soit contraire aux lois, à la morale publique, au bon sens ; — grâce à Dieu, ils n'y regardent pas de si près.

Je suis forcé de mêler ce premier pamphlet d'une certaine quantité d'aphorismes ou professions de foi.

Je ne parlerai guère de la royauté ; le trône est devenu un fauteuil, la couronne une métaphore : on a mis sur le trône un roi constitutionnel, c'est-à-dire le roi des tragédies, un farouche tyran auquel chaque personnage a le droit de débiter trois cents vers d'injures dont le moindre vous ferait casser la tête par un commis en nouveauté ; un roi qui, si le feu prenait à la France comme à la maison de certain philosophe, serait forcé de dire comme lui : « Cela ne me regarde pas, je ne me mêle pas des affaires de ménage, dites-le à la Chambre des députés. »

Un roi pour lequel — s'il veut contenter l'opposition — le mot *régner* n'est plus qu'un verbe auxiliaire comme *être*, et qui *règne* comme une corniche *règne* autour d'un plafond. On pourrait, il est vrai, dire avec La Fontaine :

> Mettez une pierre à la place,
> Elle vous vaudra tout autant.

Mais qui insulterait-on d'une manière aussi amusante, aussi audacieuse en apparence, aussi peu dangereuse en réalité? On couronne les rois comme on couronna le Christ; chaque fleuron de leur couronne est une épine.

En fait de ministre, je suis de l'avis de cette vieille femme qui priait à Syracuse, dans le temple de Jupiter, pour la conservation des jours de Denis le Tyran : « Ma bonne, lui demanda Denis, qui se rendait justice, qui peut vous engager à prier pour moi?

— Seigneur! dit la vieille, votre prédécesseur était bien mauvais, et j'ai prié Jupiter de nous délivrer de lui. Hélas! mes vœux ont été exaucés : il a été remplacé par vous, qui êtes bien plus méchant que lui! Qui sait comment serait votre successeur? »

Il y a en France une folie bizarre, tout le monde veut être gouvernement. Cela vu de trop près, comme nous sommes, ne paraît pas aussi bouffon que ce l'est réellement. Ne ririez-vous pas cependant, si vous voyiez tous les habitants d'une ville se faire bottiers? Il est cependant plus facile de chausser les hommes que de les gouverner. Tout le monde s'efforce de prendre les sept portefeuilles des sept ministères ; je crois que les trente millions de Français y passeront; cela serait long, mais cela aurait une fin, si ceux qui ont été ministres se tenaient tranquilles et laissaient de bonne grâce la place aux autres.

Depuis quinze ans on n'administre pas en France, Les ministres s'occupent à rester ministres et ne font pas autre chose. Voilà quinze ans qu'on se bat derrière la toile à qui jouera les rôles, et on n'a pas encore commencé la grande représentation du gouvernement représentatif, tragi-comédie en trois actes.

Je suis prêt à crier : *Vive n'importe qui premier !* pourvu qu'on le laisse en place, et qu'il puisse s'occuper d'améliorations matérielles. Il y a des gens qui demandent des droits politiques pour le peuple ; le premier droit qu'on doit donner au peuple, c'est le droit de manger, et pour cela il ne faut pas lui faire détester, quitter ou négliger son travail pour de vaines théories.

Il y a une partie du peuple qui sait lire aujourd'hui, on se plaît à nommer cela émancipation. Jusqu'ici les lumières du peuple n'ont servi qu'à le rendre dupe et esclave des divers morceaux de papier imprimé qu'on lui met dans les mains. Les journaux de l'opposition lui ont tant et si bien dit que le gouvernement voulait se défaire du peuple (un gouvernement qui aurait réussi à se défaire du peuple serait, je pense, fort embarrassé), que des désordres graves ont eu lieu sur plusieurs points de la France, à l'occasion du transport des blés d'un lieu à un autre ! Dans la Sarthe, où la rumeur a commencé, le préfet et le procureur du roi ont cédé à l'exaltation populaire. C'est fort embarrassant de faire partie d'un pouvoir sorti de l'insurrection, et obligé de toujours lutter avec sa mère et d'avoir à gouverner un peuple souverain. Néanmoins, le ministère actuel a fait ce qu'il devait faire ; il a destitué les fonctionnaires incertains. Voilà donc démentie une fois cette sottise si répétée, si applaudie à la Chambre des députés, *de l'indépendance des fonctionnaires.*

Au Mans, un ancien soldat, chef d'émeute, expliquait ce que le gouvernement faisait du grain qu'on exportait : « On le jetait dans la Seine pour affamer le peuple ; il se rappelait, en menant son cheval à l'abreuvoir, quand il était en garnison à Paris, l'avoir vu enfoncer jusqu'au poitrail dans le blé que roulait le fleuve. »

Je découvre avec douleur que le peuple instruit (on prétend

qu'il l'est) est un peu plus bête que le peuple ignorant ; et je ne vois pas à ces désordres, aussi fâcheux dans leurs résultats que ridicules dans leur cause, que ledit peuple ait changé depuis le temps de Moïse.

Il y a du reste en France un parti qui est toujours sûr d'éveiller de nombreuses sympathies, un parti qui a des dévouements et même des martyrs, c'est le tapage.

Les *grands citoyens*, les *amis du peuple*, les *forts*, les *sérieux*, les *habiles*, les *grands politiques*, se sont alors dit : « Le peuple a peur de la famine, le pain est cher ; c'est le moment de demander pour lui... des droits politiques. »

Et les uns se sont mis à demander l'abaissement du cens électoral ; les autres, son abolition ; les autres, le suffrage universel.

La chose est arrivée à propos pour les journaux quotidiens, et il faut ici révéler une des misères de ces pauvres journaux.

La première condition d'un journal quotidien est de paraître tous les jours ; — je dirai plus, c'est à peu près la seule condition. Un journal se compose d'une feuille double imprimée sur quatre côtés.

Pendant les sessions des Chambres, la besogne est facile ; une page de compte rendu et un article sur la séance font l'affaire. Mais, pendant les vacances, c'est une terrible lacune à remplir.

Aussi les journaux usent-ils des moyens les plus extrêmes ; rien n'est trop absurde, si cela fait une ligne et demie.

A les croire, à peine la session est finie que la France se couvre de centenaires, de veaux à deux têtes, de chiens et d'enfants savants. On tue des aigles qui ont des colliers d'argent. Si l'on coupe un arbre, il y a dans la moelle une figure de saint. Tout bloc de marbre renferme un serpent vivant ; des ours étonnent les populations par le spectacle de leurs vertus et de leur humanité. Le pays est encombré de prodiges.

Il manque cinq lignes. Allons, un petit refus de sépulture, un assassinat.

C'est le compte.

Les ours vertueux commençaient à poindre, les centenaires se manifestaient dans les provinces, quand la question de la réforme électorale, question providentielle, s'il en fut jamais, est venue tirer d'embarras ces pauvres feuilles quotidiennes.

🐝 Voici la miraculeuse logique des partisans de la réforme électorale et du suffrage universel : 1º ils se plaignent du règne de la petite bourgeoisie et de la finance; 2º de la corruption électorale.

On pourrait leur répondre : 1º qu'ils n'ont dans la bourgeoisie que ce qu'ils ont fait et demandé; que ce gouvernement des bonnetiers et des usuriers m'est aussi désagréable qu'à eux pour le moins; mais que ce n'est pas une raison pour lui substituer le seul qui puisse être pire. Car, Dieu merci! si le gouvernement des bourgeois est mauvais, ce n'est pas parce qu'ils sont trop spirituels et trop éclairés, et le premier changement ne devrait pas être pour descendre de ce qu'ils avouent être trop bas. Il est difficile de voir en quoi le gouvernement des porteurs d'eau, des marchands de chaînes et de peaux de lapin, l'emportera sur celui des prêteurs à la petite semaine et des droguistes.

Ces messieurs, qui trouvent aujourd'hui si mauvais, et je suis bien de leur avis, le gouvernement des bourgeois, le trouvaient excellent quand il s'agissait de faire arriver aux affaires cette classe dont ils faisaient partie. Mais ces bons marchands, qui n'avaient jamais pensé à être rois de France, y sont maintenant accoutumés, prennent la chose comme si elle leur était due, et ne se laissent plus assez diriger. D'ailleurs, ils ont gagné ce qu'ils pouvaient espérer, et ils ont quelque chose à perdre.

2º Si on corrompt les électeurs à deux cents francs, ce que je ne nie pas, si les garanties de fortune sont insuffisantes, quelles garanties donneront des gens sans fortune? Cela ne peut amener qu'un rabais avantageux aux corrupteurs, et procurera des consciences à trois francs. — *Le treizième en sus.*

QU'ON SE LE DISE.

🐝 Les pauvres diables qui rédigent, ou à peu près, les journaux ministériels, ont eu bien du mal par ces temps derniers. Il s'agissait de décrire d'une manière chaude et variée l'enthousiasme des populations sur le passage de LL. AA. RR. le duc et la duchesse d'Orléans. Voici à peu près comment ils se tiraient d'affaire :

A *Bordeaux*, la garde nationale était en haie, des jeunes filles vêtues de blanc ont offert des fleurs à la princesse ; le maire a fait un discours au prince, le prince a répondu. L'enthousiasme a été *au plus haut* degré.

A *Libourne*, c'était tout autre chose : la garde nationale était en haie, des jeunes filles vêtues de blanc ont offert des fleurs à la princesse ; le maire, par une singularité remarquable, le maire a fait un discours, le prince a répondu. L'enthousiasme a de beaucoup dépassé celui qu'on avait manifesté à Bordeaux.

Mais c'est surtout à *Limoux* que le voyage de Leurs Altesses a été un triomphe ; la fête était des plus ingénieuses ; la garde nationale était en haie, des jeunes filles vêtues de blanc ont offert des fleurs à la princesse ; le maire a fait un discours au prince, le prince a répondu. L'enthousiasme a de beaucoup dépassé celui manifesté à Libourne.

🐝 Ce lazzi des journaux ministériels a duré quinze jours ; ils auraient pu varier peut-être encore davantage le récit en y mêlant certaines mésaventures arrivées à Leurs Altesses Royales. Il eût fallu peindre les discours, la pluie, les revues, les vins du cru à boire et à louer. A Limoux, par exemple, la nécessité de mettre la fameuse *blanquette de Limoux* au-dessus du vin de Champagne. A Libourne, des insectes malfaisants dans le logement faillirent dévorer LL. AA. RR. A***, une galanterie des autorités, ayant fait repeindre l'appartement destiné aux nobles voyageurs, ils faillirent mourir pendant la nuit asphyxiés par l'odeur de l'essence de térébenthine. Dans d'autres endroits, épuisés de fatigue, ils commençaient à s'endormir quand une sérénade, sous leur fenêtre, venait les réveiller en sursaut.

La princesse a donné des porte-crayons *magnifiques* à divers poëtes de différents crus. La princesse donne volontiers ces bagatelles, plus précieuses par la grâce avec laquelle elles sont offertes que par la valeur du présent.

Pendant ce temps, les journaux dits indépendants se sont émus; ils ont également rendu compte, jour par jour, du voyage de Leurs Altesses Royales, ils ont crié à la prodigalité des conseils municipaux; ils se sont plaints de ce qu'on *buvait la sueur du peuple;* ils ont remarqué que le prince buvait du vin frappé, et ils ont dit que la glace est fort chère cette année; ils ont chanté pouille à un préfet qui lui a fait boire du vin de *Tokai*, parce que le vin du cru eût été plus patriotique et moins cher, le tout dans le style de ce bon M. Cauchois-Lemaire, qui, à propos des fêtes et de l'inauguration du musée de Versailles, écrivait : « Pour moi, dans un cabaret du coin, je vais boire du petit vin à douze qui ne sera pas trempé de la sueur du peuple. »

⁂ Les affaires d'Espagne paraissent terminées. Don Carlos a reçu en France une touchante hospitalité. La gendarmerie française a montré un empressement de bonne compagnie à le recevoir. On l'a prié de choisir la ville où il lui plairait demeurer, en l'assurant qu'on serait heureux d'obtempérer à sa demande, pourvu que son choix tombât sur la ville de Bourges.

⁂ Il y a à Bourges un triste souvenir pour un roi détrôné. Il y a plus de quatre cents ans, Charles VII s'y fit faire des bottes par un cordonnier, qui, apprenant que le roi ne pouvait les payer, ne voulut pas les lui laisser et les remporta.

⁂ Je ne me rends pas bien compte du traitement que, dans cette circonstance, on fait subir à Don Carlos, ni quelle loi on lui applique. En sa qualité d'étranger voyageant en France, on doit le laisser circuler librement ; ou bien, si on ne trouve pas ses papiers en règle, le faire paraître comme vagabond devant la septième chambre. Que ferait-on si Don Carlos, réclamant le secours des lois françaises, attaquait les ministres, aux termes des articles 114, 115, 116, 117, 341, 342 du Code pénal ? En attendant, la princesse de Beira rend fou le préfet de Bourges ; elle a découvert que le comte de Lapparent s'appelle M. Cochon, et elle ne lui donne pas d'autre nom. Les feuilles légitimistes, depuis ce temps, consacrent tous les jours une demi-colonne à des paraphrases de fort mauvais goût et de fort mauvaise compagnie sur ce sujet.

Pendant ce temps, la reine d'Espagne, affermie sur son trône par la trahison de Maroto, distribue des récompenses qu'elle voudrait rendre dignes des services qu'elle a reçus ; mais, vu le mauvais état des finances, elle a prodigué les honneurs. Napoléon, qui aimait faire des ducs, c'était sa faiblesse, leur donnait avec le titre de beaux apanages. La reine d'Espagne, par des motifs d'une louable économie, a imaginé des titres métaphysiques ; elle a nommé Espartero duc de la Victoire. Ces duchés sont faciles à créer. On parle d'un officier nommé comte de la Sobriété ; Maroto est, dit-on, marquis de la Trahison.

La campagne qui a fait sortir Don Carlos d'Espagne s'est faite beaucoup moins avec des soldats qu'avec de l'argent. Ainsi, M. Gaviria vient de recevoir de S. M. la reine la grand'croix de l'ordre d'Isabelle la Catholique. M. Gaviria aurait fait faire, en faveur de la reine, d'habiles manœuvres à une armée de ducats bien disciplinée. Les journaux de Madrid, qui parlent de cette distinction accordée au banquier Gaviria, ne disent pas si on lui a rendu son argent. Cette question que nous faisons n'est pas aussi saugrenue qu'elle en peut avoir l'air. L'Espagne est connue pour une habileté plusieurs fois éprouvée dans le *vol à la tire* et *à l'Américaine*.

On a décidé, il y a quelques jours, dans le conseil de

la reine, qu'il fallait prendre une mesure pour « ranimer les espérances des créanciers de l'Espagne. » Ce qui nous paraît devoir inspirer la plus grande défiance aux petits ex-rentiers ruinés par de gros marchands devenus, depuis, grands citoyens, sous prétexte d'emprunt espagnol, dont ils étaient moins les banquiers que les compères.

🦂 Le gouvernement, si toutefois il y a un gouvernement en France, ressemble beaucoup à certains bourgeois : si un homme ivre leur demande un peu tard l'heure qu'il est ou le nom d'une rue, ils prennent la fuite et disent à leur femme alarmée qu'ils ont été attaqués par quatre hommes, et que, sans leur courage, leur intrépidité et leur sang-froid, ils auraient succombé. Le lendemain, entièrement remis de leur frayeur, ils racontent les détails de leur victoire : « Ils étaient cinq, des figures de galériens, j'en ai jeté trois par terre, les quatre autres ont pris la fuite. »

Le gouvernement s'invente des ennemis formidables, pour se créer ensuite d'éclatantes victoires. On a fait un bruit énorme de la capture de M. Auguste Blanqui. On eût dit que le salut du pays était attaché à la prise de M. Auguste Blanqui.

Caveant consules!

Domine, salvum fac regem! Dieu, sauve le roi !

M. Auguste Blanqui ne demandait pas mieux que de se sauver lui-même, et on aurait dû le laisser faire, cela eût évité beaucoup d'embarras et d'ennuis à MM. les pairs, dont les fils ne regrettent plus l'hérédité, tant le métier devient dur et désagréable. Et M. Blanqui, une fois hors de France, n'aurait plus donné le moindre prétexte aux terreurs bouffonnes que l'on faisait semblant d'avoir de lui.

Le plus grand inconvénient de ces ridicules émotions est celui-ci : les agents de la police se mettent à laisser faire tout ce qu'on veut dans la ville. On assassine en plein jour dans la rue, on arrête les passants et on les dépouille à huit heures du soir. On enlève le plomb des maisons ; la police n'en peut mais. Ses agents boivent et dorment dans les cabarets, se lèvent tard et se couchent de bonne heure ; et ils appellent cela « *chercher Blanqui.* »

Si un agent supérieur rencontre le soir, au coin d'une borne, un de ses subordonnés : *hesterno et hodierno inflatus Iaccho,* attendant dans un doux sommeil qu'il plaise à sa maison de passer, le subordonné, brusquement réveillé et interpellé, répond brusquement : « Je guette Blanqui. »

Un autre va passer trois jours à la campagne, assister à la chute des feuilles jaunies. Il aime à contempler la nature parée de ses plus grandes splendeurs ; les arbres, plus riches que ceux des Hespérides, tout chargés de feuilles d'or ; la vigne ornant les maisons rustiques de festons couleur de rubis. Si on lui demande compte de ses loisirs, il n'a qu'un mot à répondre : « Je suis sur la trace de Blanqui. »

Et un jour on rencontre par hasard M. Blanqui, et on l'arrête ; et cependant les forêts les plus célèbres

<blockquote>Sont auprès de Paris un lieu de sûreté.</blockquote>

Paris n'a plus rien à envier à Athènes. Depuis longtemps, sous prétexte de monuments nationaux, il possède plus de temples grecs que n'en eut la ville de Minerve : aujourd'hui il a son philosophe cynique. M. Cousin a fait un grand scandale : conseiller en service ordinaire, c'est-à-dire avec douze mille francs d'appointements, il s'est vu tout à coup conseiller en service extraordinaire, c'est-à-dire sans honoraires ; et, en effet, ce serait un service bien extraordinaire que celui que M. Cousin rendrait pour rien. Il s'est emporté, a écrit dans les journaux, a donné sa démission de ce qu'il appelle « un titre *vain.* »

Mais, ô Diogène ! dans cette colère qui vous fait rejeter tout pacte avec un pouvoir ingrat, vous avez oublié de vous démettre également de deux petites places agréablement rétribuées qui vous restent. Prenez garde, ô Diogène! on croira que les titres *vains* sont les seuls que vous dédaignez, et que vous vous êtes moins occupé, votre lanterne à la main, de chercher un homme que de chercher des places.

Est-il vrai, ô Diogène! que, dans votre retraite, vous composez un *Traité* dans lequel vous démontrez combien vous méprisez le mépris des richesses?

Autrefois, il était convenu que les rois, les reines et les princes *immolaient à leurs grandeurs* les plus *doux sentiments* de la vie. L'amour n'était nullement consulté dans leurs mariages. C'était sur le cœur des bourgeois que ce dieu exerçait son empire.

Aujourd'hui les bourgeois se sont emparés des *grandeurs*: les rois pensent ne devoir rien *immoler* à des *grandeurs* qu'ils n'ont plus. Un journal anglais, en parlant d'un projet de mariage entre la reine d'Angleterre et le prince Albert, ajoute : « Nous savons *de bonne part* que l'inclination de Sa Majesté pour le jeune prince date de quelque temps. »

En même temps, l'empereur de Russie a envoyé son fils chercher, chez les petits princes allemands, une femme *selon son cœur*. Le prince a trouvé à la cour de Hesse-Darmstadt *une jeune fille du nom de* MARIE, *que la grande noblesse dédaigne; elle n'a que ses quinze ans et sa beauté, le mariage sera célébré d'ici à un mois.*

Le fils d'un marchand de la rue Saint-Denis, ou du dernier des Dupin, serait fort mal reçu s'il présentait à son père une semblable bru, bonne tout au plus, aujourd'hui, pour un roi de France ou un empereur de Russie.

Les rois se montrent du reste bien avisés de chercher les joies de l'amour dans le mariage; je leur conseillerais peu de les demander à des amours illicites, et de suivre les exemples de Louis XIV, le Grand; de Louis XV, le Bien-Aimé; de Henri IV, le Père du peuple ; d'Élisabeth d'Angleterre, dont les erreurs ont été déifiées par leurs contemporains, et acceptées bénévolement par la postérité, que nous avons l'honneur d'être. S. M. Louis-Philippe a fait placer à Versailles, parmi les portraits des rois ses aïeux, et des grands hommes qui ont honoré ou servi la France, ceux des diverses beautés qui ont adouci illégitimement *les ennuis de la royauté* de ce temps-là.

La presse, le seul gouvernement despotique et arbitraire qu'il y ait aujourd'hui, mettrait bon ordre à de semblables délassements : les journalistes les plus *viveurs, dîneurs, soupeurs, bambocheurs*, les plus exacts à exercer les droits de jambage sur leurs vassales des théâtres, sont trop *vertueux* dans leurs feuilles pour permettre aux autres le moindre scandale. Le vice, autrefois apanage des grands, aujourd'hui appartient à la classe moyenne ; elle l'a conquis et elle saura maintenir ses droits ; malheur à qui y toucherait !

On a surveillé de près les affections de la reine d'Espagne ; la presse anglaise a signalé chaque regard que sa pauvre petite reine a laissé tomber.

Aux vertus et à la nullité que l'on exige aujourd'hui d'un roi, chaque pays devrait faire canoniser et empailler le premier qui lui mourra, et le déclarer roi perpétuel ; l'Académie a bien un secrétaire perpétuel. C'est une fatuité que l'on comprend du reste de la part d'un corps d'immortels.

Une nouvelle a fort couru chez les feuilles légitimistes et chez les feuilles dites indépendantes.

N. B. Je vous dirai dans mon second volume des choses fort réjouissantes sur les deux classes de journalistes : *journalistes indépendants, martyrs de leurs opinions*, et les *journalistes vendus*.

Cette nouvelle est que chaque matin une voiture aux armes du roi de France va vendre au marché Saint-Joseph les légumes des châteaux royaux.

Les marchands se sont faits rois de France, le roi de France se fait marchand de légumes : c'est dans l'ordre.

De tout ceci il résulte que ces paroles des escamoteurs et des tireuses de cartes, du petit Albert et du grand Éteila, se sont réalisées :

« On a vu des rois épouser de simples bergères. »

Reste à savoir si l'on trouvera encore longtemps des bergères assez simples pour consentir à épouser des rois.

🐝 Il y a quelques jours, dans une conversation avec le roi, M. Thiers parut satisfait de quelques explications que S. M. Louis-Philippe voulut bien lui donnner sur sa politique.

« Ah! sire, s'écria celui qu'on a plaisamment appelé Mirabeau-Mouche, vous êtes bien fin, j'en conviens, très-fin, mais je le suis encore plus que vous.

— Non, reprit le roi, puisque vous me le dites. »

🐝 Le même M. Thiers a dit de certains ministres nouvellement aux affaires que l'on accuse de manquer de politesse et de savoir-vivre : « Ils se croient vertueux parce qu'ils sont mal élevés. »

🐝 M. Persil a été fort blâmé en son temps d'être venu remplacer à la Monnaie son prédécesseur à peine mort. M. Persil, destitué et réintégré, a cette fois remplacé aussi brutalement un homme vivant, M. Méchin, et dans ce cas-là les vivants crient bien plus que les morts.

M. de Salvandy, l'ex-ministre, a dit à ce sujet : « Méchin, comme un perroquet, est mort par le persil. »

Je ne prends pas la responsabilité du mot, qui est médiocre.

🐝 Je respecte l'institution du jury, comme je respecte toutes les institutions : mais voici un petit raisonnement mathématique que je risque contre ladite institution.

Tacite l'a dit, et *Cicéron* aussi, et, je crois, tout le monde aussi : la vérité n'a qu'une forme, le faux en a mille ; en effet, mettez un seul juge, un cadi, à un tribunal, et donnez-lui une cause à juger; si la cause est un peu embrouillée, il y a une douzaine de manières de juger la question ; de ces douze manières une seule est la bonne. C'est déjà assez inquiétant pour l'accusé de jouer sa fortune ou sa vie avec une chance pour lui et onze contre lui. Et certes je suis bien modéré en supposant qu'un homme n'a que onze chances de se tromper dans un jugement. Demandez à un passant quelle est la date du mois, il a tout de suite vingt-neuf chances contre une pour répondre une erreur. Mais, prenant pour base une chance pour la vérité, et onze pour l'erreur qu'aurait un seul juge, douze jurés ont naturelle douze chances pour tomber juste et cent trente et une pour se tromper.

Dernièrement encore deux hommes ont été condamnés à mort par un tribunal et acquittés par un autre comme parfaitement innocents, *malgré* la *remarquable* plaidoirie de M. le procureur du roi de l'endroit.

Il n'y a rien au monde de si ridicule et de si atroce que la position de ce qu'on appelle le *ministère public*. Un avocat passe quinze ans de sa vie à défendre n'importe qui et n'importe quoi; ensuite il arrive au *parquet*, et là il passe quinze autres années à accuser n'importe quoi et n'importe qui. Or, sur dix accusations capitales, il y a au moins cinq acquittements. Le ministère public rentre donc dîner chez lui cinq fois par mois pour le moins, ayant parlé cinq heures pour faire guillotiner un homme innocent. Il dîne bien, prend son café et va au théâtre ou dans le monde, où il est reçu avec égards ou distinction. Chose bizarre, cependant, on honore le procureur du roi et on avoue une répugnance invincible pour le bourreau. Il faudrait cependant pour que les choses fussent égales entre eux, que le bourreau eût tranché la tête à un certain nombre d'innocents, et qu'il l'eût fait sciemment.

Il est connu au *palais* que lorsque l'on *tient* à une condamnation capitale, on ne fait venir l'affaire qu'à la fin d'une session; les jurés se sont accoutumés alors à l'idée terrible de prononcer la peine de mort. Ils ont pour les derniers accusés toute la sévérité qu'ils n'ont pas osé avoir pour les premiers; et puis, ils sont fatigués, ennuyés. Tel homme va aux galères, moins pour avoir commis un vol avec effraction que pour avoir fourni à un avocat le prétexte et le droit de parler et d'ennuyer les jurés pendant cinq heures.

On distingue, au commencement d'une session, les jurés en deux classes :

Ceux qui viennent avec l'intention de ne jamais condamner;

Ceux qui apportent la ferme résolution de condamner toujours.

J'ai entendu raconter à M. Laffitte, qu'il avait entendu dire à un juré : « Entre nous, ce n'est pas pour rien qu'on place ainsi un homme sur un banc, entre deux gendarmes; ce n'est ni vous, ni moi, ni aucun honnête homme qu'on connaisse, que l'on traite ainsi. Cet homme-là a fait quelque chose; si ce n'est pas le crime dont on l'accuse, c'est un autre; et je condamne. »

Ceux qui ne condamnent jamais admettent toujours des circonstances atténuantes. Nous avons vu un homme accusé d'avoir coupé sa sœur par morceaux, déclaré coupable, *mais* avec des *circonstances atténuantes*. Où diable étaient les circonstances atténuantes?

Est-ce parce que la victime était sa sœur, ou parce que les morceaux étaient petits?

Il ne me semble pas que ces exemples de bévues, que je pourrais multiplier à l'infini, militent puissamment en faveur de l'*abaissement du cens électoral* et du *suffrage universel*.

Il y a sur l'institution du jury une curieuse et singulière remarque, que je n'ai aucune raison de garder pour moi seul.

Tout est aux mains des marchands : la royauté, la presse, les places, les honneurs, etc.

La justice n'a pu leur échapper; la justice est rendue à leur point de vue.

Ainsi, selon les Codes, les jurisconsultes et les moralistes de tous les temps et de tous les pays, le crime le plus punissable est le meurtre.

Le vol ne vient qu'en troisième ou quatrième ligne.

Depuis l'institution du jury, cet ordre a été changé : le crime le plus effrayant, le plus horrible, le plus inexorablement puni, est le vol.

L'assassinat ne vient qu'après.

Je ne parle que de l'assassinat commis par haine ou par vengeance; l'assassinat suivi de vol est aussi sévèrement puni que si c'était un vol simple.

En effet, deux hommes sont animés d'une haine mutuelle; l'un a offensé l'autre, etc.

L'offensé ou l'offenseur tue son ennemi; cela n'est pas précisément conforme à la justice, à la morale ni aux usages, pensent les jurés, mais au fond cela ne nous regarde pas.

Et, comme je l'ai entendu dire à un de ces estimables négociants, « entre l'arbre et l'écorce, il ne faut se mêler de rien. »

C'était une affaire entre le tué et l'assassin, c'est une chose finie. Il a tué cet homme parce qu'il lui en voulait; il est mort, il ne lui en veut plus. La *société* (mot qui veut dire *moi* dans la bouche d'un juré, comme le *peuple* dans la bouche d'un homme politique) n'est pas menacée.

Mais on a volé un négociant (comme moi), homme patenté (comme moi), un parfumeur (comme moi), dans une rue déserte (comme la mienne); le voleur n'en voulait pas à ce parfumeur précisément, mais à l'argent. Son crime ne l'a pas satisfait; au contraire, la cause n'a pas cessé d'exister comme dans le crime précédent. La *société* (j') a (ai) de l'argent, donc la *société* est menacée, il faut se défaire du scélérat.

Et ceci n'est pas un paradoxe, les faits sont là ; tout le monde peut juger et tirer les conséquences.

🐝 A ce propos, je répondrai à un reproche que l'on m'a fait plus d'une fois ; on m'a accusé d'être paradoxal. Il y a deux sortes de paradoxes :

Le premier se fait en affirmant le contraire de toute opinion reçue, seulement *parce que* c'est une opinion reçue ;

Le deuxième se fait en affirmant ou en niant une chose, *quoique* l'on se trouve en opposition avec une opinion reçue.

Je défie que l'on trouve, dans les volumes que j'ai écrits, un seul paradoxe qui appartienne à la première classe.

Ce n'est pas ma faute si une opinion est souvent d'autant plus absurde, qu'elle a plus de partisans et qu'elle est plus généralement acceptée ;

Si on ne dit la vérité sur un point qu'après avoir épuisé, sur ce même point, toutes les formes et toutes les transformations du mensonge.

Il n'y avait sur le soleil et la terre que deux opinions à émettre : la terre tourne ou le soleil tourne ; est-ce ma faute si on a pendant tant de siècles choisi le soleil, et si on a un peu brûlé ceux qui pensaient autrement ?

🐝 Un Anglais vient d'exécuter d'une manière neuve et originale le vol de grand chemin. Il a volé le grand chemin même.

Le docteur Delawoy, propriétaire du château de Cambden-Town, avait une cour à faire paver. Il a fait enlever par ses gens les pavés de la grand'route, dont il s'est servi pour sa cour.

Eh bien! si j'étais juré, je n'oserais pas condamner cet homme, qui a fait la seule chose neuve qui se soit faite depuis longtemps.

🐝 Beaucoup de gens se trompent ou feignent de se tromper sur l'esprit français : ils croient les Français indépendants, ennemis de tout joug, de toute autorité ; ils se trompent grossièrement. Le Français est vain et fanfaron ; il aime à taquiner et à braver l'autorité, mais non à la renverser. Que diable taquinerait-il après? Il aime à faire des émeutes, et il est fort étonné lorsque, dans la bagarre, il a fait sans s'en douter une révolution au profit de quelques ambitieux. Une partie de l'*amour* si célèbre des Français pour *leurs rois* vient du plaisir qu'ils ont trouvé de tout temps à faire des chansons contre eux ; c'est ce qui explique la faveur dont jouit tout homme qui a des démêlés avec la police. Les *grands citoyens*, les *hommes* dits *éclairés*, partagent ce sentiment, l'échauffent, l'exaltent, et finissent quelquefois par en faire quelque chose d'extrêmement saugrenu. Il est excellent pour la popularité d'un homme qu'il ait été un peu sur les bancs de la police correctionnelle. Cela s'appelle *persécution* ou *martyre*, selon les articles du Code qui l'ont prévu, et l'appellent autrement.

Dernièrement un cocher de cabriolet s'est trouvé en contravention : des agents de police ont dressé un procès-verbal. C'était, il faut l'avouer, attenter à la liberté du citoyen cocher auquel il plaisait d'être en contravention. Mais il faut dire aussi que la liberté du citoyen cocher pouvait attenter à la liberté des citoyens piétons auxquels il plairait de n'être pas écrasés. Le cocher battit les sergents de ville et en blessa un grièvement. Un procès s'ensuivit. Le cocher fut condamné à des frais, qui *mangèrent* son cheval et son cabriolet.

M. Laffitte intervint et fit présent audit cocher d'un autre cheval et d'un autre cabriolet.

On ne lit guère en France ; mais en revanche tout le monde écrit. La littérature présente un peu en ce moment le triste aspect d'un théâtre sans spectateurs.

Ceux qui ne font ni romans ni pièces de théâtre trouvent moyen d'écrire encore sous prétexte de critiquer les ouvrages des autres.

Il y a des réputations fondées sur l'ennui, des écrivains qu'on aime mieux admirer que de les lire. Les anciens avaient déifié toutes les choses dont ils avaient peur : la fièvre, la mort, la peste. Les modernes ont déifié l'ennui, divinité mille fois plus puissante que la fièvre, la peste et la mort. On l'apaise par des sacrifices, et on lui brûle de l'encens.

C'est des choses ennuyeuses que se forme ce qu'on appelle la littérature sérieuse, la grande littérature que l'on ne lit pas. Il m'arrivera quelquefois de lui manquer de respect, et de m'exposer au reproche de sacrilége.

Les gens qui ont des bibliothèques achètent d'abord tous ces livres de grande littérature, et les enveloppent d'une reliure si riche, qu'on ne lit pas les livres de peur de les gâter; splendides tombeaux d'où les morts ne sortent pas! Puis ils ferment la bibliothèque et en cachent la clef, de crainte sans doute qu'il n'y revienne des esprits.

Puis ils s'abonnent à un cabinet de lecture, et lisent des *futilités* qui les font pleurer, ou rire ou rêver.

En général on ne lit que des romans, et on n'avoue guère que l'on en lit. Les gens graves disent d'un écrivain : « C'est dommage qu'il ne fasse que des romans. » O gens graves! mes bons amis, vous êtes bien drôles!

Que des romans! Pardon, gens graves ; que reste-t-il, dans la tête et dans le cœur des hommes, des chefs-d'œuvre de l'esprit humain ?

Qu'est-ce donc que l'*Iliade*, et l'*Odyssée*, et l'*Énéide*, et *Gil Blas*, et *Don Quichotte*, et *Clarisse Harlowe*, et la *Nouvelle Héloïse*, et *Werther*, et *Quentin Durward*, et *Invanhoé*? Qu'est-ce que tout cela, gens graves, mes amis?

Qu'est-ce que vous voulez donc qu'on lise? la *Cuisinière bourgeoise*? les dictionnaires? l'histoire peut-être? Ah ! vous croyez à l'histoire, mes braves gens !

L'histoire est le récit des événements, quand elle n'est pas un conte ; le roman est l'histoire éternelle du cœur humain. L'histoire vous parle des autres, le roman vous parle de vous.

Que des romans ! Je sais bien qu'un ministre de l'instruction publique, qui n'est plus aux affaires, a dit ce mot comme vous.

Que des romans! Mais je le comprends d'un ministre ; il pensait aux journaux. Les journaux renversent les ministères, tantis que les romans ne détruisent que la société.

Que des romans! savez-vous l'influence des romans? savez-vous combien l'*Héloïse* de Rousseau a dérangé de têtes? combien le *Werther* de Gœthe a causé de suicides? Et aujourd'hui, une femme habillant d'un style riche et pompeux les rêveries saint-simoniennes, savez-vous ce qu'elle a jeté de désordres dans le monde? Un président de cour royale me l'a dit: « Depuis le saint-simonisme et madame Sand, les *demandes en séparation*, qui n'étaient qu'un rare scandale, se sont augmentées de plus d'un tiers, et n'étonnent pas plus au Palais qu'une contravention aux ordonnances sur le balayage. »

Mais il n'y a pas de direction de l'instruction en France, parce qu'un ministre a bien assez à faire de s'occuper de rester ministre ; on ne s'occupe ni de romans, ni du théâtre. O hommes graves! je disais tout à l'heure que vous êtes drôles ! Hélas! il faut dire pis, vous êtes bêtes !

🙵 Il y a trois ans que l'Académie française n'avait perdu un de ses membres quand la mort est venue frapper M. Michaud. Un aussi long laps de temps ne s'était pas encore écoulé depuis l'origine de l'Académie. Les académiciens sont comme tout le monde, la foi les a abandonnés ; ils ne croient plus à la postérité, ils essayent d'être immortels de leur vivant.

🙵 Le libraire Renduel a fait annoncer dans le journal la *Presse*:

LES CHATS DU CRÉPUSCULE,

Par M. Victor Hugo.

Nous pensons que c'est la même chose que les *Chants du crépuscule* déjà publiés.

🐝 Il y a en ce moment bien du scandale à la Comédie-Française ; les femmes s'en emparent définitivement. Madame Ancelot y fait jouer de temps en temps un drame par mademoiselle Mars ; madame Sand, un drame, la *Haine dans l'amour*, qu'elle a fait lire par un jeune avocat chevelu.

Madame de Girardin est arrivée la dernière avec l'*École des journalistes*.

PARENTHÈSE. — Il y a des femmes qui réclament la liberté et l'égalité des droits avec les hommes. Elles sont comme le héros de Corneille :

..... Monté sur le faîte, il aspire descendre.

Les femmes jusqu'ici ont tout fait en France, et les hommes n'ont jamais été que leurs éditeurs responsables. Si l'on écrivait l'histoire des véritables rois de France, Agnès Sorel, madame de Maintenon, madame de Pompadour, etc., y seraient représentées coiffées de la couronne des illustres amants qui furent rois sous le règne de ces dames.

Il n'y a pas eu en France une seule grande chose, bonne ou mauvaise en politique, en littérature, en art, qui n'ait été inspirée par une femme.

N'est-il pas plus beau d'inspirer des vers que d'en faire ? Il me semble voir des divinités descendre de leurs niches pour arracher l'encensoir à leurs adorateurs.

Au moment où j'écris ceci, elles envahissent tout, elles s'emparent de tout. En vain les hommes protestent ; ils sont obligés, pour garder encore une dernière différence, et pour se distinguer des femmes, de laisser croître leur barbe.

Autrefois nous avions les titres et les noms ; les femmes, le pouvoir et les choses : constatons que ce sont elles qui veulent changer cela.

※ La comédie de madame de Girardin a été reçue à l'unanimité, avec acclamations, etc.; par suite de quoi il a été décidé qu'on ne la jouerait pas.

C'est ici qu'une autre comédie s'est jouée en dehors du théâtre, où on n'en joue guère, hélas !

Sous un gouvernement stable, les ambitieux et les gens en place n'ont à s'occuper que de peu de monde, du pouvoir actuel et du pouvoir futur, mais maintenant il faut s'occuper du gouvernement actuel et de tous les gouvernements *possibles*. On ne peut deviner qui sera au pouvoir demain; il faut donc faire la cour à tout le monde. Le seul ministre que l'on puisse négliger est le ministre qui est aux affaires, parce que, quel qu'il soit, il ne peut tarder à s'en aller.

Messieurs les comédiens ont cru voir dans la pièce de madame de Girardin une attaque contre M. Thiers.

Dans l'*Ecole des journalistes*, il est question d'une calomnie répandue par un journal sur le compte d'un homme d'État. L'auteur défend et réhabilite *son* homme d'État.

Messieurs les comédiens ont remarqué que la calomnie dont s'est servie madame de Girardin est précisément la même chose qu'un bruit que certains journaux ont répandu, dans le temps, sur M. Thiers, avec des formes passablement inconvenantes.

L'auteur soutient qu'il n'a eu en vue, ni M. Thiers, ni personne ; et d'ailleurs M. Thiers n'aurait qu'à se louer d'une semblable allusion, si elle existait, puisqu'elle donne comme *une calomnie* ce que d'autres ont pris soin de présenter comme *une médisance*.

Mais, si l'on se livre à un semblable système d'interprétations, il devient impossible de faire une ligne pour le théâtre : il est impossible de jouer une seule pièce même de l'ancien répertoire ; on trouvera dans tout une allusion à quelque chose que l'on aura dit sur quelqu'un.

Ainsi, que l'on apporte à ces messieurs *Rodogune*, ils ne la laisseront pas jouer à cause de M. U. ; *Esther*, il y a des Juifs, et que dira M. de Rothschild? *Iphigénie*, M.*** prendra pour lui la dureté d'*Agamemnon* ; *Harpagon*, M. B*** prendra cela pour une personnalité ; le *Bourgeois gentilhomme*, que dira M. D***? les *Fâcheux*, MM. Br***, C*** et A*** se fâcheront ; la *Comtesse d'Escarbagnas*, toute la nouvelle cour entrera en fureur ; et *Sganarelle* donc! Molière serait bien reçu, s'il venait représenter *Sganarelle* à ces messieurs : une personnalité offensante contre tout le monde! Ces messieurs refuseraient immédiatement l'autorisation, par égard pour MM. A***, F***, P*** d'U***, de B***, G***, L***, Q***, de V***, C***, H***, ***, de M***, R***, X*** D***, de Z***, de N***, S***, d'Y***, d'E***, J***, d'O***, de T***, d'I***, etc.

Cherchez bien dans ces noms, et vous trouverez celui de quelqu'un de votre connaissance que messieurs les comédiens pourraient chagriner en permettant la représentation de *Sganarelle*.

On a repris au Théâtre-Italien la *Cenerentola ;* les feuilletons ont repoussé leurs cris, leurs hurlements d'admiration, de l'année passée. Mais, pour la première fois, on a remarqué que la pantoufle de Cendrillon, si ravissante dans le conte de Perrault, a été remplacée dans le libretto par un bracelet : on a demandé pourquoi? Je vais le dire à ces messieurs.

Il y a une demi-heure chaque jour... c'est précisément celle où j'écris, il est une heure de l'après-midi ; eh bien! en ce moment, dans toute la France, trois cent mille femmes se livrent à d'épouvantables tortures; il s'agit de renverser un axiome de géométrie : « Le contenant est plus grand que le contenu ; » il s'agit de faire entrer de grands pieds dans de petits souliers. Les femmes de théâtre sont allées fort loin dans cet art; mais une pantoufle, une pantoufle qu'il faut perdre, une pantoufle qui doit s'échapper du pied, une pantoufle trop large, ne peut se prêter à un mensonge.

Les Italiennes n'ont pas les pieds fort petits; il n'est pas une *prima donna* qui n'eût retiré, de la pantoufle, du ridicule et de l'humiliation.

Je m'étonne qu'aucun vaudevilliste n'ait pensé à faire jouer le rôle de Cendrillon à mademoiselle Jenny Vertpré, qui a de si petits pieds. Est-ce que par hasard les vaudevillistes n'auraient pas autant d'esprit qu'on le croit à Saint-Pétersbourg ?

🙞 Le daguerréotype... a beaucoup fait parler, beaucoup fait écrire.

Le procédé exploité par M. Daguerre a été découvert par M. Niepce, ainsi qu'en fait foi un traité passé entre MM. Niepce et Daguerre, le 14 décembre 1829. M. Niepce vivait à la campagne ; un de ses parents parla de sa découverte à l'ingénieur Chevalier, qui en parla à M. Daguerre, qui alla voir M. Niepce.

D'après ce traité du 14 décembre 1829, il est dit que, en cas de décès de l'un des deux associés, la découverte ne pourra jamais être publiée que sous la raison Niepce et Daguerre.

M. Niepce est mort et la *machine* s'appelle *Daguerréotype*.

Le monde découvert par Christophe Colomb s'appelle bien *Amérique*.

🙞 Il faut constater ici une singularité remarquable. Un des journaux dits *indépendants*, s'étant permis quelques plaisanteries sur la découverte exploitée par M. Daguerre, il lui a été enjoint de ne pas continuer et de se repentir, attendu que tout journal *indépendant* doit respecter une chose dont M. Arago a fait l'éloge.

Il y a un an, M. Dantan, qui a fait la charge en plâtre de toutes les illustrations contemporaines, fit également celle du même M. Arago. Plusieurs apôtres de liberté allèrent trouver M. Dantan et l'obligèrent à briser son moule et à faire amende honorable.

M. Arago doit être bien fâché du rôle qu'on lui fait jouer, et, pour ma part, je le plains de tout mon cœur d'avoir des amis aussi acharnés contre lui.

Les dieux s'en vont, a dit un ancien. Je dirai quelque chose de plus triste : les femmes s'en vont.

S'il y avait une destinée belle et noble, c'était celle des femmes, telle qu'elle a été si longtemps en France.

Reines par la beauté et par l'amour, on les avait placées sur un piédestal si élevé, que les moins *divines* d'entre elles n'en osaient descendre dans la crainte de se rompre le cou.

Une grande, une sublime fiction avait établi que l'amour d'une femme ne s'obtenait que par la manifestation de tout ce qu'il y a de noble et d'héroïque dans la nature humaine.

Au courage, à l'honneur, à l'esprit, il fallait joindre la distinction et l'élégance.

Les hommes avaient fait les femmes si grandes, qu'il fallait devenir grand pour arriver jusqu'à elles.

Les petits hommes et les imbéciles, les natures communes et vulgaires ont changé tout cela.

Le goût des plaisirs faciles devait dominer à une époque où il y a une haine insatiable contre tout ce qui est grand et beau. Les hommes des meilleures familles, les hommes les plus faits pour le monde, se sont laissé entraîner. Autrefois ils *avaient* des danseuses, aujourd'hui ils *sont eus* par elles. Ils ont brûlé aux pieds de ces divinités impures un encens auquel elles n'étaient pas accoutumées. Les journalistes ont vanté la décence et la noblesse, les vertus et le bon ton des sauteuses qui se montrent, trois fois par semaines, toutes nues au public, et qui d'ailleurs ne peuvent avoir d'autres charmes que de n'avoir ni bon ton, ni vertus, ni décence.

Donnez à un grand poëte, à un roi, la vingtième partie des éloges que les journaux donnent tous les jours à des acrobates parfaitement maigres et parfaitement jaunes, et on vous accusera de camaraderie et de servilité, et on cassera vos vitres avec des pierres.

Les choses en sont arrivées à ce point, que si aujourd'hui — les exemples sont connus — si aujourd'hui une danseuse épouse un duc, cela s'appelle toujours, comme autrefois, une mésalliance; mais c'est la danseuse qui se mésallie. Tout le monde, en apprenant ce mariage, qui se fait à l'église, au chœur ou à la chapelle de la Vierge, s'écrie : « Quelle folie! » ne croyez pas que l'on veuille parler du duc : c'est la danseuse qui est folle, et qui fait une mauvaise affaire.

On en est venu à applaudir plus une chanteuse que le musicien, dont elle gâte la musique.

Qu'il paraisse un beau livre, aucun souverain ne s'en émeut. Depuis que le peuple sait lire, ce qui n'est peut-être pas un bien, — je crois que les rois ne le savent plus, ce qui, à coup sûr, est un mal; mais qu'une de ces diverses saltimbanques, que l'on paye pour gigoter sur les théâtres,

> Et montrer aux quinquets, le soir, de maigres choses
> Que personne, autre part, ne voudrait voir pour rien;

qu'une danseuse décolletée par en bas jusqu'à la hauteur où les autres femmes se décolletent par en haut, s'avise de faire trois pirouettes devant un roi, il fait complimenter la funambule, demande la permission de se présenter dans sa loge, et lui offre, non pas de l'argent, mais un souvenir. La reine d'Angleterre détache un bracelet de son bras et la prie de l'accepter.

Aujourd'hui, les femmes de tout Paris qui ont le plus de succès, qui le soir sont le plus entourées de beaux et de *gants jaunes*, sont les sauteuses du Cirque-Olympique.

Houp-là, houp, dia, hu, ho ; houp-là, houp.

🐝 PARENTHÈSE A PROPOS DES GANTS JAUNES. — Il n'y a plus de grands noms, de grandes familles, d'illustration personnelle aujourd'hui, pour une certaine classe d'individus ; on ne distingue plus les hommes que par la couleur de leurs gants.

Les gants jaune paille, car il faut bien les préciser pour la postérité, du prix de deux francs cinquante centimes, remplacent tout ce que nous venons de dire, et, en outre, l'esprit, la distinction, les bonnes manières, etc., etc.

Il faudrait ne pas avoir deux francs cinquante centimes dans sa poche pour s'en priver.

L'ancienne aristocratie, l'aristocratie de race, avait de belles mains ; celle qui surgit sur les débris de l'ancienne se contente d'avoir de beaux gants, qui servent à cacher des mains vulgaires. On pourrait lui dire, comme Lafontaine à son loup :

Montrez-moi patte blanche.

🐝 Et, il faut l'avouer, les femmes n'ont pas su défendre leur belle couronne menacée. Elles n'ont pas eu la dignité des sénateurs romains, qui, voyant Rome livrée aux Gaulois, au fer et à la flamme, se drapèrent dans leur toge et restèrent assis sur leur chaise curule, calmes, grands, impassibles, et faisant hésiter la mort et les barbares.

Les unes, et c'est le plus grand nombre, ont fait des concessions et des lâchetés ; elles ont permis aux hommes tout le sans-façon qu'elles ont cru être le charme de leurs rivales des théâtres, elles ont toléré qu'on vînt dans un salon :

En cravate noire,

En bottes,

En redingote;
Elles se sont accoutumées à l'odeur du cigare.
Hélas!

Quos vult perdere Jupiter dementat.

Jupiter aveugle ceux dont il a résolu la perte.

🙣 Elles auraient dû consulter M. Moëssard, acteur et régisseur du théâtre de la porte Saint-Martin.

Harel, son directeur, abusait un peu de sa longanimité :

« Mon petit Moëssard, disait-il à son pensionnaire, qui est gros comme une tonne, vous me ferez bien encore cette concession? »

M. Moëssard recula d'un pas, rejeta sa bonne grosse tête rouge en arrière, mit sa main droite dans son gilet et dit : « Monsieur Harel, c'est de concessions en concessions que Louis XVI est monté sur l'échafaud. »

Elles ont vu de ce temps tout ce qui arrive aux royautés qui se *popularisent*.

Sans parler de Sylla qui, après avoir abdiqué, fut poursuivi d'injures et de pierres.

🙣 D'autres sont entrées dans la lice avec les acrobates; elles ont cherché tous les moyens de paraître en public, de monter sur les planches, d'être applaudies. Elles ont reçu des actrices chez elles et ont chanté avec elles ; elles ont chanté devant un public payant, sur les théâtres, sous prétexte de bienfaisance ; elles ont vendu publiquement dans des bazars, et ont chanté gratis à Notre-Dame-de-Lorette, sous prétexte de piété.

La piété et la bienfaisance sont les deux vertus les plus complaisantes et les plus commodes qu'on puisse imaginer.

Voici mon volume fini, mes chers lecteurs ; — adieu jusqu'au 1ᵉʳ décembre.

Décembre 1839.

L'auteur à ses guêpes. — M. de Cormenin. — M. Duchâtel et ses chevaux. — Les fous du peuple. — M. Cauchois-Lemaire. — Une phrase de Me Berryer. — Le roi de France doit-il payer les dettes du duc d'Orléans ? — Quatrain. — M. Chambolle. — M. Garnier-Pagès. — Les pharaons et les crocodiles. — M. Persil. — M. Etienne. — M. Viennet. — M. Rossi, citoyen du monde. — M. Etienne fils. — M. Persil fils. — Les hommes de lettres du château. — M. Cuvillier-Fleury. — M. Delatour. — M. Vatout. — M. Pepin. — M. Baudoin. — Histoire de Bleu-de-Ciel et de M. Baudoin. — Les journalistes vendus. — Dîner chez Plougoulm. — Les philanthropes. — Madame de Dino.—M. Casimir Delavigne. — La nichée des Delavigne et la couvée des de Wailly.—L'Académie.—M. de Balzac — Un soufflet. — Un mari et le télégraphe. — Un distique. — Me Dupin et ses discours obscènes. — La comédie de madame de Girardin. — M. Cavé. — Madame Sand. — M. de Waleski. — Les hommes vertueux. — La tribune. — Un jour néfaste. — MM. Léon Pillet, L. Faucher, Taschereau, Véron, Emile Deschamps. — Règne de M. Thiers. — M. Dosne. — Madame Dosne. — Madame Thiers. — La symphonie de M. Berlioz. — Épilogue.

L'AUTEUR. — A moi mes guêpes, à moi mon rapide escadron ! A moi mes guêpes, à moi ! sonnez la charge en bourdonnant.

Vous avez fait voir le dernier mois combien vous êtes dociles et bien dressées ; vous avez défilé en ordre de bataille sous les yeux de la foule ; vous avez fait reluire au soleil vos cuirasses de topaze ; mais vous n'avez que montré vos aiguillons encore vierges. Allons mes guêpes, en avant !

Déjà, votre bourdonnement fait tinter les oreilles de bien des gens; déjà quelques journaux de province, qui se font faire à Paris, sous prétexte de décentralisation, vous ont adressé de timides injures, signées de ces vagues et prudentes *initiales* qui ne sont le commencement d'aucun nom.

Déjà les amis de votre maître se sont armés contre lui d'une hypocrite bienveillance, et sont allés disant : « Ce pauvre Alphonse, c'est bien dommage ! Il ne continuera pas l'ouvrage commencé ; quand le printemps exhalera le parfum du jeune feuillage ; quand les ajoncs en fleurs couvriront d'un drap d'or les côtes de la Normandie qu'il aime tant ; quand les plaines de la Bretagne seront toutes roses de bruyères, il disparaîtra avec son fusil de chasse, et ses guêpes resteront errantes et vagabondes à se rouler dans les fleurs blanches des cerisiers de son jardin. »

Hélas ! mes bons amis, pardonnez-moi si je dissipe cette agréable inquiétude, si je vous console de ce chagrin que vous n'avez pas. Mes guêpes me suivront partout, et de partout elles reviendront à Paris ; à Paris, ce grand bazar où l'on vient de tous les points vendre et acheter, où l'on vend, où l'on achète tout, même les choses qui ne devraient ni s'acheter ni se vendre. A Paris, ce gouffre où chaque jour entrent pêle-mêle, par toutes ses issues, par toutes ses barrières, du lait, des bestiaux, des légumes et des poëtes, qu'il dévore en un instant. Chaque mois, mes guêpes reviendront à Paris avec le vent qui vous apportera, de la Provence, l'odeur des premiers orangers, avec le vent d'ouest, qui vous amènera de l'Océan les nuages noirs pleins d'éclairs et de tonnerres. Elles pénétreront dans le château et dans les riches salons, dans les tavernes et dans les mansardes obscurcies par la fumée du tabac, et elles piqueront les peaux les plus dures, les cuirs les plus coriaces, et elles reviendront à moi, comme des faucons bien dressés sur le poing du chasseur.

Beaucoup ont critiqué le format de mes petits livres. Je réponds que je ne les écris pas pour qu'ils soient enfermés cérémonieusement dans une bibliothèque ; je veux qu'on les mette dans sa poche, que l'employé les porte à son bureau, le député à la Chambre, le juge au Palais, l'étudiant au cours ; et je tiens à dissimuler le plus possible tout ce qu'ils ont de sérieux ; je serai trop heureux de me faire pardonner d'amuser les gens ; je ne veux pas qu'on s'aperçoive que je les fais aussi penser.

Ceux qui ont déclaré le *peuple souverain* ont entouré

sa nouvelle majesté de tous les attributs des anciennes royautés détruites. Ils ont pris soin surtout de rétablir une charge importante, depuis longtemps déjà tombée en désuétude, ils se sont rappelé *Triboulet* et l'*Angeli;* et, pour que le peuple souverain n'eût rien à envier aux rois qui l'ont précédé, ils se sont faits eux-mêmes les *fous du peuple.*

Il y a de par le monde un homme d'esprit et de sens qui s'est fait créer vicomte par la Restauration. Cet homme n'était pas d'une noblesse assez ancienne ni assez illustre pour prendre rang parmi les nobles; il n'était que bien juste assez vicomte pour faire croire aux gens du parti populaire qu'il leur sacrifiait quelque chose. Semblable à ce philosophe ancien, qui mettait à part les taureaux maigres en disant : « C'est assez bon pour les dieux. »

M. de Cormenin s'était jusqu'ici distingué par le style, le sens et l'esprit de ses ouvrages. Il paraît qu'on a exigé de lui qu'il déposât sur l'autel de la patrie, avec son titre de vicomte, le style, l'esprit et le bon sens qu'il avait.

Il ne faut que quelques grelots au bonnet de la liberté pour en faire le bonnet de la folie.

Voici ce qu'a écrit M. le vicomte de Cormenin dans *l'Almanach populaire* pour 1840 :

« Le budget est un *livre* qui *pétrit* les *larmes* et les *sueurs* du peuple pour en tirer de l'*or.* »

Cette phrase a le malheur de ressembler beaucoup à une phrase célèbre de M. Berryer, qui se présente en ce moment comme candidat à l'Académie. « C'est *proscrire* les véritables *bases* du *lien* social. »

Ou à ce langage grotesquement figuré, qui fit pendant longtemps la fortune de l'ancien *Constitutionnel :* « *L'égide* de la raison peut seule *retenir* le *char* de l'État, *ballotté* par une *mer* orageuse. »

M. de Cormenin croit peut-être devoir faire à l'égard du

peuple, pour se faire mieux comprendre de lui, ce que font les nourrices pour les enfants, quand, imitant leur langage et leur bégayement, elles leur disent : « Si Popol est saze, il aula du tateau. »

Nous dirons à M. de Cormenin que le peuple fait des fautes de grammaire, mais ne fait pas de fautes de logique et de bon sens, à moins qu'on ne les lui ait apprises par des publications dans le genre de cette dernière publication de M. de Cormenin.

Que la phrase que nous venons de citer n'est pas une faute de français seulement, mais qu'elle serait une faute dans toutes les langues, sans en excepter la langue chinoise, parce que c'est une absurdité.

Tous les grammairiens et tous les orateurs, Longin, Quintilien, Vaugelas, Dumarsais, l'Académie et la raison, disent qu'une *figure* doit être *suivie* et se pouvoir traduire sur la toile.

Or, il serait, ce me semble, difficile de peindre *un livre* qui *tord;*

Et qui *tord* des *larmes;*

Et des *larmes* dont on extrait de l'*or.*

Tout aussi bien que la *base* d'un *lien;*

Et une *base* qu'on *proscrit.*

C'est une chose que tout le monde sait, jusqu'aux critiques du *Journal du Commerce.*

Mais ceci n'est rien ; continuons :

« Un livre qui chamarre d'or et de soie les manteaux des ministres, qui nourrit leurs coursiers fringants, et tapisse de coussins moelleux leurs boudoirs. »

Ah! les ministres ont donc des manteaux chamarrés d'or et de soie? On apprend tous les jours : d'honneur, je l'ignorais jusqu'ici. On m'a montré dans le temps M. Perrier, qui avait un habit noir fort simple ; M. Laffitte, qui avait un habit bleu à boutons de cuivre ; M. Thiers, en habit noir, ou *œil de corbeau*. Qui diable a donc des manteaux chamarrés d'or et de soie? Ce n'est pas M. Cunin-Gridaine; que je sache; je l'ai aperçu à l'exposition des produits de l'industrie avec un habit noir. M. Schneider porte une redingote vert russe. Est-ce donc M. Duchatel? Mais non, M. Duchâtel est d'ordinaire assez mesquinement vêtu. C'est dommage; du reste, car avec son ventre rondelet qui semble un ventre postiche, le manteau chamarré d'or et de soie sur l'épaule, comme Almavina, lui irait à ravir. Tout bien considéré, il paraît que les ministres n'ont pas de manteaux chamarrés d'or et de soie.

Alors pourquoi M. de Cormenin le dit-il, et le dit-il au peuple ; que signifie alors la phrase de M. de Cormenin ? Est-ce pour faire croire que, dans son incorruptibilité plus que sauvage, il n'a jamais vu de ministres? Pardon, monsieur, vous avez au moins vu ceux de la Restauration, quand vous leur demandiez avec tant d'instances qu'on érigeât en vicomté certain pigeonnier que vous savez.

🐝 Continuons :

Ah! j'oubliais les *coursiers fringants* et les *boudoirs* des ministres. Qui est-ce qui a vu les coursiers fringants de M. Duchatel? Les pauvres coursiers ! eux fringants ! Flatteur de M. de Cormenin ! comme il prodigue aux chevaux des adulations dont il est si avare pour les rois ! *fringants ! les coursiers* de M. Duchatel! D'honneur, le mot est joli, et je voudrais l'avoir dit. Deux bêtes percheronnes communes à faire peur, qui se sont couronnées, comme les rois sont couronnés aujourd'hui, en se mettant à genoux.

Je parle des chevaux de M. Duchâtel; parce que les autres ministres n'en ont pas, et louent des urbaines au mois.

Et les boudoirs tapissés de coussins moelleux ! Je ne crois pas qu'il y ait beaucoup de *boudoirs* dans les ministères. Toujours est-il que le grand salon du ministère de l'intérieur, entre autres, est couvert d'un vieux tapis à rosaces qui date de l'Empire, et meublé d'un vieux meuble du même âge, d'un vieux meuble en soie verte éraillée, usée, déchirée, qu'aucun ministre n'a osé remplacer jusqu'ici.

PARENTHÈSE. — Dernièrement M. Duchatel, chez lui, avait, avec un homme de quelque importance, une conversation sérieuse sur des questions politiques d'un haut intérêt. Il était distrait et perplexe, et ne pouvait détourner ses yeux d'un certain fauteuil. Tout à coup, cédant à l'impatience, il laissa son interlocuteur au milieu d'une phrase commencée, et se précipita sur un cordon de sonnette.

Un domestique parut.

— Qui a jeté de la bougie sur ce fauteuil? demande le ministre. Il faut enlever la tache de suite.

Le domestique se mit en devoir d'obéir, et ce n'est que lorsqu'il eut exécuté l'ordre que M. Duchatel revint à sa conversation.

M. de Cormenin ajoute que le budget est encore « un livre qui paillette les habits des ambassadeurs. »

Cette fois, voilà qui mérite d'être examiné sérieusement : comment! on fait *représenter* les Français à l'étranger par des messieurs couverts d'habits pailletés! Eh bien! cela doit être joli et ne peut manquer de donner une bonne opinion de la nation. Il est vrai que l'on est quelquefois *représenté* à la Chambre par d'autres messieurs étrangement vêtus. Mais cela se passe en famille, tandis qu'à l'étranger, cela cesse d'être drôle, à moins cependant que les ambassadeurs n'aient pas plus d'habits pailletés que les ministres n'ont de manteaux chamarrés d'or et de soie.

Avec des *prémisses* de cette force, M. de Cormenin devait arriver à des résultats d'une haute bouffonnerie. Il n'y a pas manqué. Il dit *au peuple* que le budget ne doit pas exister, que c'est un abus, un préjugé.

Ne serait-il pas, ô monsieur de Cormenin! plus vrai, plus raisonnable et plus honnête à la fois de dire au peuple que les impôts, sous beaucoup de rapports, sont mal perçus et mal dépensés; qu'il faudrait d'abord s'occuper de la répartition, c'est-à-dire dégrever les choses de première nécessité, et imposer davantage le luxe; mais qu'ensuite, dans un pays riche comme la France, les bons esprits, les esprits justes, réellement désireux de la prospérité publique et du bien-être général, doivent demander, non pas combien on dépense d'argent, mais comment on le dépense?

🐝 Pas de budget, monsieur de Cormenin! c'est-à-dire pas d'impôts, c'est-à-dire pas d'administration, pas d'armée, pas de travaux, pas de pavés, pas de lanternes, pas de réparations aux anciens édifices, pas d'hôpitaux, pas de lois, pas de magistrats, pas de propriété, pas de sécurité dans les rues ni dans les maisons, aucune répression pour le crime, aucun asile pour la faiblesse. C'est donc là ce que vous voulez, monsieur Cormenin? Je vous en fais mon sincère compliment. Pas d'impôts, c'est une idée remarquable, et que l'on n'avait pas encore émise aussi clairement. Qu'est-ce que l'on reprochait donc à l'opposition, de n'avoir pas de doctrine et de n'avoir rien à mettre à la place de ce qu'elle s'efforce de renverser? pas d'impôts!

Il est triste de voir un homme d'autant de sens et d'esprit que M. de Cormenin devenir ainsi de la force de M. Cauchois-Lemaire.

🐝 Ce pauvre Cauchois-Lemaire écrit, il faut le dire, d'une façon merveilleusement biscornue. Mais il est honteux cependant qu'on ne lui ait pas fait une position honorable. M. Cauchois-Lemaire s'est sacrifié maladroitement, sous la Restauration, aux intérêts de la famille d'Orléans, qui n'était pas encore une dynastie.

Un duc d'Orléans devenu roi, à une autre époque, sous le

nom de Louis XII, répondit à des courtisans qui lui rappelaient certaines malveillances dont il avait eu à se plaindre avant de monter sur le trône : « Le roi de France ne venge pas les injures du duc d'Orléans. »

On doit blâmer les courtisans de S. M. Louis-Philippe, qui lui donneront dans l'histoire l'air d'avoir parodié ce mot célèbre, et d'avoir pensé que « le roi de France ne devait pas payer les dettes du duc d'Orléans. »

On commence à épousseter les banquettes de la Chambre des députés et à reclouer le tapis. Il y a quelques jours, on a trouvé sur le piédestal du Laocoon de bronze qui décore la salle des Pas-Perdus du Palais-Bourbon ces quatre vers écrits à la craie :

> Chacun, dans ce héros troyen
> Qui vainement roidit ses membres,
> Reconnaît le roi-citoyen,
> Et, dans les serpents, les deux Chambres.

En attendant l'ouverture de la session, M. Chambolle, député, a été rencontré promenant au Jardin des Plantes la famille de M. Thiers, et se servant de sa médaille de député pour faire pénétrer ces dames dans la rotonde de la girafe et des éléphants, ainsi que dans le palais d'hiver des singes, où le public n'est pas admis.

M. Garnier-Pagès préfère la promenade des Tuileries, où il porte toujours l'air et le costume d'un croque-mort allant s'enterrer lui-même. Nous l'y avons rencontré un jour de soleil. Il donnait le bras à un gros petit homme sur lequel il s'inclinait négligemment en disant : « Ce qui nous ennuie surtout, ce sont les gens de Barrot, — ou de barreau. »

A mesure qu'on démolit la pairie, on lui bâtit un palais plus vaste et plus magnifique.

Ces masses de pierre ne sont-elles pas un sépulcre semblable aux pyramides d'Égypte, et chaque membre de la Chambre, autrefois héréditaire, n'est-il pas un Pharaon dont on veut faire une momie?

Et MM. Persil, Viennet, Rossi, Étienne, etc., que l'on y enterre avec les pairs, ne font-ils pas merveilleusement l'effet des chats, des ibis, des ichneumons et des crocodiles, que l'on retrouve dans les tombeaux des rois d'Égypte, côte à côte avec ces majestés embaumées?

La Chambre des pairs, qui ne peut plus se recruter par l'hérédité, se recrute chaque année par le bon plaisir. Et voici de quel bois le bon plaisir fait des pairs de France :

Il met à la Chambre des pairs, d'abord ses députés avariés, usés, vermoulus, dont les colléges électoraux ne veulent plus à aucun prix. Exemple : M. Viennet, qui n'a pu se faire réélire. Ensuite les députés qui le gênent à la Chambre. Exemple : M. Étienne, qui rédigea la dernière adresse, en qualité de grand écrivain : hélas !

Et enfin ses favoris qui ne payent pas le cens nécessaire pour la députation. Exemple : M. Rossi.

C'est par haine de l'aristocratie que l'on a détruit la pairie ; mais on n'a pas remarqué que l'on n'a fait que transporter l'aristocratie dans la Chambre des députés, aristocratie de boutiquiers au lieu d'une aristocratie de grands seigneurs.

Il ne manquait à la Chambre basse, pour hériter tout à fait de la Chambre haute, que l'hérédité, et la voilà qui s'en empare. M. Persil a fait nommer à sa place son fils à Condom, et M. Étienne fils s'est présenté dans le département de la Meuse.

Ces héritages ouverts, celui de la pairie dont la Chambre des députés est légataire, et celui des nouveaux pairs Étienne et Persil auxquels succèdent leurs fils, affirment combien nous avions raison tout à l'heure en disant que le palais du Luxembourg est une pyramide et *un* tombeau.

DÉCEMBRE 1839.

HISTOIRE DE M. ROSSI, CITOYEN DU MONDE. — M. Rossi est né dans le duché de Massa, sous la domination de l'archiduchesse Marie-Béatrice, c'est-à-dire que M. Rossi commença par être AUTRICHIEN.

En 1808, un sénatus-consulte du 24 mai le fit FRANÇAIS, en réunissant à l'empire tous les États de la maison d'Autriche en Italie, et en enclavant Massa dans un département français.

M. Rossi, qui n'avait pas fait exprès de naître Autrichien ni de devenir Français, sentit le besoin de choisir une patrie ; il quitta les départements réunis pour passer au service d'Italie. Il fit les déclarations et les démarches nécessaires pour être naturalisé ITALIEN, et se fit inscrire en qualité d'avocat près les cours italiennes de Milan et de Bologne. Ce fut à Bologne qu'il fixa sa résidence.

En 1814, Bologne fut réclamé par le pape. Mais M. Rossi ne tarda pas à aller joindre Murat. Murat exigeait des Italiens qui passaient dans ses rangs qu'ils abjurassent leur patrie et se fissent naturaliser Napolitains. M. Rossi n'hésita pas à se faire NAPOLITAIN. Ce fut lui qui, avec M. Salfi, fut chargé d'appeler toute l'Italie à un soulèvement contre la domination étrangère.

Après la chute de Murat, M. Rossi quitta l'Italie et passa en Suisse. Là, il publia une brochure dans laquelle il disait : qu'il n'avait été et ne serait jamais qu'ITALIEN.

Il fixa sa résidence à Genève, y épousa une femme genevoise, et se fit naturaliser GENEVOIS vers 1830. Il entra même dans les conseils de la République.

En 1830, voyant une révolution en France, une révolution en Belgique, un soulèvement en Pologne et un en Italie, M. Rossi prit ses mesures pour redevenir Italien en cas de succès ; mais, la révolution italienne ayant échoué, il fut Genevois plus que jamais, et fut membre du conseil d'une constitution fédérale qui embrouilla tellement la question, qu'on y renonça.

Une patrie peut venir tout à coup à manquer, il est bon d'en avoir toujours une ou deux de réserve.

M. Rossi avait connu *M. de Broglie à Coppet;* il avait secondé la politique de la France ; ce fut même son rapport sur les affaires suisses, au moment de la révolte des petits cantons, que M. de Broglie fit lithographier pour le communiquer à tous les ministres de France à l'étranger, comme l'exposé de la manière de voir du cabinet français.

M. Rossi était si mauvais *Suisse,* comme vous voyez, qu'il n'avait presque rien à faire pour devenir Français. M. de Broglie et M. Guizot l'appelèrent en France et lui donnèrent une chaire de droit constitutionnel français. D'abord les élèves s'obstinèrent ; une ordonnance rendit les cours de M. Rossi obligatoires pour les examens de droit. Les élèves alors s'y précipitèrent en foule, mais pour tout casser, pour chanter la *Marseillaise,* et jeter au professeur des pommes cuites et autres. La gendarmerie s'en mêla. Puis, comme tout s'oublie en France assez promptement, la science réelle du professeur triompha des plus rebelles, et son cours est fort suivi. M. Rossi s'est fait naturaliser FRANÇAIS, et il fait partie de la dernière fournée de pairs.

M. Guizot disait hier à quelqu'un : « Voyez Rossi ; il s'est confié à moi, et voilà où je l'ai conduit en trois ans. »

Pour M. Rossi, après avoir été tour à tour AUTRICHIEN *par hasard,* FRANÇAIS *par accident,* ITALIEN *par étourderie,* PAPALIN *momentanément,* NAPOLITAIN *par humeur guerrière,* et GENEVOIS *par amour,* il est aujourd'hui et définitivement ERANÇAIS *par raison.*

« En effet, dit-il, la véritable patrie est le pays où l'on a une bonne chaire à l'Institut, de bons appointements, de bonnes dignités. J'ai essayé de tous les pays, et, comparaison faite, j'en reviens à la France ; les autres *Français* sont Français par hasard, peut-être malgré eux ; moi, je le suis par choix et après un mûr examen. »

🐝 La cour de Goritz s'amuse aux jeux innocents; en voici un qui a eu beaucoup de succès. On prend la date de diverses époques et on en tire des conséquences.

Ainsi, en additionnant les chiffres qui forment la date de la révolution de 1789, on trouve pour total 25 ans, durée de ladite révolution.

1815 donne pour total 15, ce qui est précisément le nombre d'années qu'a duré la Restauration.

1830, à son tour, date de la révolution de juillet, donne 12 ans; ce qui serait, d'après cet enfantillage, la limite imposée au gouvernement de Louis-Philippe. Et on se réjouit fort là-bas en pensant que nous allons commencer la dixième année.

🐝 M. Viennet recevait à l'Opéra les *félicitations de ses nombreux amis* sur sa nomination à la pairie. « Eh! mon Dieu, dit-il, je descendais de la diligence d'Arpajon, je vais chez moi, mon portier m'apprend que je suis nommé pair de France.

— C'est une faveur méritée..., et vous devez en être heureux.

— Oui... oui... mais une chose m'étonne... Je n'ai vu dans la liste que trois gentilshommes, Larochefoucault, Lusignan et moi.

— Vous?

— Moi... Ignorez-vous donc que je descends des rois d'Aragon?

— Mais qu'est-ce que vous nous disiez donc alors, que vous descendiez de la diligence d'Arpajon? »

🐝 Depuis quelques jours, les journaux ministériels sont remplis entièrement des discours qu'adressent au duc d'Orléans les maires, préfets et autres dignitaires des villes qu'il a à traverser, et des réponses qu'il est obligé de leur faire. On comprend tout le plaisir que trouvent à discourir de pauvres autorités qui n'en ont pas souvent l'occasion, et l'intérêt tout de localité que peuvent avoir les discours du prince.

Mais ce sont là de ces nécessités fâcheuses que l'on devrait dissimuler. Loin de là, les journaux du gouvernement abusent de cette rédaction gratuite pour faire de notables économies sur les fonds qui leur sont alloués, et donnent aux discours de S. A. R. une dangereuse publicité.

En effet, l'improvisation admet avec une certaine grâce des négligences de style que le prince eût facilement évitées dans des discours destinés à l'impression. En outre, il est impossible que, dans cent et quelques discours qu'il a prononcés depuis son départ, il n'ait quelquefois revêtu des mêmes couleurs des pensées qui doivent être toujours les mêmes.

Cela a d'abord l'inconvénient de détruire tout l'effet de ces discours sur les localités qui les ont accueillis avec joie. Si les habitants de Marseille ont été flattés de s'entendre dire par le prince royal qu'il éprouvait un plaisir tout particulier à se voir au milieu d'eux, leur satisfaction a dû se modérer beaucoup en apprenant par les journaux que S. A. R. a éprouvé un plaisir non moins particulier à se voir au milieu des habitants de Lyon, et un autre plaisir tout aussi particulier à se voir au milieu des habitants de Châlons.

En un mot, que le compliment qui les avait flattés par son exception est un compliment banal, et que le prince est particulièrement flatté de se voir n'importe où.

Le second inconvénient est la mauvaise humeur que donnent aux lecteurs de journaux ces discours qui, outre les désavantages que nous venons de signaler, ont celui d'entraîner avec eux les discours auxquels ils répondent. Bien des gens déjà attribuent injustement à S. A. R. l'ennui que les journaux leur donnent, et on ne saurait croire à quel point il serait dangereux de faire passer l'héritier du trône pour un être ennuyeux.

Une autre maladresse des journaux ministériels est de se réjouir avec fracas des justes témoignages de respect que reçoit le prince sur sa route. Ceci est d'une humilité extrêmement grotesque. Un journal est allé jusqu'à dire : « A Marseille personne n'a insulté le prince. »

On pouvait donc l'insulter ? Il est désagréable de recevoir de tels pavés de la part de gens qui ont épousé les intérêts du trône de juillet, et qui ne les ont pas *épousés sans dot*.

Je ne sais cependant si je dois plaindre le gouvernement des mauvais offices que lui rend sa littérature. Le gouvernement ne comprend rien à la presse, et un gouvernement n'a pas le droit de manquer d'intelligence. Fondé par la presse sur les ruines d'un autre pouvoir détruit par la presse; tous les jours remis en question par elle, il n'a pas su s'allier franchement. Il a fait deux parts des écrivains : il a acheté tous ceux qui étaient à vendre au rabais, tous les gens sans talent, sans influence, sans esprit. Et, appuyé sur eux, il a audacieusement déclaré la guerre aux autres, en les écartant avec obstination de toutes les positions honorables. Et il a mis les amis qu'il s'est choisis aux prises avec les ennemis qu'il s'est faits. Et encore, cette influence, que ses amis, ou plutôt ses domestiques littéraires, ne possèdent pas par leur talent ni par leur caractère, il n'a pas su la leur faire ni par l'argent ni par aucune illustration.

Je connais un de ces pauvres diables, qui, ne trouvant ni énergie dans son cœur, ni esprit dans sa tête, n'avait à donner que du dévouement : eh bien! il s'est franchement dévoué; il a été insulté par l'opposition, et il a subi, sans murmurer, les injures et les dédains; il s'est prêté à toutes les exigences, à tous les services qu'on lui demandait. Eh bien, il vivait misérablement, à peine vêtu, cachant un linge absent par l'épanouissement fallacieux des bouts de sa cravate; remplaçant un manteau par la rapidité de sa course dans les rues. Et ce pauvre diable était fier avec ses amis qui soupçonnaient son indigence; si on lui offrait à dîner, il refusait : *il était invité à dîner chez Plougoulm*. Et ces jours-là, on était sûr de le voir, à l'heure où l'on dîne chez M. Plougoulm, se promener dans les galeries de l'Opéra, nourrissant son esprit, faute de pouvoir nourrir son corps, de l'espoir d'une large croix d'honneur, qu'il vient enfin d'obtenir pour seule récompense, après dix ans de misères et de dévouement. Et ses amis avaient fait de cela un proverbe ; et encore aujourd'hui ils appellent, en plaisantant, *dîner chez Plougoulm*, ne pas dîner du tout.

Une autre fois, il devait aller dîner avec quelques-uns d'entre eux au faubourg Poissonnière. Ils étaient à la Madeleine ; on prend un omnibus. L'homme vendu au pouvoir répugne à l'idée de l'omnibus. Il n'a pas les six sous nécessaires, et il ne veut pas avouer sa triste situation.

— Montez en omnibus, dit-il à ses amis, moi, je vais prendre un cabriolet ; j'ai une autre course à faire, j'arriverai en même temps que vous.

Les amis montent dans l'omnibus, les chevaux partent au trot et suivent la ligne du boulevard. En passant devant la rue Caumartin, un d'eux fait un mouvement de surprise :

— Qu'avez-vous ?

— Il m'a semblé reconnaître P*** qui passait comme un trait à l'autre bout de la rue.

— Pas possible !

A ce moment on était à la rue du Mont-Blanc.

— Tenez, voyez là-bas ! c'est bien lui ! il court comme un cerf. On ne le voit plus.

En effet, le malheureux suivait un chemin parallèle au boulevard. On le vit encore traverser presque d'un seul bond la rue du Helder, la rue Taitbout, la rue Laffitte, la rue Pelletier, etc., et il arriva trempé de sueur et couvert de boue.

Le journaliste indépendant, au contraire, celui qui méprise l'or du pouvoir, dîne au café de Paris, soupe au café Anglais, et fait donner à ses parents et à ses amis des perceptions, des bureaux de poste et de tabac, comme s'il en pleuvait. L'indépendance, pour beaucoup, n'est qu'une plus habile exploitation de la servilité. C'est ainsi que sur terre se trouvent réalisées ces paroles de l'Écriture, qui m'ont très-singulièrement choqué : « Il y a plus de joie au ciel pour un pécheur qui se repent que pour dix justes qui restent dans la bonne voie. » Seulement, les pécheurs politiques, pour ne pas perdre le bénéfice de leur position, ont soin, quand ils reçoivent le prix de leur marchandise, de ne la point livrer aux acheteurs.

🐜 Certes, un gouvernement bien organisé devrait être l'assemblage de toutes les royautés intellectuelles qui possèdent aujourd'hui la France et la gouvernent avec plus ou moins d'incertitude. J'entends par ces royautés, ces influences diverses que se font le talent et la puissance morale. Tel écrivain règne par la pensée sur dix ou douze milliers d'hommes, que le pouvoir semble compter pour rien, tandis qu'il devrait avoir cet homme, non pas à lui, mais avec lui ; non pas par la corruption, mais par une honorable alliance. Mais les choses sont faites de telle façon, qu'à force de voir les hommes puissants et intelligents en dehors du gouvernement, à force de voir que la littérature reconnue, avouée par le château et les divers ministères qui se suivent et se ressemblent, ne se compose que de gens sans talent, sans influence, sans portée, le public en est venu à considérer comme une honte et un opprobre de consacrer sa plume au soutien du pouvoir ; que l'homme d'ordre, de bon sens et de bonne foi, a besoin de tout le courage des anciennes républiques pour ne pas insulter le roi, et qu'il lui faut laborieusement donner des raisons excellentes de la position qu'il a prise, raisons qu'on n'écoute guère, tandis que, en bonne logique, ce serait aux ennemis du gouvernement à se justifier.

🐜 La littérature du château se compose de M. Casimir Delavigne, de M. Cuvillier-Fleury, de M. de Latour, de M. A. Pépin. Je passe sous silence un homme d'esprit, un écrivain correct, qui paraît ne se mêler de rien ou n'être guère écouté.

La littérature des ministères se compose de MM. de Wailly, Cavé, Bertin, Mévil, Baudoin, Perrot.

A voir ces choix, il semble que la cour et les ministres n'aient autour d'eux des écrivains que comme les Spartiates avaient des esclaves qu'ils faisaient enivrer, pour montrer à leurs enfants la laideur de l'intempérance.

Voyons un peu quels services ces messieurs rendent au château et aux ministères.

M. Cuvillier-Fleury fait de temps à autre, dans le *Journal des Débats*, un article pâteux qui attire plusieurs avanies au pouvoir de la part des journaux de l'opposition; puis il écrit à ces journaux que ce qu'il dit n'est pas l'opinion du château et qu'il est *indépendant*. On voudrait savoir ce que c'est que l'indépendance d'un homme qu'on peut, demain matin, renvoyer de la seule position qu'il puisse avoir. M. Cuvillier-Fleury, chargé de faire, dans le *Journal des Débats*, l'éloge funèbre de la princesse Marie, cette belle fleur si vite flétrie, ne put oublier qu'il avait été souvent en butte aux douces et sagaces moqueries de la princesse; et il glissa dans son article, écrit du reste sans talent et sans émotion, un reproche de sa propension à la raillerie.

Pour M. de Latour, il n'abuse de sa petite position que pour imposer à divers recueils des articles *littéraires* de son cru.

M. Alphonse (hélas!) Pépin est un pauvre diable qui remplace le talent et la capacité par le dévouement. Il a prêté son nom à une justification du règne de Louis-Philippe, dont il n'a pas écrit, dit-on, un seul mot. Le manuscrit lui arrive d'une septième ou huitième main, sans qu'il en sache l'origine. Mieux instruit que M. A. Pépin, nous pouvons dire que cet ouvrage est écrit, sinon d'une manière brillante, du moins avec ordre, logique et raison; et que son auteur véritable est un personnage de très-bonne maison.

On dit que l'on veut faire M. A. Pépin député. Je suis décidé à n'être pas représenté par lui à la Chambre. Si l'on donne suite à ce projet, j'ouvrirai un certain carton « A. Pépin » d'où je tirerai des choses assez réjouissantes.

Passons à ce bon M. Delavigne, le seul de ces messieurs qui ait un nom et du talent, quoique parfaitement commun et ennuyeux.

M. Casimir Delavigne est bibliothécaire de Fontainebleau : de plus, sous le nom de son frère, M. Germain Delavigne, il est intendant des Menus-Plaisirs. Aux Menus-Plaisirs, une nichée de quatorze Delavigne, mâles, femelles, petits et grands, sont logés, meublés et chauffés. On craint d'y voir passer la forêt de Villers-Cotterets.

Comme M. Cuvillier-Fleury, M. Casimir Delavigne se dit *indépendant*. Mais il va plus loin ; et, pour concilier les bénéfices de la popularité avec les avantages de la faveur, il fait tantôt une tragédie légitimiste (les *Enfants d'Édouard*), tantôt une comédie républicaine (la *Popularité*), et, en ce moment, il a promis sa voix à M. Berryer, pour l'Académie.

Si les Delavigne nichent aux Menus-Plaisirs, les de Wailly fourmillent à l'Élysée-Bourbon ; et, par une touchante réciprocité, les de Wailly font, dans l'occasion, augmenter les appointements des Delavigne, qui meublent à leur tour les de Wailly avec les meubles des Menus-Plaisirs.

Les Bertin n'ont jamais écrit une ligne de leur vie ; mais leur journal est une puissance. M. Cavé, appelé par les uns le *spirituel auteur des Soirées de Neuilly*, par les autres, le *peu* spirituel auteur des *Soirées de Neuilly* (je ne le connais pas), est dans la dépendance de M. Thiers.

M. Mévil n'écrit pas. M. Perrot est censeur et ami intime de M. Janvier. M. Baudoin n'a pour titres littéraires que d'avoir retrouvé dans une cave des drapeaux tricolores qu'il y avait audacieusement cachés.

En fait de services rendus au ministère, M. Baudoin a eu l'heureuse idée. au moment où on avait de sérieuses inquiétudes sur la quantité de la récolte, au moment où on se plaignait hautement de l'élévation du prix du pain, de publier dans le *Moniteur parisien* un article *sur les peuples qui mangent de la terre*. Mais il est arrivé à M. Baudoin une histoire assez gaie.

HISTOIRE DE BLEU-DE-CIEL ET DE M. BAUDOIN. — En général, les imprimeurs des journaux appartiennent au parti républicain. Un jeune *compositeur*, que ses camarades appelaient *Bleu-de-Ciel* parce qu'il a les cheveux rouges, comme les Grecs appelaient les furies Euménides, avait toujours travaillé aux journaux de l'opposition. Une circonstance l'empêcha de trouver une place dans les imprimeries de son parti. On voulut l'embaucher pour un journal ministériel; il répondit qu'il préférait attendre. Il vendit sa montre, et attendit. Un mois se passa sans qu'il trouvât d'ouvrage. Il se soumit un peu à la nécessité, et annonça qu'il consentirait à travailler à un journal de l'opposition dynastique. Cette concession n'amena pas de résultats ; il mit ses habits en gage, et attendit avec fermeté, vivant de pain et de fromage, plutôt que d'appuyer de son talent un gouvernement qu'il déteste sur la foi des journaux qu'il a imprimés toute sa vie. Bleu-de-Ciel, cependant, reçut un matin une lettre de sa vieille mère, qui était malade et qui lui demandait quelque argent. Il regarda autour de lui : il ne lui restait plus rien à vendre ni à engager. Il alla s'embaucher parmi les compositeurs du *Moniteur parisien*, reçut quelque argent d'avance, et l'envoya à sa mère. De ce jour il devint triste et taciturne, évita soigneusement les amis, ne se montra dans aucune réunion. Il était vaincu et humilié. Il ne se consolait un peu qu'en pensant à sa mère et en se disant : « Cette pauvre vieille femme, il fallait bien la secourir ! »

Un jour, Bleu-de-Ciel se réveilla avec une idée et en même temps avec toute sa gaieté. Il entra à l'atelier en fredonnant : « *Toi que l'oiseau ne suivrait pas.* » Il causa, fut amusant et spirituel, rechercha ses camarades, et redevint, en un mot, le *Bleu-de-Ciel* d'autrefois.

Mais de ce jour aussi il se glissa d'étranges choses dans le journal : des fautes d'impression formant un sens plus que bizarre, des mots coupés au bout des lignes d'une manière injurieuse pour le pouvoir, excitèrent le mécontentement de quelques lecteurs, l'hilarité de quelques autres, l'étonnement de tous.

Si un article mentionnait que « que le ministre avait répondu en termes très-VIFS à une interpellation, » par un simple changement de lettre, Bleu-de-Ciel imprimait « en termes très-VILS. »

« Les députés ministériels se sont réunis dans un *banquet*. » Bleu-de-Ciel les faisait se réunir dans un BAQUET.

Si, au moment du mariage que le roi préparait pour son fils, Bleu-de-Ciel avait à imprimer que « le ministère méprisait les bruits injurieux, » il finissait la ligne de manière à couper le mot en deux, et on lisait : « Le ministère méprise les *bru*. » Ce n'était qu'à l'autre ligne qu'on trouvait la fin du mot « *its*. »

« Le ministère est *matériellement* le plus fort, » disait le manuscrit.

« Le ministère est *mat*, imprimait Bleu-de-Ciel, et à l'autre ligne « *ériellement* ».

« M*** est un homme d'esprit, disait le journaliste, on l'a vu *souvent* répondre avec vivacité... » On l'a vu *sou*, » imprimait Bleu-de-Ciel, et ce n'était qu'après la suspension nécessaire pour aller de la fin d'une ligne au commencement d'une autre que l'on trouvait la fin du mot.

« Le ministère *mourant* d'en venir aux mains avec l'opposition » devenait « un ministère *mou* ».

Un jour on donna au journal la description d'une fête au château. Il y avait dans l'article cette phrase . « Et ces riches tapis foulés par les souliers de *satin* des dames de la cour. » Bleu-de-Ciel trouva plus gai de mettre des souliers de *catin*. »

Une autre fois, il devait y avoir à la Chambre une discussion importante ; un ministre, qui devait porter la parole, tomba malade.

« C'est une *fatalité*, » disait l'écrivain.

« C'est un *fat alité*, » imprima Bleu-de-Ciel.

Cette fois on renvoya Bleu-de-Ciel. Et Bleu-de Ciel rentra dans un journal de l'opposition.

DISTIQUE D'UN CONSEILLER D'ÉTAT.

Près de chaque ministre où j'ai daigné descendre,
J'étais une *Cassandre* à côté d'un *Cassandre*.

PREMIÈRE PHRASE DU DISCOURS PRONONCÉ PAR UN CAPITAINE DE LA GARDE NATIONALE DE LA BANLIEUE NOUVELLEMENT ÉLU. — « Chers camarades, votre suffrage est le plus beau jour de ma carrière militaire. »

Le maire d'une petite ville que vient de traverser S. A. R. le duc d'Orléans crut devoir lui faire un discours ; mais ce qu'il savait le mieux, c'était son commencement.

— Monseigneur, dit-il, monseigneur, la joie, c'est-à-dire la satisfaction, non... je disais bien, la joie que j'éprouve, ou plutôt que je ressens, en vous voyant au milieu de nous, est si grande, si grande, si gr..... si.....

— Que vous ne pouvez l'exprimer, monsieur le maire, interrompit le prince.

Un ancien ministre disait dernièrement d'un de ses commis, qu'on lui reprochait de ne pas avoir renvoyé : « Que voulez-vous ? je n'aurais pu le renvoyer qu'aux galères. »

M. Molé a écrit au chancelier pour demander de faire l'éloge funèbre, à la Chambre des pairs, du général Bernard. Le président du ministère du 15 avril trouvera dans ce discours l'occasion naturelle de tracer le tableau de son administration, et de l'opposer aux vœux de la coalition et au système du 12 mai.

On a beaucoup parlé d'une réconciliation entre MM. Thiers et Molé. Cependant M. Thiers dit à qui veut l'entendre : « Je ne conçois pas, quand on s'appelle Molé, que l'on veuille être autre chose que garde des sceaux. »

De son côté, M. Molé dit à ses amis : Quand on s'appelle Thiers, je ne comprends pas qu'on veuille être ministre des affaires étrangères. »

En avant ici quelques guêpes de réserve pour une des bouffonneries les plus ravissantes qu'ait produites le régime constitutionnel, si fécond en bouffonneries.

MM. Soult, Duchâtel, Schneider, etc., se figurent être ministres et gouverner la France. Il faut que je leur apprenne qu'il n'en est rien, et que le seul ministre, le seul homme qui fasse les affaires aujourd'hui, est M. Thiers. Je vais prouver ce que j'avance par des faits si évidents, qu'après la lecture de quelques pages, MM. Soult, Duchâtel, etc., paraîtront occuper une des positions les plus comiques de l'époque.

La cour de la rue Neuve-Saint-Georges a décidé que M. Thiers rentrerait aux affaires; quelques amis dévoués se sont chargés de lui faire à ce sujet la petite violence nécessaire pour sauver l'honneur de sa vertu aux abois.

Mais on ne sait pas encore pour quel portefeuille on se décidera.

Madame Thiers penche pour l'intérieur, à cause des loges gratuites aux théâtres ; M. Dosne veut que son gendre prenne les finances ; madame Dosne ne veut pas qu'il fasse de concessions et exige qu'il rentre aux affaires étrangères pour contraindre les ambassadeurs à venir dans son salon. M. Thiers, indécis, prend l'avis de MM. Roger, Mathieu de la Redorte, Chambolle, Anguis et autres lumières de la Chambre.

Pendant ce temps, M. Thiers règne sur les journaux qu'il subventionne de promesses; il est dictateur au *Courrier Français*, par M. Léon Faucher, qu'il *doit* faire conseiller d'État; au *Messager*, par M. Waleski, qui *sera* dans les ambassades ; au *Siècle*, par M. Chambolle, qui *sera* inspecteur de l'Université ; au *Nouvelliste*, par M. Léon Pillet, qui *rentrera* au Conseil d'État ; au *National,* par M. Taschereau, qui *sera* secrétaire général du département de la Seine, en place de M. de Jussieu ; aux *journaux légitimistes*, par M. Berryer, auquel il donne sa voix pour l'Académie, et qui, outre sa faveur dans ses feuilles, l'introduit dans quelques maisons du faubourg Saint-Germain ; au *Constitutionnel*, par M. Véron, dont on assurera l'élection comme député, et par M. Étienne, qui vient d'être nommé pair de France par l'influence de M. Thiers.

En effet, c'est une chose remarquable de voir les ministres du 12 mai obéir, à leur insu, aux sympathies et aux alliances de M. Thiers.

A peine rend-on un service à M. Thiers que cela porte immédiatement bonheur. M. Cavé s'oppose à la représentation de la pièce de madame de Girardin ; quelques jours après il est appelé à des fonctions plus importantes. Le *Constitutionnel,* dont un propriétaire influent était fort mal pour M. Cavé, ne trouve rien à redire à sa nomination.

Les ministres du 12 mai ne font rien, ne donnent pas une signature qui ne concoure à quelque dessein secret de M. Thiers. qui, en imposant au roi la nécessité de *régner et de ne pas gouverner*, s'est fait une position contraire et infiniment plus agréable : *il gouverne et ne règne pas.*

Madame de Dino, fort mal vue du faubourg Saint-Germain depuis ses accointances avec la cour citoyenne, se donne beaucoup de mouvement pour la candidature de M. Berryer, qui n'est pas agréable au château : elle espère par là se réhabiliter auprès de ses anciens amis.

L'ACADÉMIE. — Selon toutes les apparences, M. Bonjour sera élu. Il s'agit bien plus de n'avoir pas fait certaines choses que d'en avoir fait certaines autres. Il y a une foule de candidats sans titres qui n'en font pas moins leurs visites.

M. de Balzac est allé voir M. Duval, qui lui a dit, en montrant son lit :

— Monsieur, voilà un lit où je vais bientôt mourir.

— Je vous crois encore bien des années d'existence, monsieur, a répondu l'auteur de la *Physiologie du Mariage*, et la preuve, c'est que je viens vous demander votre voix. Je ne serai pas nommé cette fois-ci ni l'autre, d'après les résultats ordinaires : il n'y aura pas d'extinction avant trois ans, c'est donc pour dans six ans au plus tôt que je compte sur vous.

❧ Quelques académiciens ont annoncé qu'ils ne donneraient pas leur voix à un des candidats à cause de ses chagrins domestiques trop connus. Ce candidat, chargé, il y a longtemps, de fonctions administratives, crut devoir employer la voie du télégraphe pour apprendre au ministère *une infortune* personnelle dont il venait d'avoir la preuve, et demander son changement immédiat.

Cette proscription ressemble à une singulière fatuité de la part de messieurs les trente-neuf.

❧ Nous leur rappellerons alors qu'un autre des candidats a reçu et accepté, en plein foyer du Gymnase, une insulte grave de la part de M. Évariste Dumoulin, rédacteur du *Constitutionnel*.

❧ M. Berryer, s'il est élu, sera forcé de faire ratifier sa nomination par le roi Louis-Philippe et de lui être présenté. Quelques légitimistes appellent cela un *bon tour* joué à la royauté de Juillet ; d'autres disent que c'est une *défection*.

Il est singulier, pour les légitimistes, de voir M. Berryer porté à l'Académie et soutenu par M. Thiers, auquel il rend de son côté quelques bons offices ; par M. Thiers, auteur de l'arrestation et de l'emprisonnement de madame la duchesse de Berry.

❧ LA COMÉDIE DE MADAME DE GIRARDIN. — C'était le jour où l'on représentait au théâtre de la Gaîté le *Massacre des Innocents*. Des écrivains chargés par les journaux de rendre compte de la représentation des pièces de théâtre, presque aucun ne parut dans la salle. Les plus influents des feuilletonistes avaient reçu une lettre ainsi conçue :

« *M. et madame Émile de Girardin prient M.*** de leur faire l'honneur de venir passer la soirée chez eux, le mardi 12 novembre, à neuf heures, pour entendre* l'École des journalistes. »

Dans un salon tendu en vert, décoré avec une simplicité riche et élégante, on remarquait madame de Bawr, madame Gay, madame Ancelot, madame Ménessier, MM. Hugo, de Balzac, Étienne, de Jouy, Lemercier, Ancelot, E. Sue, Émile Deschamps, Malitourne, Roger de Beauvoir, de Custines.

Plusieurs femmes du monde, les unes spirituelles, les autres jolies, une jolie et spirituelle, des artistes distingués, des hommes du monde.

Mais surtout on remarquait tous les rois du feuilleton, et à leur tête leur maître, M. Jules Janin.

C'était là aussi un *massacre des innocents*.

Hérode ne tarda pas à paraître ; c'était une jeune femme svelte et forte à la fois comme la muse antique, encadrant un charmant visage dans de splendides cheveux blonds ; elle était vêtue de blanc, et ne ressemblait pas mal à la *Velleda* de M. de Chateaubriand.

Elle prit sa place, et commença sa lecture. C'était une suite de vers fins et spirituels qui faisaient naître dans l'esprit un sourire que beaucoup arrêtaient sur leurs lèvres ; c'était une satire contre les journalistes : l'auteur, rassemblant les traits de quelques visages, en avait fait un portrait général, dans lequel beaucoup ont le droit de ne se pas reconnaître.

Le premier acte finit au milieu des applaudissements. Madame de Girardin but un verre d'eau pure, et moi je frémis.

L'élite des journalistes était là ; ils étaient renfermés ; on leur servait des glaces et des gâteaux ; je me rappelai le poison des Borgia.

Mais que ne devins-je pas quand je m'aperçus que presque tous les hommes avaient au dos une marque blanche.

Je me rappelai alors aussi les *missions* à l'église des Petits-Pères sous la Restauration ; c'était ainsi que les agents de police marquaient dans l'église les perturbateurs, que l'on *empoignait* à la sortie.

Ces deux souvenirs, celui des missions et celui de Lucrèce Borgia, se croisant dans mon esprit, je demeurai incertain, non pas si la comédie en cinq actes aurait un sixième acte tragique ; j'en étais bien persuadé, mais seulement si cela finirait comme *Bajazet* ; quand la sultane dit au héros, que les muets attendent à la porte pour l'étrangler, son terrible : SORTEZ !

Ou comme Lucrèce Borgia, quand elle dit aux convives de son fils *Gennaro* : MESSEIGNEURS, VOUS ÊTES TOUS EMPOISONNÉS !

La lecture cependant, ou plutôt l'exécution continua. Quelques hommes, qui connaissaient les visages des journalistes, les désignaient aux hommes et aux femmes du monde qui ne les connaissaient pas, et on faisait à chacun l'application des dix vers qui se lisaient pendant qu'on l'examinait à son tour.

C'était assez embarrassant, je vous assure, et je me trouvai heureux de n'avoir jamais été qu'un journaliste de passage.

Les mots spirituels, les vers charmants, les épigrammes, les vérités, les injustices sortaient toujours de la bouche d'Hérode. Il vint même une scène d'un drame élevé, très-belle, très-bien écrite, et, comme l'a dit Janin dans sa réponse à madame de Girardin, mieux dite que ne l'eût pu faire aucune actrice du Théâtre-Français.

Pendant ce temps, M. Émile Deschamps répétait à chaque vers, ainsi qu'il le fait à toutes les lectures : *charmant ! charmant !*

A ce propos, il y a quinze jours que je veux aller voir Janin pour lui parler de sa lettre ; mais il demeure rue de Vaugirard, et moi rue de la Tour-d'Auvergne, à peu près la distance de Paris à Pékin.

Je vais lui écrire un mot dans ce petit livre qui lui parviendra, sans doute, avant que j'aie fait cet horrible trajet.

A M. JULES JANIN. — Mon cher Jules, je te fais de sincères compliments de ta lettre, quoique je ne pense pas tout à fait comme toi. Tu défends le journalisme, quand on n'a attaqué que les journalistes, mais tu le défends avec beaucoup de noblesse, de mesure, de convenance et de grâce. Comme ton ami, je suis heureux et fier de te voir plus d'esprit que tu n'en eus jamais, après t'en avoir vu dépenser, depuis quinze ans, assez pour faire dix réputations. A. K.

La lecture finie, le martyre des journalistes ne l'était pas. On entourait madame de Girardin, et quelques personnes lui disaient : *Oh! les monstres!* d'autres ajoutaient : *Vous leur prêtez trop d'esprit ; ils n'en ont pas autant que cela*, position agréable pour les journalistes présents. Cependant personne ne fut étranglé, personne ne mourut ; les marques blanches au dos provenaient d'une peinture intempestive des portes faite par un tapissier maladroit. Le lendemain, aucun journaliste n'avait d'habit. On les rencontrait tous en paletot. Les habits étaient chez le dégraisseur.

C'est alors que, pour se faire bien venir de la rue Neuve-Saint-Georges, M. Cavé s'opposa à ce que la pièce fût jouée au Théâtre-Français, et que la censure en défendit positivement la représentation, ce qu'on devait, du reste, attendre.

Le *hasard* fit qu'à quelques jours de là on vanta, dans la *Presse*, le désintéressement de M. Cavé. M. Cavé crut voir, dans la phrase, un sens ironique, et envoya MM. Dittmer et de Champagny demander à M. de Girardin une explication, une rétractation ou une satisfaction. M. de Girardin refusa le tout. Les témoins retournèrent auprès de M. Cavé fort embarrassés. Mais M. Cavé, apprenant le résultat de leur visite, se contenta de dire : « Eh bien! j'aime autant cela. »

Quelqu'un a dit, en voyant la mauvaise humeur de quelques journalistes : « Ces messieurs sont comme les enfants, ils crient quand on les débarbouille. »

LE DRAME DE MADAME SAND. — Le sujet du drame de madame Sand ressemble singulièrement au sujet de *Clotilde,* un roman que j'ai publié l'été dernier.

Une femme mariée dit à son amant: « Je ne serai jamais à deux hommes à la fois. » L'amant s'occupe naturellement d'assassiner le mari. Par une erreur bizarre, il tue un inconnu; mais, en homme de tête, il accuse le mari du meurtre qu'il a commis. La femme trouve la chose un peu forte, rend à son mari l'amour qu'elle n'a plus pour son amant, voit les juges, sollicite et sauve son époux. L'époux, à peine hors de prison, demande raison à l'amant de son procédé qu'il trouve déloyal.

L'héroïne sait le jour et l'heure du duel. Elle écrit au jeune homme, le fascine par ses coquetteries, résiste un peu et succombe.

Puis lui dit : « Il est onze heures. L'heure du duel est passée; vous êtes déshonoré. »

N. B. Comme il y a aujourd'hui quelques femmes qui se modèlent sur les héroïnes de madame Sand, je crois devoir les avertir que, s'il s'en trouvait une par hasard qui crût m'embarrasser ainsi, j'ai ma réponse toute prête.

Au moment où elle me dirait : « Vous êtes déshonoré. — Et vous donc? lui dirais-je. Pour moi, je vais aller dire à votre mari ce qui m'a retardé, et il m'excusera. »

LA COMÉDIE DE M. DE WALESKI. — On a lu chez madame A*** de G*** une comédie de M. le comte de Waleski qui obtient beaucoup de succès dans le monde. Le sujet est une jeune fille coquette qui, sans être criminelle, laisse prendre sur elle des droits et une influence qui font le malheur de sa vie.

La comédie de M. Waleski offre la peinture, presque unique aujourd'hui au théâtre, des mœurs contemporaines. La plupart des écrivains observent d'après les observateurs, et croient avoir beaucoup fait quand ils reproduisent des types connus et usés sous d'autres noms. Ils se contentent d'appeler le *Valère* de l'ancienne comédie *Eugène de Noirval*; *Scapin* prend le nom de *Tom*, *Sganarelle* celui de *M. Ducros* ou de *M. Valmont*. Et leur tour est fait.

Les personnages de M. Waleski sont vrais, vivent parmi nous, se conforment aux convenances de notre époque, n'entrent qu'où ils doivent entrer, parlent comme ils doivent parler. Ces qualités, ainsi que la netteté et l'élégance du style, pouvaient s'attendre d'un homme du monde ; mais on a été étonné (les gens qui s'étonnent) de reconnaître une grande adresse dans la charpente de la pièce et une remarquable entente de la scène.

La comédie de M. Waleski sera représentée au Théâtre-Français.

LE DRAME DE M. DE BALZAC. — M. de Balzac a lu à la Porte-Saint-Martin un drame dont les personnages sont tirés d'un de ses plus beaux romans. La pièce est très-neuve et très-audacieuse.

LES PHILANTHROPES ET LES PRISONS. — Deux classe de philanthropes se partagent les prisons et les prisonniers, et loin de leur opposer une énergique résistance, le gouvernement a pris la *résolution de laisser faire*. Il a fait pour la philanthropie comme pour l'asphalte, pour les criminels comme pour les boulevards.

On a livré un côté des boulevards au bitume Polonceau, l'autre côté à l'asphalte de Seyssel. On a abandonné certaines prisons à certains philanthropes, et les autres prisons à d'autres philanthropes.

Voici en quoi consistent les deux procédés. Nous y ajouterons les résultats.

Le philanthrope de l'*école française* trouve que l'homme est déjà bien assez malheureux d'être criminel sans qu'on aille encore aggraver ses chagrins par des punitions excessives. Il veut que le condamné soit bien chauffé, bien vêtu, bien logé, bien nourri.

L'homme vertueux s'enveloppe de sa vertu et se rafraîchit du souvenir de ses bonnes actions. Mais pour le criminel, le philanthrope veut qu'on lui donne des bougies, et recommande le vin de Bordeaux de 1834; un peu de musique, le spectacle, les livres, en un mot toutes les distractions pour des hommes qui en ont tant besoin. Il aime son criminel, il le choie, il l'engraisse, il le console. M. Martin du Nord était de cette école. Comme on lui disait que les prisonniers avaient de mauvais pain, il répondit : « Leur pain vaut mieux que celui des soldats. »

Résultats : les gens gênés dans leurs affaires, les ouvriers sans ouvrage s'empressent de tuer leur femme ou d'empoisonner leur frère, pour jouir du sort des scélérats.

Pour les condamnés, ils ne quittent la prison qu'en pleurant ; il faut les en arracher par la force. Un homme amené facilement en prison par deux gendarmes n'a pas trop de six gendarmes pour le décider à sortir. Il n'est pas huit jours sans revenir, en ayant eu soin cette fois d'*étoffer* un peu son crime de circonstances aggravantes, pour s'assurer une dizaine d'années de prison.

Les philanthropes de *l'école américaine* isolent le prisonnier, inventent des tourments et des incertitudes. Après ne lui avoir laissé d'autre société que les quatre coins de son cachot, ils trouvent ces quatre coins une distraction excessive, et ils les suppriment pour le mettre dans une prison ronde.

Aucun des criminels qu'ils tourmentent n'est aussi scélérat, aussi ingénieux en férocité que le plus doux de ces braves philanthropes.

Outre la cruauté de ces essais, on peut leur reprocher une odieuse injustice. Personne n'a le droit d'aller plus loin que la loi. C'est un horrible arbitraire.

Résultats : cinq hommes sont devenus fous, un est mort en écumant; un autre, tout récemment, ne pouvant supporter ces cruelles épreuves, s'est accusé d'un crime imaginaire qui l'envoyait à l'échafaud.

Le directeur d'un théâtre royal, très-amateur de chevaux, disait dernièrement : « Il me faut quatre chevaux pour *monter* au *bois*. »

Un cheval pour y aller en tilbury.

Un cheval pour le domestique qui me suit.

Un cheval pour faire le tour du bois au trot.

Et enfin un quatrième cheval pour faire un tour au galop.

—Parbleu, monsieur, lui dit un brave homme, il y a eu autrefois des gens qui n'étaient pas si exigeants que vous; ils n'avaient qu'un cheval, et ils étaient quatre : c'étaient les quatre fils *Aymon*.

Les partis sont quelquefois obligés de soutenir des gens tellement nuls, qu'ils ne trouvent d'autre épithète à ajouter à leur nom que celle de *vertueux*.

C'est absolument comme lorsque les femmes disent d'une autre femme : « Elle *est bien faite.* » Cela veut dire elle est laide et grêlée.

Quand elles disent : « c'est une bonne personne, c'est le dernier degré de l'injure : cela signifie, elle est hideuse, bossue et bête.

L'ARMÉE FRANÇAISE EN AFRIQUE. — Une lettre de M. Blanqui aîné a tracé un déplorable tableau de la situation des soldats français en Afrique. Les conquérants sont mille fois plus misérables que les Arabes vaincus. Les malades manquent de lits, de medicaments et de soins ; ils souffrent et ils meurent dans la boue. C'est une chose infâme.

C'est à l'ignoble lésinerie des avocats de la Chambre qu'il faut attribuer ce crime national. Pour taquiner le pouvoir et faire de sottes économies, on n'envoie en Afrique ni assez d'hommes, ni assez d'argent; et pour que la Chambre ne réduise pas encore ce qu'elle accorde après de honteuses discussions, on simule des agrandissements de territoire conquis. On occupe une grande étendue de pays, et le pouvoir a la lâcheté de céder à la sordide chicane de MM. les avocats.

Dans une conversation générale, plusieurs femmes se plaignaient de l'inconstance des hommes. « C'est très-simple, dit madame***, les hommes se rendent justice ; dès qu'ils nous plaisent, ils nous méprisent. »

Une femme s'est rencontrée ces jours derniers d'une audace et d'une impudeur extraordinaires qui a osé entamer un procès plus honteux cent fois que l'ancien *congrès*, que les magistrats les plus honorables appelaient *infâme*. La plaignante accusait son mari d'irrégularités et d'illégalités bizarres dans l'expression de la tendresse conjugale. M⁰ Dupin a étalé complaisamment pendant trois heures une érudition d'ordures incroyable, dans le latin le plus transparent. Il n'y a rien, dans le marquis de Sades, de plus effrontément obscène que le discours que M⁰ Dupin a prononcé en faveur des mœurs, et ceci n'était qu'un jeu d'esprit pour l'aîné des Dupin, car il ne citait que des textes de *Sanchez* et d'autres casuistes qui n'ont aucune autorité en droit français.

Si M⁰ Dupin prend Sanchez pour une autorité, je lui dirai, s'il ne le sait pas, que l'on trouve dans Sanchez, entre autres choses, l'approbation du mensonge et du faux témoignage, et qu'on y lit en propres termes « que l'on peut nier avec serment une chose que l'on a faite, si, au serment prononcé à haute voix, on ajoute mentalement une clause qui en fasse une vérité. »

Ainsi, on peut dire haut : « Je jure que je n'ai pas vu telle personne, » quoiqu'on l'ait vue, si on ajoute bas ou mentalement : *Ce matin.*

🐝 On a beaucoup reproché au maréchal Soult la médiocre élégance de son élocution ; on a été jusqu'à l'accuser d'une confusion malheureuse des *s* et des *t*, en un mot, on a dit que le duc de Dalmatie *faisait des cuirs*. J'avoue que cela serait un inconvénient assez grave pour être reçu de l'Académie de Paris ; et encore j'aimerais mieux faire des *cuirs* et n'importe quelle faute de langage, que de commettre les phrases de MM. Berryer et de Cormenin, que j'ai citées au commencement de ce volume, et qui sont, en même temps que des fautes contre la langue, des fautes contre le sens commun.

Mais je ne vois pas pourquoi il faudrait être beau parleur pour être ministre. J'irai plus loin : en ces temps de bavardage et d'avocasserie, c'est une sérieuse et forte recommandation à mes yeux que de ne l'être pas. Ceci n'est ni une plaisanterie ni un paradoxe : voici mes preuves. La tribune est le trône des avocats ; la tribune perd la France.

Il faut une longue habitude et une étude spéciale pour parler en public. Pour beaucoup d'hommes très-braves et qui intimideraient ailleurs messieurs les avocats, il est presque impossible de traverser une assemblée, de monter à une tribune, de se draper, de *poser*, de s'occuper de sa démarche, de son geste, d'arrondir des périodes, de remplir les lacunes de la pensée par des mots plus vides que la place qu'ils laisseraient dans le discours, si on ne les disait pas.

Sur une question militaire, sur une question d'industrie, sur une question de marine, sur une question de finances, sur toutes les questions, un soldat, un marchand, un marin, un commis, un homme spécial enfin, a des lumières plus réelles et plus utiles à donner qu'un avocat. Qui est-ce qui parle cependant sur ces questions? les avocats, toujours les avocats ; tandis que l'homme utile, l'homme qui sait, garde le silence. Pourquoi ne parle-t-on pas de sa place? pourquoi fait-on des discours? est-ce donc une académie que la Chambre? En ce cas, il y aurait beaucoup à dire sur l'éloquence verbeuse et polyglotte des avocats. Mais messieurs les avocats de l'opposition radicale, qui demandez le suffrage universel, ou au moins l'avénement à la Chambre des capacités, je suppose que vous ne renfermez pas la capacité exclusivement dans l'art de la parole (quel art! et quelles paroles, bon Dieu!), sous prétexte que toute la vôtre y est renfermée. Par exemple, si on admet les capacités à la Chambre, une capacité en agriculture sera probablement un fermier, peut-être un fermier alsacien qui parlera son patois. Si vous admettez les capacités et les spécialités, il faut brûler la tribune, et avec la tribune disparaîtront les avocats, et avec les avocats disparaîtront l'ignorance qui parle d'autant plus qu'elle n'a rien à dire, la mauvaise foi qui plaide le pour et le contre avec les mêmes élans factices, les mêmes gestes de comédien de province, le même aplomb, la même suffisance.

C'est la tribune qui perd la France, c'est la tribune qui chicane le pain, et les couvertures, et la tisane aux soldats français, et qui les fait mourir de faim, de froid et de misère en Afrique.

On a crié assez en France contre le *trône et l'autel;* il est temps de parler de la tribune, le trône des avocats, l'autel où ils immolent chaque jour les intérêts du pays, le bon sens, la bonne foi et le pays lui-même.

En attendant, le 6 du mois de novembre 1839, soixante-six licenciés en droit ont prêté le serment d'avocat. Jour néfaste! où soixante-six nouveaux vautours affamés par les jeûnes du stage ont pris leur volée sur la France.

On avait fait, lors de l'inauguration du musée de Versailles, un essai assez heureux qui aurait dû ouvrir les yeux au pouvoir : on avait invité à un dîner quelconque tous les journalistes de quelque talent et de quelque influence; cela eut pour résultat un article de justes louanges dans tous les journaux de Paris. Jamais depuis on n'a renouvelé la moindre politesse à ces écrivains ; jamais depuis ils n'ont reçu la moindre invitation à la moindre soirée ni à la moindre cérémonie. Nous n'avons cependant pas entendu dire qu'ils aient emporté l'argenterie.

LA SYMPHONIE DE M. BERLIOZ. — Bien des gens prennent l'obstination pour du génie. La musique est la mélodie. Une musique sans mélodie est *une perdrix aux choux* qui ne se composerait que de choux. La science est un moyen et non pas un résultat. On dit que la musique de M. Berlioz est savante. Cela est dit par des feuilletonistes qui ne peuvent pas le savoir. Grétry disait à un musicien : « Vous n'avez ni génie ni invention ; il ne vous reste que la ressource d'être savant. » Prenez un commissionnaire, et vous le rendrez savant avec des maîtres et du temps. La musique de M. Berlioz, que je n'accepte pas comme de la musique, est le résultat d'une fausse appréciation. M. Berlioz veut peindre par la musique ce que peignent les paroles. Ce n'est pas là un progrès : c'est une dégradation. La musique est au-dessus de la poésie ; elle commence là où finit le langage. Ceux qui veulent l'astreindre aux proportions du langage ressemblent à un chasseur qui fait tomber avec un plomb meurtrier l'alouette joyeuse qui chante dans le ciel. M. Berlioz trouve que le rhythme carré a vieilli, et il supprime le rhythme. En poésie, la rime et la mesure sont bien vieilles aussi, monsieur Berlioz, et on les garde. Si de la musique on supprime la mélodie et le rhythme, il reste du bruit et de l'ennui. Je me méfie de la musique dont on veut me *prouver* la beauté. La musique doit se sentir. Physiquement, c'est dans la poitrine, et non dans la tête que se perçoit l'impression de la musique. La musique de M. Berlioz s'adresse à la tête. Je sais qu'on m'appellera ignorant ; mais Orphée charmait les tigres et les panthères, qui étaient bien aussi ignorants que moi. Les journalistes qui font des feuilletons sur la musique ont d'ordinaire un jeune musicien auquel ils donnent à dîner et une place dans leur loge; le musicien leur fournit en échange un peu d'argot musical pour leur feuilleton. M. Berlioz a peint *en musique*, comme l'annonce le programme, Roméo sentant les *premières atteintes du poison;* les violons ont fait entendre un bruit strident; un admirateur enthousiaste s'est écrié. « Comme c'est bien ça la colique ! » Au milieu d'un tumulte assez vif de corps et de contrebasses, j'ai voulu savoir ce que ça voulait dire, et j'ai vu au livre rose servant de programme : *le jardin de Capulet* SILENCIEUX *et désert.* Je suis de bonne foi, j'aime la fermeté de M. Berlioz, et je voudrais aimer sa musique. J'aurais été heureux de pouvoir l'applaudir au Conservatoire et ici ; j'étais à l'affût de la moindre mélodie ; et rien n'a eu la complaisance d'y ressembler ; je me suis ennuyé, et je n'ai ressenti aucune émotion. On m'a dit que je ne pouvais pas juger la musique savante. La musique de Beethoven est savante, et elle ne m'ennuie pas, et elle me fait rêver ; la musique de Rossini est savante, et elle me charme ; la musique de Weber est savante, et elle me fait frissonner le cœur. Sous prétexte de musique savante, on a inventé M. Halevy et M. Meyerbeer, qui, sous bien des rapports, n'est qu'un Halevy supérieur, et on a découragé et renvoyé Rossini. Il y a dans la gloire donnée légèrement ceci de grave et de criminel, que, pour ajuster cette belle couronne à certaines têtes, il faut la rétrécir, et qu'elle est ensuite trop petite pour les hommes de génie dont on peut avoir à parler.

ÉPILOGUE. — Allons, mes guêpes, mes archers au corselet d'or, revenez à ma voix qui sonne la retraite ; il fait froid, il pleut, notre campagne est finie jusqu'au mois prochain, jusqu'à l'année prochaine.

Les arbres sont nus ; les chrysanthèmes, les dernières fleurs de l'automne, sont flétris. Revenez dans cette retraite où éclosent à leur tour les fleurs brillantes de l'hiver à la douce chaleur du foyer, les rêveries et les souvenirs.

Rentrez, mes guêpes, vous trouverez pour vous y reposer un camélia blanc, et des bruyères couvertes de leurs petites clochettes purpurines, et un héliotrope d'hiver qui exhale une suave odeur de vanille.

Rentrez et reprenez haleine, vous n'avez pas à regretter les légères blessures que vous avez faites ; vos innocentes colères sont justes et généreuses ; vous êtes d'honnêtes guêpes. Le premier jour de l'année 1840, j'ouvrirai cette porte en vitraux colorés qui donne sur le jardin, et je vous laisserai prendre encore une fois votre volée.

Janvier 1840.

Une année de plus. — Oraison funèbre de deux dents. — Déplorable tenue des représentants de la France. — M. Auguis. — M. Garnier-Pagès. — M. Dugabé. — M. Delaborde. — M. Viennet. — Argot des journaux. — Les ministères et les attentats. — Le discours de la couronne. — M. Passy. — M. Teste. — Insuffisance, amoindrissement, aplatissement. — M. Molé. — M. Thiers. — M. Guizot. — Polichinelle et M. Charles Nodier. — Les 221. — M. Piscatory. — M. Duvergier de Hauranne. — M. Malleville. — M. Roger (du Nord). — Les offices. — Treize gouvernements en trente-huit ans. — La conjuration de M. Amilhau pour faire suite à la conjuration de Fiesque. — Les trois unités. — Un mot de M. Pozzo di Borgo. — Le marquis de Crouy-Chanel. — Le garde municipal Werther. — Le comte de Crouy-Chanel. — Arrestation extrêmement provisoire de l'auteur des Guêpes. — Le gendarme Ameslan. — 650 ans de travaux forcés. — M. Victor Hugo. — M. Adolphe Dumas. — M. Gobert. — Mlle Déjazet. — Le gouvernement sauvage. — M. de Cormenin. — Mme Barthe. — M. Coulman. — La cour de France. — Les bas de l'avocat Dupin. — Plusieurs nouvelles religions. — L'abbé Chatel. — L'Être suprême l'a échappé belle. — Un prix de mille écus. — Le prince Tufiakin. — Les nouveaux bonbons. — Dupins à ressorts. — Une surprise. — Mme de Girardin. — M. Janin. — Mlle Rond... — Le sommeil législatif. — M. Dupont (de l'Eure). — M. Mérilhou. — M. d'Argout. — M. Alexandre Dumas. — Me Chaix d'Est-Ange. — Me Janvier. — M. Clauzel. — La gloire et le métal d'Alger. — M. Arago. — M. Mauguin. —

M. G. de Beaumont.—Le maréchal Valée.—Le colonel Auvray.—Les pincettes.—S. M. Louis-Philippe et M. Jourdain.—M. Bonjour.— M. Berryer. —M. Michel (de Bourges).—M. de Chateaubriand.—M. Scribe.—M. Delavigne. — M. Royer-Collard. — Le duc de Bordeaux. — M. Bois-Millon. — Le duc d'Orléans. — Le duc de Joinville. — Le duc de Nemours. — M. Lerminier. — M. Villemain. — M. Cousin. — Dénonciation contre les princes du sang. — Une guêpe asphyxiée. — Vingt ans de tabac forcé.

L'AUTEUR. — Ainsi que je vous l'ai promis, mes guêpes, je vous ouvre cette porte en vitraux qui donne sur le jardin ; — mais ne vous laissez pas tromper par cet air de printemps; — ne vous arrêtez pas aux violettes qui ont fleuri ces jours-ci sous les feuilles sèches, — ni à cette primevère à la corolle amarante qui s'est épanouie au pied du figuier, précisément le premier jour de l'hiver, le 22 décembre.

Nous sommes dans l'hiver ; — voici une année finie et voici une année qui commence. On appelle cela avoir une année de plus. Ceux qui sont nés depuis trente ans disent qu'ils *ont* trente ans. — Hélas ! c'est au contraire trente ans qu'ils *n'ont plus ;* — trente années qu'ils ont dépensées du nombre mystérieux qui leur en a été accordé ; — trente années qui sont les fleurs de la vie et que le vent a séchées ; — trente années pendant lesquelles on a passé par toutes les sensations qu'il faut ensuite recommencer et *ruminer*.

Heureusement que l'homme se vante d'être sobre quand il ne digère plus; d'être chaste quand son sang est stagnant et son cœur mort; — de savoir se taire quand il n'a plus rien à dire ; — et appelle vices les plaisirs qui lui échappent, et vertus les infirmités qui lui arrivent.

Quand on a dépensé cette première partie de la vie, — on s'étonne de la prodigalité avec laquelle les gens les plus jeunes jettent en riant leurs jours exempts de souci, sans les compter, sans les regretter, sans leur dire adieu. On est surpris comme ce voyageur dont parle un conte arabe, qui vit des enfants jouer au palet avec des *rubis*, des *émeraudes* et des *topazes*, et s'en aller sans songer à les ramasser.

Il n'est personne qui, à trente ans, ne soit déjà en train de mourir — et n'ait à porter le deuil d'une partie de soi-même. Si je voulais, pour moi, je prononcerais ici l'oraison funèbre de deux dents et de ravissantes illusions que j'ai perdues

La session est ouverte, les Chambres se sont rassemblées : messieurs les députés continuent à affliger les regards par d'incroyables négligences de costume. Les *indépendants* justifient ce laisser-aller en disant qu'ils représentent *le peuple*, et qu'ils doivent être vêtus comme le peuple. Mais le peuple ne porte ni un habit vert râpé comme M. Auguis, ni un habit noir éploré comme M. Garnier-Pagès. — Pourquoi alors ne pas porter des vestes, pourquoi pas des blouses, pourquoi pas des casquettes, pourquoi pas des sabots? Ajoutez à cela que les députés ne représentent pas seulement le peuple, — et que, s'ils représentent quelque chose, ils représentent toutes les classes de la société. — Voyez, par exemple, M. Dugabé, examinez son col de chemise enfermant sa tête qui ressemble à un bouquet dans un cornet de papier. — Vous vous dites : « Tiens, voilà un monsieur singulièrement arrangé. » — Vous demandez à un voisin :

— Que représente monsieur? Le voisin vous répond :

— Ce monsieur représente, je crois, la Haute-Garonne. Vous vous dites en vous-même : « Eh bien ! on est gentil dans la Haute-Garonne ! » Et voilà tout un département compromis.

Nous avons remarqué avec plaisir qu'on n'avait pas assassiné le roi, — ce qui d'ordinaire semble faire partie du cérémonial de la séance. — La reine, qui était arrivée de bonne heure, était fort pâle jusqu'à l'entrée du roi dans la salle. — Pauvre femme, moins inquiète quand ses fils sont au milieu des Arabes que lorsque son mari est au milieu des Français !

M. Delaborde, questeur de la Chambre, avait imaginé

de placer des femmes en cercle en dedans de la partie de la salle occupée par les députés. — M. Viennet, le nouveau pair, a trouvé que cela avait l'air d'une couronne de roses. — Tout le monde, à l'exception de M. Viennet, a trouvé que l'innovation était de fort mauvais goût, et je suis pour ma part de l'avis de tout le monde.

La file des voitures avançait lentement. — Un des nouveaux députés, qui arrivait dans un fiacre, s'impatientait fort et finit par interpeller un garde municipal. « Gendarme, cria-t-il, — gendarme, — laissez couper la file à ma voiture, — laissez-moi passer, — je n'ai pas le temps, — je suis député, — je vais chez moi, je vais à *mon palais*. »

Il y a dans ce mot seul tout le secret du gouvernement représentatif.

🐜 A l'occasion de l'ouverture des Chambres, les journaux ont enrichi leur argot d'un certain nombre de mots neuveaux. — Les *érudits*, les *forts* en politique, ont créé une *langue sacrée* inintelligible pour le vulgaire : ils désignent les ministères et les opinions qu'ils représentent par les dates, les attentats et les émeutes par d'autres dates. S'ils ont à parler de la politique de résistance dont Casimir Périer était l'expression, — ils disent *le 13 mars*; l'intervention en Espagne est représentée par le 22 février.

Il n'y a rien de si facile que d'oublier ces dates pour les malheureux lecteurs de journaux. Ceux qui ont la mémoire la plus heureuse se contentent de les confondre, et prennent un attentat pour un ministère et réciproquement ; le 6 septembre, qui représente la politique des doctrinaires pour le 6 juin, qui est l'anniversaire d'une émeute.

Le ministère actuel, qui partage avec une émeute la date du 12 mai, est particulièrement exposé à de singulières erreurs.

Voici quelques phrases faites par les journaux avec ces éléments :

« Si le 12 mai, qui a amené le 6 juin, s'était souvenu qu'au 11 août a succédé le 2 novembre ; si les doctrines du 13 mars et du 10 octobre ne lui avaient pas fermé les yeux sur une péripétie nécessaire et semblable à celle du 27 octobre succédant au 4 février, il n'aurait pas si promptement rompu avec le 6 septembre et le 22 février.

» En vain le 12 mai cherche un appui dans le 11 octobre, il tombera, comme le 15 avril, sous le 22 février et le 6 septembre, qui se réuniront jusqu'à la défaite du 12 mai, après quoi on verra se renouveler le 4 novembre ou le 9 août. »

Le premier coup porté au ministère l'a été par le roi. — M. Passy a eu le chagrin de ne pouvoir faire insérer dans le discours *du trône* (pour parler selon la langue sacrée des journaux) le plus petit paragraphe sur le *remboursement des rentes*, qui est sa chimère, — ni atténuer l'engagement formel de la conservation d'Alger, dont l'abandon est sa marotte.

M. Teste, par le silence *de la couronne* (même langue que ci-dessus), a reçu un nouveau désaveu de sa malheureuse sortie contre les *offices*.

Il est difficile de savoir si le ministère passera la session. L'opposition n'a aucun plan contre lui. Le mot de ralliement n'est même pas encore trouvé. On a renversé le ministère Molé avec le mot *insuffisance*. M. Guizot a bien prononcé le mot *amoindrissement du pouvoir* contre le ministère actuel; M. Thiers a, il est vrai, risqué celui d'*aplatissement*, et le *Constitutionnel*, qui lui appartient, a commencé ses attaques dans ce sens, mais cela ressemble trop à l'*insuffisance* de la session précédente.

Voilà cependant avec quoi et sous quels prétextes on parle tant et on agit si peu, et on néglige les véritables intérêts du pays. Tous les hommes possibles, du moins sous le règne de Louis-Philippe, ont paru successivement aux affaires, presque tous s'y sont représentés plusieurs fois dans de nouvelles combinaisons, — et on ne sortira pas de ce cercle ; chaque ministère qui sera renversé laissera la place à un ministère déjà renversé, qu'il renversera à son tour; ce que vous jugez mauvais aujourd'hui ne peut être remplacé que par ce que vous avez jugé mauvais hier.

Quand M. Thiers était aux affaires, on lui adressait précisément les reproches que son parti fait aujourd'hui à ceux dont il veut la place; — qu'il rentre demain au ministère, et ces reproches seront rétorqués contre lui. C'est absolument le bâton dont polichinelle et le commissaire se servent tour à tour dans la parade qu'aime tant Charles Nodier.

Quoiqu'il n'y ait pas encore de plan de campagne, — M. Guizot et M. Thiers s'agitent beaucoup pour s'emparer des deux cent vingt et un députés qui n'ont pu soutenir le ministère Molé. M. Guizot a dit à M. Piscatory, — comme le Christ à saint Pierre : — « Tu seras un pêcheur d'hommes. » M. Piscatory s'est adjoint M. Duvergier de Hauranne pour ce coup de filet.

M. Thiers, de son côté, a lancé M. Malleville et M. Roger (du Nord), qui s'occupent de pêcher ces mêmes deux cent vingt et un, un à un, comme à la ligne.

Les deux cent vingt et un, outre leur importance numérique, forment le parti de la Chambre qui renferme le moins d'avocats et de fonctionnaires publics, et représente le plus de propriétés. Ils n'ont pas d'ambition personnelle ni de ces candidats que les autres fractions présentent avec une obstination invincible. Ils seraient l'aristocratie du pays et de l'époque, si, riches comme des aristocrates, ils savaient vivre comme eux.

Mais les seules gens qui dépensent de l'argent en France sont ceux qui n'en ont pas.

Ce sont, du reste, de braves gens dont le rêve est la réalisation d'une utopie impossible : à savoir, le repentir de M. Thiers et son alliance avec M. Molé. — Ils mangeraient volontiers M. Guizot au repas des fiançailles.

L'indifférence de l'opposition pour le ministère du 12 mai (ne pas confondre avec l'attentat de la même date) semble passablement dédaigneuse. Il semble qu'il n'y ait qu'à souffler dessus quand il sera temps. Certes, le roi Louis-Philippe a agi avec assez de dignité pour un roi constitutionnel quand il a écarté des affaires M. Thiers qui voulait être plus que le roi. — Mais, en formant le ministère du 12 mai (continuer à ne pas confondre avec l'attentat), il me semble avoir agi comme les bourgeois qui croient faire de notables économies en prenant un domestique pas cher qui casse tout par maladresse dans leur maison.

Ainsi M. Passy, sans parler de l'abandon d'Alger, pour lequel il s'est ouvertement prononcé et qui est si impopulaire, — n'a rien de plus à cœur que le remboursement des rentes.

Tandis que M. Teste s'avise de sa malencontreuse idée sur les *offices*.

Comme s'il n'y avait pas en France déjà assez d'inquiétudes et d'instabilité !

A une époque où tout ce qui n'est pas renversé semble menacer ruine, — ces messieurs s'avisent de battre en brèche le peu qui reste debout.

La transmission des charges et des offices est tout ce qui reste en France des corporations. Les corporations étaient des familles ; les familles étaient des solidarités d'honneur. Du temps des corporations commerciales, le commerce français avait au dehors une honorable et fructueuse réputation de probité ; — depuis qu'il n'y a plus de corporations, il se vend sur les marchés étrangers, pour le compte de la France, des bouteilles de vin vides et des bas de soie dont chaque paire n'a qu'un bas ; et tous les jours le commerce français se déconsidère et se ruine.

Nous l'avons échappé belle pendant le mois de décembre, — nous avons été menacés de deux nouveaux gouvernements, outre tous ceux dont jouit cette époque où tout le monde est gouvernement.

🐝 Il y a trois puissances qui rendent impossible en France la réalisation des trois pouvoirs constitutionnels, qui sont la royauté héréditaire, la Chambre aristocratique et la Chambre des députés. — Ces trois puissances inhérentes, je le crains, au caractère national, sont l'inconstance, la vanité et l'ignorance. — Faites donc une royauté héréditaire avec l'inconstance qui a donné à la France TREIZE *gouvernements* en trente-huit ans — (la moyenne n'est pas de trois ans!) On a eu dans l'espace de trente-huit ans — Louis XVI, — la Convention, — le Directoire, — le Consulat rééligible, — le Consulat à vie, — l'Empire, — le gouvernement provisoire, — Louis XVIII, — Napoléon, — Louis XVIII, — Charles X, — le duc d'Orléans, lieutenant général, — Louis-Philippe roi.

Et si on écoutait chaque parti et chaque subdivision de parti, — nous aurions à la fois aujourd'hui — le duc d'Angoulême, — le duc de Bordeaux, — le duc de Bordeaux, *entouré d'institutions républicaines*, — le prince Louis Bonaparte, — cinq ou six sociétés républicaines avec ou sans président.

Faites donc une Chambre aristocratique sans aristocratie, sans fortunes, sans possesseurs de terres, malgré l'envie, la vanité et la suprême sottise que l'on appelle égalité.

Faites donc une Chambre des députés avec l'ignorance et le bavardage!

🐝 De tout temps, on a aimé à conspirer en France. — Demandez à M. Amilhau, aujourd'hui député et président d'une cour royale.

LA CONJURATION DE M. AMILHAU POUR FAIRE SUITE A LA CONJURATION DE FIESQUE. — M. Amilhau conspirait sous la Restauration. — Tout le monde conspirait alors. — M. Amilhau s'en allait tous les soirs conspirer après son dîner, cela aidait sa digestion. — Il arrivait en fiacre, donnait un mot d'ordre, faisait sa partie de whist — et s'en allait régulièrement à minuit moins un quart pour ne pas mécontenter son portier. — Cela dura dix ans, sans que M. Amilhau manquât une seule fois, sans qu'il se commît une indiscrétion.

Un jour, au bout de dix ans, un des conjurés demanda la parole, on la lui accorda en murmurant: cela dérangeait les parties.

— Messieurs, dit-il, il est temps d'agir.

Comment agir, dit M. Amilhau en se levant, agir? Qu'entendez-vous par ces paroles? pour qui me prenez-vous? Apprenez, monsieur, que je suis un honnête homme, incapable de rien faire contre les lois de mon pays,

Cela dit, M. Amilhau prit sa canne et son chapeau, s'en alla et ne revint plus.

Le marquis de Crouy-Chanel a un cousin qui demeure dans ma maison.

Ce matin-là, il faisait un temps superbe ; mes pigeons faisaient chatoyer au soleil levant les émeraudes, les améthystes et les saphirs de leurs cols. — Je m'habillai et je sortis dans l'intention de faire une des dernières promenades de l'année. — Comme j'allais passer le seuil de ma porte, deux messieurs s'opposèrent à ma sortie, qui me dirent :

— On ne passe pas.

Ces deux messieurs furent appuyés par trois autres, et moi je me repliai sur mon appartement.

En un moment, j'avais reconnu la police à sa ressemblance parfaite avec les gens dont elle est censée nous préserver, — et j'avais fait un sévère examen de conscience avec une rapidité extraordinaire. — Le résultat de cet examen fut que je n'avais, pour le moment, d'autre crime à me reprocher qu'une légère irrégularité dans mon service de garde national, — et je me rassurai par ma connaissance de la loi.

Une fois déjà, — en effet, après avoir successivement envoyé contre moi — le garde municipal Dubois, puis le garde municipal Ripon, plus féroce que Dubois, — puis le garde municipal Begoin, plus terrible que Ripon, — on avait lancé le garde municipal Werther, le plus redouté de tous.

Un matin, un monsieur frappe à ma porte, — j'ouvre moi-même.

— M. Karr?

— C'est ici, monsieur.

— Monsieur, je viens pour un petit jugement......

— Ah! vous êtes le garde municipal Werther?

— Oui, monsieur, j'ai cet honneur.

— Très-bien, monsieur Werther; — mais, ajoutai-je en regardant derriere lui, où est votre commissaire?

— Mon commissaire?

— Oui, vous vous êtes bien fait assister d'un commissaire?

— Non, monsieur; j'ai pensé...

— Vous avez alors un juge de paix?

— Mon Dieu non; — j'ai pensé que je vous ferais plaisir en vous épargnant ce petit scandale.

— Monsieur Werther, vous êtes très-aimable et très-poli; mais nous ne sommes pas assez liés ensemble pour que vous m'arrêtiez ainsi sans cérémonie.

Et le garde municipal Werther s'était en allé.

Tenant donc la porte entr'ouverte, je dis à ces messieurs :

— Avez-vous un commissaire?

— Oui.

— Où est-il?

— Dans la maison.

— Ce n'est donc pas pour moi?

— Non.

— Alors, laissez-moi sortir.

— Non.

— Pourquoi cela?

— Parce que.

Il me fallut me contenter de cette réponse peu satisfaisante.— Ce n'est que deux heures après que je sus que la maison était cernée et que tous les locataires étaient prisonniers. — A midi seulement on amena le comte de C..., — et nous fûmes rendus à la liberté.

La liste du marquis de C... était faite avec un soin extrême — et dont je crois devoir le modèle aux conspirateurs qui aiment l'ordre et la régularité. — C'était un registre réglé avec des divisions à l'encre rouge ; — ces divisions, au nombre de six, donnaient pour chaque conjuré :

Son nom, — sa demeure, — son âge, — le lieu de sa naissance, — les armes dont il pouvait disposer.

Et des notes particulières renfermant une appréciation de son courage et de son dévouement.

Aussi, douze heures après, tout le monde était arrêté; — mais, huit jours après, le marquis de C... était échappé, grâce au gendarme Ameslan qui, ayant pris au sérieux ce que rabâchent les journaux sur les baïonnettes intelligentes, — sur l'indépendance du soldat français, etc., causa avec son prisonnier, le laissa partir en le reconduisant du Palais de Justice à la prison, et pour lui, — fier de s'être montré buffleterie intelligente, rentra paisiblement le soir à son quartier. — C'est à peu près ce jour-là que l'on condamnait un jeune homme, nommé Barthélemy, qui avait tiré à cinq ou six pas de distance un coup de pistolet sur un sergent de ville qui allait à l'Ambigu. — Ce Barthélemy faisait partie de ces sociétés qui s'appellent secrètes et qui ont si peur de l'être. — Des amis lui avaient fait quelques reproches, l'avaient accusé de manquer de dévouement. « Venez vous promener sur le boulevard, » leur avait dit Barthélemy. — Arrivé là, il avait chargé un pistolet et avait tiré sur le sergent de ville.

Nous pensons que le gendarme Ameslan a suffisamment réhabilité la gendarmerie, — que la race des *bons gendarmes,* si célébrée sous la Restauration, est retrouvée, — et que les sociétés dites secrètes ne prescriront plus à leurs adeptes de les immoler à la liberté sur l'autel de la patrie. — Du reste, M. C... est retourné de lui-même en prison.

❦ Il n'est peut-être pas inopportun de dire, à propos de conspirations, quelques mots sur l'éducation qu'on reçoit en France.

Cette éducation est entièrement et exclusivement littéraire et républicaine. Tout élève qui a profité de ses études sort du collége, — sinon poëte, du moins versificateur et animé d'une haine profonde contre la tyrannie. C'est le moment où il doit devenir commis dans un bureau de ministère, — ou chez un banquier, — ou ferblantier, — ou limonadier, — ou fabricant de cheminées kapnofuges. — Voici pour l'éducation littéraire. — Pour ce qui est des principes, — les vertus qu'on lui a fait admirer au collége sont toutes prévues par divers articles de notre Code pénal. Les vingt premières pages de Tite-Live, contenant l'histoire des premières années de Rémus et de Romulus, — seraient, dans la bouche d'un procureur du roi, un réquisitoire entraînant sept ou huit fois la peine de mort et six cent cinquante ans de travaux forcés, — *au minimum* et en admettant des circonstances atténuantes. (Voir Tite-Live et le Code pénal.)

❦ LA DÉMOCRATIE. — Les savants que l'on entretient à l'Institut pour nous dire le temps qu'il a fait la veille, — et qui se mêlent un peu trop des choses terrestres où ils mettent leur petite part de confusion, nous apprennent de temps en temps au matin que :

> Nous l'avons en dormant, madame, échappé belle.

Une comète a passé près de la terre, nous avons failli nous réveiller tout rôtis.

Je vous dirai, moi, qu'une forme de gouvernement a passé sur nos têtes, — et que ce gouvernement a même publié une charte ; ce gouvernement s'appelle la *démocratie*, — moi je prendrais la liberté de l'appeler le *gouvernement sauvage*.

🐝 CHARTE ET PRODROMES DU GOUVERNEMENT SAUVAGE. *Charte.* — « Où est donc la souveraineté du peuple ? Où est la démocratie ? »

Se demande le gouvernement sauvage ; — je vais vous le dire, ô gouvernement sauvage !

C'est, je pense, un gouvernement passablement démocratique que celui où M. de Cormenin commente le livre de blanchisseuse du roi et publie des brochures où il déclare que le roi use trop de bottes.

Où le prince royal *n'oserait pas* se dispenser d'assister à un bal auquel l'inviterait M. Dupin.

Où madame Barthe étend les langes de ses enfants sur les balcons de la place Vendôme.

Où M. Coulman, ancien député alsacien, refuse de s'habiller proprement pour aller chez le roi — et demande si on le prend pour *un marquis*.

Où M. Dupin dit au prince royal à l'occasion de son mariage :

« La princesse que votre cœur a choisie sera bien reçue parmi nous, — nos mœurs, fort éloignées de la morgue des anciennes cours, lui seront bientôt familières. »

🐝 PARENTHÈSE. — Pauvre princesse, — l'avocat Dupin avait bien raison, — vous n'avez pas trouvé cette cour de France, autrefois asile des plaisirs, du luxe, des fêtes, de la beauté, des amours, — cette cour de France si noble, si chevaleresque, si heureuse, si enviée, que rêvaient les princesses des autres pays comme un paradis sur la terre, pour laquelle elles croyaient n'avoir jamais assez de beauté, d'esprit et de grâce. Autrefois il y avait quelque chose de plus qu'être reine, — c'était être reine de France. Les *belles* de tous les pays, de toutes les cours, venaient subir à la cour de France une épreuve qui décidait si elles étaient vraiment belles; les seigneurs les plus beaux, les plus riches, les plus élégants, venaient apprendre à Versailles s'ils étaient réellement beaux, riches et élégants, — de la cour de France partaient des arrêts sans appel, c'était là que régnait la mode.

Aujourd'hui, comme dit M. Dupin, — la cour est bien éloignée de cette *morgue*.

Aujourd'hui on y voit des gardes nationaux avec des boutons d'étain, — les députés y vont en bottes, en cravate écossaise et en gants verts ; — l'avocat Dupin, — sans gants, avec ses bas plissés comme un jabot, y parle haut et y est écouté.

Ah ! ce n'est pas là de la démocratie, — messieurs du gouvernement sauvage.

« Dans la société actuelle, quelques-uns ont, à l'exclusion des autres, le monopole de l'éducation, le monopole des capitaux, » ajoute le gouvernement sauvage. — Le monopole des capitaux, — ouf ! voilà le gros mot lâché.

Mais, messieurs, l'argent est le fruit du travail, ceux qui ont ce que vous appelez le *monopole* des capitaux ont aussi le *monopole* de la fatigue, des veilles, des soucis, ils ont le *monopole* de l'ordre, de l'économie.

Tout le monde a le droit de *vivre de ses rentes*, il ne s'agit que de gagner les rentes ou d'avoir un père qui les ait gagnées. — Que voulez-vous, messieurs les sauvages, serait-ce par hasard *vivre des rentes des autres*?

Je dirai du monopole de l'éducation ce que je dis du monopole de l'argent : — Pour savoir, il faut apprendre, — et, si vous voulez que le peuple soit instruit — il ne faudrait pas lui faire employer le temps qu'il peut consacrer à la lecture à se meubler la tête de billevesées ridicules et dangereuses de certains publicistes sauvages. — Que voulez-vous, messieurs? savoir sans apprendre ? — personne, je pense, n'a ce monopole-là.

« On dit que nous avons la liberté religieuse ; mais on s'oppose à l'exercice de certains cultes et à l'expression des doctrines qui dépassent les religions privilégiées. »

Qui diable voulez-vous donc adorer? — quels fétiches avez-vous en réserve?

Vous avez à côté du trône une princesse protestante.

Vous avez parmi les députés au moins un juif.

L'abbé Châtel se fait sacrer évêque par un épicier de la rue de la Verrerie, — et prêche un culte de son invention, tantôt dans une écurie, tantôt dans le local du Colysée d'hiver.

Des femmes du monde chantent l'opéra dans l'église-Musard de Notre-Dame-de-Lorette.

Un pédicure a professé publiquement le Johannisme.

Il y a des Templiers qui se rassemblent deux fois par semaine.

Les élèves de Fourier ont leur culte public.

Comme les Saint-Simoniens ont eu le leur.

Et vous, messieurs les sauvages, — vous vous êtes rassemblés pour discuter et mettre aux voix la reconnaissance de l'Être Suprême, — qui n'a passé qu'à une voix de majorité.

Ce pauvre Être-Suprême l'a échappé belle. Heureusement que M. Thoré, qui a une si belle barbe, lui a prêté main-forte. — On se devait bien cela entre barbes.

Personne ne vous a gêné pour cela, messieurs. — Il est difficile cependant de *dépasser* de plus loin les religions privilégiées que de prononcer la déchéance de Dieu ; et personne ne vous en aurait empêché. — Qu'avez-vous donc de *plus avancé* que l'on ne vous permet pas encore de faire? — Quel Dieu voulez-vous donc adorer? — Est-ce un crocodile, un bœuf, ou un scarabée, ou un lézard? — Est-ce Vitznou, ou Irminsul, ou Jupiter? Est-ce le feu? Est-ce l'un de vous?

Mon Dieu, messieurs, adorez-vous les uns les autres, — personne ne vous en empêchera.

🐝 Du reste, supprimer la religion — c'est supprimer les frais du culte, c'est supprimer le sacrilége.

Comme supprimer la propriété c'est supprimer le vol, — c'est supprimer la justice, les tribunaux, les juges, — la police, — la gendarmerie. — Pourquoi ne pas avoir formulé votre Charte en trois mots :

Il n'y a plus rien.

C'était d'autant plus facile qu'il ne reste déjà pas grand'-chose.

Le journal la *Démocratie* devait paraître le 15 février, et n'a pas paru. — C'est dommage, — on m'avait confié une partie du premier numéro, et cela promettait d'être curieux.

POLITIQUE. — Les cochers de fiacre ne marchent pas à moins d'un louis l'heure.

— Tout le monde se décerne des décorations. — On en voit de roses, de jaune-paille, de lilas, de bleu-lapis, de cuisse de nymphe.

— Quelques messieurs ont labouré la grande allée du jardin des Tuileries, et y ont semé des pommes de terre.

TRIBUNAUX. Quelques juges se sont rendus au palais ; — mais les gendarmes étaient allés boire avec les prisonniers.
— Il n'y a plus de lois, il n'y a plus de crimes, il n'y a plus de prisons.

NOUVELLES DIVERSES. — Il n'y a plus de timbre, il n'y a plus de poste. — Le journal la *Démocratie* prie ses abonnés des départements de vouloir bien faire prendre, chaque matin, leur exemplaire rue de Grammont, 7.

— Chacun peut frapper une monnaie à sa propre effigie.

M. *** et madame *** se sont emparés de deux télégraphes au moyen desquels ils font leur correspondance particulière.

— Vu l'approche du froid, nous avertissons nos abonnés qu'il y a de fort beaux arbres dans le jardin des Tuileries ; on peut les avoir au prix de la corde et ne pas les payer.

CULTE. — L'abbé Auzou a proclamé la déchéance de Dieu.

L'abbé Hugo a proclamé la déchéance de l'abbé Auzou.

✾ BOURSE. — Toute dissimulation a été mise de côté dans les opérations de la Bourse. On a franchement volé des portefeuilles, des bourses et des montres. Au moment de la fermeture, les montres étaient fort recherchées; les mouchoirs, au contraire, éprouvaient de la baisse; les portefeuilles se tenaient fermes.

✾ Si j'avais mille écus de trop, je les offrirais à celui qui déterminerait les raisons qui font que dans toutes les émeutes — il y a majorité de tailleurs. Je ne comprends pas bien l'intérêt qu'ont les tailleurs à ce que le pays devienne sans-culotte.

✾ Il y a quelques jours, le prince russe T**, accompagné d'un domestique, traversait la Halle dans un cabriolet qu'il conduisait lui-même. Le prince T**, — je dois le dire à ceux qui ne le connaissent pas, — porte la tête plus qu'inclinée sur l'épaule. — Son cabriolet toucha l'éventaire d'osier d'une femme qui vendait de la salade; — elle fit des cris de paon, — et se plaignit qu'on écrasât le pauvre monde. — Le prince descendit, lui mit un louis dans la main, — et lui dit : « Ma bonne femme, si par hasard vous étiez malade, — voici mon nom et mon adresse : je vous enverrais mon médecin. » Cela dit, — il remonta dans son cabriolet. « Ohé! lui cria la marchande de salade qui n'avait même pas eu peur, ton médecin, mon fils, si c'est lui qui t'a remis le cou, j'en veux pas. »

✾ On fait cette année des bonbons très-ridicules : ce sont tous les gens célèbres en sucre plein de liqueur. — J'ai envoyé hier à quelqu'un madame Sand au punch, M. Hugo au marasquin, — M. de Lamartine au rhum, mademoiselle Rachel au kirchenwaser, — M. de Chateaubriand à l'anisette, — M. Thiers au genièvre, etc., etc.

Comme joujoux, on donne beaucoup aux enfants : — des Dupin en bois qui remuent les jambes et les bras au moyen d'un fil.

On faisait compliment à la jolie duchesse *** de la naissance prochaine et apparente d'un héritier d'une si illustre maison que la sienne. « N'en dites rien à mon mari, répondit-elle, c'est une surprise que je lui prépare. »

M*** a tellement l'horreur de faire des cadeaux, que chaque année il attend au dernier moment pour donner ses étrennes, espérant toujours que quelques morts subites pourront en diminuer le nombre; cela s'étend même jusqu'à ses petits-enfants, qu'il aime beaucoup; mais c'est si fragile un enfant !

Depuis que la pièce de madame de Girardin a montré les journalistes ne puisant leur verve que dans le vin, — M. Janin — n'a pas manqué un seul matin, après son déjeuner, qui se compose d'une tasse de chocolat et d'un verre d'eau, de dire à son domestique : « François, enlevez les restes de cette orgie. »

M*** a imaginé un singulier moyen d'économiser le fiacre qui doit le reconduire chez lui après un bal ou une soirée. — Il avise un de ses amis auquel il dit tout haut en plein salon : « A***, je te reconduirai. » — L'assistance le regarde et se dit : « Tiens, M*** a des chevaux. » Au moment du départ, notre homme, descendant avec son ami, met le nez à la porte cochère et prend le premier fiacre qui se rencontre; quand le cocher demande où il faut conduire ces messieurs, — M*** répond : « Dis donc, A***, tu vas me jeter chez moi. »

Une *demoiselle*, célèbre par le luxe et la somptuosité de son ameublement, a quelquefois à subir les importunités de quelques femmes du monde dont la curiosité triomphe de toutes les convenances. Il y a quelque temps, madame ***, après avoir examiné tout dans ses moindres détails, s'écria :

« Mais c'est un conte de fées! — Non, madame, reprit mademoiselle R***, c'est un compte des Mille et une Nuits. »

Le projet que nous avons dénoncé d'enterrer tous les pairs et la pairie a eu un commencement d'exécution qui n'a échappé à personne. Les pairs sont furieux du nouvel arrangement de leur Chambre qui les renferme dans des plâtres à peine secs où ils s'enrhument. Il n'est pas sans exemple que quelqu'un des honorables pairs se soit endormi pendant la séance, et l'on sait toute la gravité du danger que l'on court à dormir dans des plâtres frais.

Je me rappelle, à ce propos, deux exemples de sommeil législatif.

A un conseil de ministres, un homme *vertueux*, qui était aux affaires dans le commencement du gouvernement de juillet, s'était endormi profondément pendant un discours du roi. — Lorsque le roi eut développé son idée, il se retourna vers l'homme vertueux, et, sans s'apercevoir de son sommeil, lui demanda : « M*** est-il de cet avis? — Oui, citoyen, répondit l'homme d'État, réveillé en sursaut. — Un avocat, qui était ministre peu de temps après la révolution de juillet, — s'endormit à un conseil du roi qui s'était prolongé assez tard ; — le duc d'Orléans, averti par sa respiration bruyante, le poussa doucement du coude. — Le dormeur impatienté, sans ouvrir les yeux, répondit : « Laisse-moi donc, Sophie, laisse-moi dormir, — je suis fatigué.

🐝 A un dîner chez M. d'Argout, M. A. Dumas parut avec une broche de croix variées. — Me Chaix d'Est-Ange, remarquant qu'il avait, en outre, au cou un cordon attaché comme les croix de commandeur, lui dit : « Mon cher Dumas, ce cordon est d'une vilaine couleur, on dirait que c'est votre gilet de laine qui passe.

— Mais, non, mon cher Chaix, reprit M. Dumas, il est du vert des raisins de la fable. »

🐝 On lit dans un journal : « On a trouvé dans la rivière le corps d'un soldat coupé en morceaux et cousu dans un sac, *ce qui exclut toute idée de suicide.* »

🐝 Une des choses, sans contredit, sur lesquelles il se soit dit le plus de sottises ce mois-ci est l'affaire d'Afrique.

Il est arrivé en Afrique — précisément ce qui devait arriver, et si quelque chose peut étonner les gens de bon sens, c'est que cela ne soit pas arrivé beaucoup plus tôt et d'une manière infiniment plus désastreuse.

C'est, du reste, ce qui arriverait en ce moment partout où la France aurait une guerre à soutenir.

Les avocats, qui ne doutent de rien et ne se doutent de rien, sont chargés de faire la guerre, c'est-à-dire de décider combien on enverra d'hommes sur un point, combien on donnera d'argent.

M⁰ Janvier, qui n'est pas même garde national, en sa qualité de député, et que sa taille (une colonne trois quarts du *Journal des Débats*) exempterait de tout service militaire, — a, une fois, parlé pendant une heure à la Chambre sur l'expédition de Constantine.

M⁰ Dupin a exigé que M. Clausel vînt d'Alger à Paris pour lui donner personnellement des explications ; — là, il a blâmé les opérations du maréchal, lui a cité des vers latins, et l'a appelé Calpurnius.

On doit se rappeler que M. Clausel prit fort mal la chose et exigea de l'avocat Dupin les plus humbles excuses.

L'avocat Dupin profita de la première circonstance pour faire un grand réquisitoire contre le duel. — Tous les avocats du monde soutinrent M⁰ Dupin. — Il est, en effet, agréable pour ces messieurs de ne pas être obligés de demander raison des soufflets qu'ils peuvent recevoir.

Disons, en passant, que, si les Français ont eu la réputation pendant si longtemps d'être le peuple le plus poli de la terre, — c'est parce qu'ils portaient l'épée — et la tiraient facilement du fourreau.

Les hommes du métier demandent, pour Alger, soixante mille hommes et soixante millions. — Les avocats parlent, discutent, chicanent, et arrivent à donner le tiers des hommes et de l'argent demandés, — et chaque année, pour que l'on ne puisse pas diminuer encore cette trop faible allocation, — on est obligé de faire une expédition inutile, ou de donner à l'occupation une extension dangereuse — qui rendrait insuffisants même le nombre d'hommes et la somme d'argent demandés.

Puis on s'étonne quand les soldats meurent de fatigue et de maladie, sans secours.

On s'étonne quand les soldats français sont battus.

Aujourd'hui — le roi l'a dit avec raison dans son discours, — l'armée française ne sortira plus d'Afrique, — l'honneur national est engagé. Mais, avant l'événement qui a amené le résultat, il n'y avait que deux choses à faire pour l'Afrique :

Ou l'abandonner, ou la conserver.

Les députés qui étaient pour l'abandon n'ont jamais osé le dire franchement et honnêtement à la Chambre. — Ils ont, par de honteuses chicanes, rendu la conservation, dont ils ne voulaient pas, désastreuse et impossible.

Ceux qui voulaient la conservation — n'ont pas su ou n'ont pas pu exiger les moyens nécessaires.

Le résultat de toutes les discussions a toujours été — qu'on a *gardé* et qu'on n'a pas *conservé*.

On veut de l'économie et de la gloire. — La gloire est un luxe, messieurs, — c'est un luxe que la France peut se donner, — mais c'est un luxe. — La France est riche, grande, forte, brave. — Elle peut bien se passer une fantaisie de soixante mille hommes et de soixante millions.

On n'a pas de la gloire au rabais, messieurs ; — vous ne ferez pas pour la gloire ce qu'on a fait de ce temps-ci pour toutes les autres choses ; l'or au rabais s'appelle chrysocale ; — l'argenterie au rabais est du *métal d'Alger*. La gloire est chère, messieurs ; demandez aux époques glorieuses de notre histoire : — elle était fort chère sous Louis XIV, — fort chère sous l'Empire, et si la Révolution a semblé l'avoir pour rien, — c'est qu'elle la prenait à crédit, et l'Empire a payé pour la Révolution et pour lui.

Si vous ne voulez pas y mettre le prix, messieurs, il faut vous en passer, — il faut réduire la France à la vie bourgeoise et au pot-au-feu, — cela n'est pas cher — et cela n'est pas beau non plus, — cela vous conviendrait à ravir ; — mais la France ne voudra peut-être pas toujours que vous lui fassiez sa part, messieurs.

Puis, quand un général est là-bas avec des forces insuffisantes, les ministres, qui craignent d'être inquiétés sur la *question d'Alger*, — lui envoient une foule d'exigences et de tracasseries de la part des députés.

Il faut faire ceci pour M. Arago, — ne pas faire cela pour M. Mauguin.

Il faut aller par là, revenir par ici.

Tenez, voici qu'on vient enfin d'envoyer à la Chambre — M. Gustave de Beaumont, — allié à la famille de la Fayette et philanthrope de l'école américaine. — Revoir le numéro des *Guêpes* de décembre.

M. de Beaumont est philanthrope, — il voudra moraliser les Arabes ; — et comme M. de Beaumont est du parti démocratique, comme, d'autre part, le pouvoir fait tout ce que veulent ses ennemis, on s'occupera de moraliser les Arabes ; — on ne voudra plus qu'ils renferment leurs femmes — et, sous prétexte du bienfait de l'éducation, on prendra les petits Arabes et on leur fera faire des thèmes.

Nous ferons deux remarques sur l'élection de M. Gustave de Beaumont. — La première est que le système cellulaire a causé, cette année, à Philadelphie, où il est en vogue, dix-sept morts et quatorze cas d'aliénation de plus que le régime ordinaire sur une moyenne donnée. — La seconde est que le parti démocratique devient friand et libertin, il lui faut des hommes titrés, — il lui faut aujourd'hui des vicomtes et des marquis.

🐝 Le général Valée s'accommode médiocrement des tracasseries ministérielles. — Voici une lettre officielle de lui au général Schneider, dont on a beaucoup parlé ces jours-ci :

« Mon cher général, si vous voulez que je continue à gouver-
» ner l'Algérie, ne m'envoyez plus d'ordre du ministère, at-
» tendu que je les f... au feu sans les lire. — Tout à vous. »

Et ceci n'était pas une menace vaine, — le maréchal, dernièrement, avait défendu qu'on laissât entrer personne chez lui. — Le colonel A... força la consigne.

— Colonel, ne vous a-t-on pas dit que je n'y étais pas?

— Général, on me l'a dit, mais il s'agit de signer des dépêches pour la France, et le bâtiment attend.

— Cela m'est égal, je n'y suis pas.

— Mais général, c'est très-urgent, il n'y a qu'à signer.

— Donnez.

Le maréchal prend les dépêches et les —*jette* au feu, le colonel se précipite sur les pincettes, veut les retirer, — mais le maréchal le retient par les basques de son habit et l'éloigne de la cheminée jusqu'à ce que la flamme ait tout consumé.

🐝 Il serait bon, je crois aussi, de faire en politique et en affaires sérieuses le moins de vaudevilles possible.

En France, on paraît étonné et abattu quand l'armée française éprouve le plus léger désavantage, — et on traite d'assassins et de traîtres l'ennemi qui nous tue quelques hommes.

J'ai trouvé d'aussi mauvais goût, dans le discours du roi, le reproche de perfidie qu'il fait aux Arabes.

On ne doit pas penser à imposer aux Africains, — si célèbres par leur mauvaise foi, — *fides punica*, — les conventions chevaleresques qui sont de droit commun en Europe. — Tous les moyens doivent leur sembler bons contre les Français qui sont venus porter la guerre chez eux et s'emparer d'une partie de leur pays ; il ne faut pas faire comme M. Jourdain, quand sa servante lui donne des coups de fleuret contre les règles.

Quand nos soldats meurent, ils meurent sans regrets, ils savent que leur vie est leur enjeu, qu'en perdant cet enjeu ils gagnent encore la partie de gloire et d'immortalité qu'ils ont jouée.

※ Les académiciens ont ajourné à trois mois l'élection sur laquelle ils n'ont pu tomber d'accord. — Chacun des concurrents est invité, d'ici là, à faire un chef-d'œuvre.

Les voix obtenues par M. Bonjour peuvent se diviser en deux classes : — Les unes signifiant « pas Berryer, » les autres voulant dire « pas Hugo. » M. Bonjour n'est qu'une négation.

※ M. Thiers a fort soutenu M. Berryer. — M. Thiers est trop égoïste, ses amis le savent bien, pour conspirer *pour* quelqu'un ; mais, en appuyant M. Berryer, il se fait une planche pour aller un peu aux légitimistes. — Il est de même pour un autre parti ; — ne pouvant louer ouvertement les opinions politiques de MM. Berryer et Michel (de Bourges), il proclame ces deux avocats, qui n'écrivent pas, les deux plus grands écrivains du siècle.

※ L'élection de M. Berryer, n'ayant pas été *enlevée*, est manquée pour longtemps. — On s'attendait à voir M. Berryer écrire qu'il renonçait, — mais M. Berryer n'écrit pas. Il improvisera sa renonciation au domicile de ses amis. — On a prêté divers mots à MM. de Chateaubriand, Scribe, etc. — En voici un que je cite parce qu'il vient à l'appui de ce que je disais tout à l'heure : « Que le gouvernement fait tout ce que veulent ses ennemis. » — Quelqu'un a dit : « Mais que veut donc obtenir M. Casimir Delavigne, qu'il se met contre le roi à l'Académie ? »

M. Dupin a dit à M. Berryer : « Ma voix ne vaut pas la vôtre, mais elle vous appartient, »

« Il a dit à M. Hugo. « A quoi peut servir une voix, si ce n'est à vous proclamer un génie. »

Il a voté pour M. Bonjour.

⁂ Comme on demandait à M. Royer-Collard son appui pour la nomination de M. Berryer, et qu'on lui disait : « Le duc de Bordeaux vous écrira lui-même à ce sujet, il a répondu : « Si monseigneur le duc de Bordeaux me faisait l'honneur de m'écrire, je dénoncerais sa lettre au procureur du roi. »

⁂ A propos de la littérature du château, nous avons parlé de MM. Delatour et Cuvillier-Fleury ; — nous avons maintenant à dévoiler les chagrins de MM. Bois-Milon et Trognon.

Les rôles sont aujourd'hui fort changés : les jeunes élèves sont devenus les maîtres et se font obéir ; — ils obligent, à leur tour, leurs précepteurs à apprendre les choses inusitées. M. Bois-Milon est le plus heureux, c'est un homme insignifiant, et on ne s'occupe pas de lui ; — cependant le duc d'Orléans s'est fait récemment suivre par lui en Afrique. — M. Bois-Milon a d'abord eu quelques chagrins d'équitation ; puis on assure qu'il n'y avait rien de plus curieux que son équipement : il se chargeait de tant d'armes, qu'il lui aurait été impossible de se servir d'aucune. — La dyssenterie, maladie peu épique, fit de lui un bagage incommode que le prince laissa à Alger.

M. Trognon est le précepteur du duc de Joinville.—C'est un brave homme qui adore son élève. Le duc de Joinville est un jeune homme brave, impétueux, impatient, ce qui l'a fait quelquefois passer par de rudes épreuves. — Avant de s'embarquer, il rassemblait ses petits frères les ducs d'Aumale et de Montpensier, les emmenait dans les combles des Tuileries, et là leur apprenait à chanter la *Marseillaise* et le *Chant du départ*, en faisant tonner de petits canons de cuivre. On raconte que l'ambassadeur de Russie entendit un jour par hasard ce concert et en fut assez scandalisé.

D'autres fois, il forçait ce pauvre M. Trognon de faire des armes avec lui, ou il l'obligeait à s'habiller en Turc.

Plus récemment, se trouvant sur son bâtiment, à l'île de

Wight, il eut la fantaisie de donner un bal à bord. — M. Trognon s'y opposa. Le duc de Joinville attendit le moment où il se trouvait de quart, et, usant de son autorité de commandant, — il fit déposer à terre M. Trognon, qui ne revint au vaisseau qu'après le bal.

Jésuites ; — hélas! on me paraît avoir fait comme l'étudiant, qui, harcelé par un lutin, finit par le couper en deux d'un coup de sabre. — Chaque moitié devint un démon entier. — Sous la robe noire de Basile, déchirée en deux, se cachent aujourd'hui les avocats et les professeurs.

M. Lerminier est un jeune professeur — qui a longtemps professé les principes démocratiques. — Soit que le pouvoir ait senti le besoin d'avoir M. Lerminier à lui, soit que M. Lerminier, amorcé par les succès des professeurs Guizot, Villemain, Cousin, Rossi, etc., ait senti le besoin d'être eu par le pouvoir, — toujours est-il que le pouvoir a agi en cela avec sa maladresse accoutumée. — M. Lerminier est aujourd'hui perdu. — Voici deux fois qu'il essaye inutilement de recommencer son cours, et deux fois que des cris, des hourras, des avalanches de pommes, obligent de le suspendre.

M. Lerminier se console peut-être en pensant que M. Rossi n'a pas non plus manqué de pommes dans ses commencements.

Mais M. Lerminier ne pense pas qu'il y a une chose que la jeunesse, noble, grande et exaltée qu'elle est, ne pardonne jamais : — c'est l'apostasie.

On emprunte à la *Gazette d'Ausgbourg*, — journal remarquable qu'on ne connaît pas assez en France, un article contenant le détail de la réception peu polie que Sa Grandeur M. Teste avait faite à un prince déchu. Mais le *Courrier français* et les autres — ont supprimé la phrase qui termine cet article.

La voici ; « Il y a bien des réflexions à faire sur tout ce qu'il y a d'arrogance et de mauvais goût dans la conduite de cet avocat parvenu. »

Pourquoi cette suppression? C'est que, dans un coin de chaque journal, il y a toujours un petit avocat arrogant et de mauvais goût, qui espère parvenir.

Eh! mon Dieu! d'où venez-vous, ma pauvre guêpe; vos petites ailes sont tremblotantes et fatiguées, — votre petit corps est tout haletant : êtes-vous entrée chez quelque confiseur et vous a-t-on battue ? avez-vous mangé trop de sucre? avez-vous couru tout Paris sans trouver ceux que j'avais désignés à votre aiguillon? Couchez-vous dans ce beau lit de pourpre que vous offre ce camélia, — ma pauvre petite guêpe, — et reposez-vous.

Ce n'est rien de tout cela ; — en passant sur le boulevard des Italiens, elle a été asphyxiée par la vapeur du détestable tabac qu'y fument les élégants, les dandys et les lions. — Ma foi, chère petite guêpe, vous m'y faites penser et nous allons traiter cette question à fond.

On annonce qu'à l'ouverture de la session, le gouvernement va proposer le renouvellement du bail de la ferme des tabacs pour un temps illimité. —

Hélas! qui va défendre à la Chambre les intérêts des fumeurs? — La génération qui y est ne fume pas, elle prise ; — nous serons bien heureux si elle n'est qu'indifférente et si elle ne nous condamne pas, par un de ces votes saugrenus dont elle est quelquefois capable, — à vingt ans de tabac forcé, — du tabac que nous vend la régie. Depuis quinze ans que l'usage du tabac à fumer s'est prodigieusement répandu en France, on ne s'est pas occupé de se préparer des récoltes plus abondantes, surtout dans les qualités supérieures ; — de sorte que la régie ne peut subvenir aux besoins des consommateurs. — Outre qu'elle vend le tabac excessivement cher, et qu'elle diminue les quantités à mesure qu'elle augmente le prix, il n'est pas de drogue honteuse qu'elle ne vende tous les jours sous le nom de cigares ; — on fume du foin, on fume des feuilles de betteraves, on fume du papier gris : — il n'y a qu'une chose qu'on ne fume pas, — c'est le tabac.

La régie des tabacs, telle qu'elle est constituée, est un vol odieux. — Il est impossible à Paris, quelque prix qu'on en offre, d'avoir du tabac passable. — Cela est tellement vrai, que j'ai la douleur de dénoncer plusieurs princes du sang royal comme n'ayant pu s'y soumettre et se servant habituellement de tabac de contrebande.

Le duc d'Orléans et le duc de Nemours ne fument presque plus ; — mais, quand ils fumaient, ils faisaient prendre leurs cigares chez un marchand de vins qui, je crois, a été poursuivi depuis pour la contrebande du tabac ; — je pourrais dire son nom, — attendu que je faisais absolument comme les princes, mais je ne veux pas l'exposer à de nouvelles tracasseries. Pour le duc de Joinville, qui fumait et fume beaucoup, il a soin de faire ses provisions en voyage.

Voici mon troisième volume terminé ; toutes mes guêpes sont-elles rentrées ? Où sont Padcke — et — Grimalkain ? Les voici — fermons la porte.

Février 1840.

Le discours de la *couronne*. — L'adresse. — M. de Chasseloup. — M. de Rémusat. — Vieux habits, vieux galons. — M. Mauguin. — M. Hébert.— M. de Belleyme. — M. Sauzet. — M. Fulchiron boude. —Jeux innocents. — M. Thiers. — M. Barrot. — M. Berryer. — La *politique personnelle*. — M. Soult. — M. Passy. —Horreur de M. Passy pour les gants. — M. d'Argout. — M. Pelet de la Lozèré.—M. de Mosbourg.—M. Boissy-d'Anglas. — Je ne sais pas pourquoi on contrarie le peuple. — M. de *** et le duc de Bordeaux. — La réforme électorale. — Situation embarrassante de M. Laffitte. — M. Arago. — M. Dupont de l'Eure. — La coucaratcha. — Les femmes vengées. — Ressemellera-t-on les bottes de l'adjudant de la garde nationale d'Argentan. — La Société des gens de lettres. — M. Mauguin. — Réforme électorale. — M. Calmon. — M. Charamaule. — M. Charpentier. — M. Colomès. — M. Couturier. — M. Laubat. — M. Demeufve. — M. Havin. — M. Legrand. — M. Mallye. — M. Marchal. — M. Mathieu. — M. Moulin. — M. Heurtault. — Prudence dudit. — Quatre Français. — Le conseil municipal, relativement aux cotrets. — Deux gouvernements repris de justice. — M. Blanqui. — M. Dupont. — Un vieux mauvais sujet. — Un préfet de Cocagne. — M. Teste. — Les rues. — Les poids et mesures.—Protestation.—L'auteur se dénonce lui-même à la rigueur des lois. — Les guêpes révoltées. — L'auteur veut raconter une fable. — M. Walewski. — M. Janin. — M. A. Karr. — M. N. R***. — Un bon conseil. — Un bal bizarre.—Madame de D***.—Les honorables. — M. Coraly le député. —M. Coraly le danseur.—Histoire de madame*** et d'une illustre épée. — M. Pétiniau. — M. Arago. — M. Ampère. — Les mathématiques au trot. — M. Ardouin. — M. Roy. — Concerts chez le duc d'Orléans. — M. Halévy. — M. Victor Hugo. — M. Schnetz. — M. Auber.—M. Ch. Nodier et madame de Sévigné.—Madame la duchesse d'Orléans. — Madame Adélaïde. — Le faubourg Saint-Germain et les quêteuses. — Madame Paturle et madame Thiers.—Mademoiselle Garcia et ses fioritures, Grétry et Martin. — Indigence de S. M. Louis-Philippe. — 29 janvier. — Ce que les amis du peuple lui ont donné. — — Les pauvres et les boulangers. — Bon voyage.

CHOSES DITES SÉRIEUSES, — Les Chambres ont commencé ce qu'on appelle leurs travaux.

Après le discours *du trône*, les hommes graves et les journaux ont, comme de coutume, passé quinze jours à éplucher les phrases et à écosser les mots qui le composent, pour y trouver une foule de sens mystérieux. — Puis on s'est occupé à faire le logogriphe de la Chambre en réponse à la charade de la couronne.

On a vu reparaître alors toute la friperie phraséologique des années précédentes, — le *vaisseau de l'État*, l'*horizon politique*, — le *timon de l'État*, — les *athlètes infatigables*, — les *hydres aux têtes sans cesse renaissantes*, les *égides*, etc., etc., que l'on a ensuite remise aux clous, où on l'avait prise et où on la reprendra l'année prochaine.

L'adresse et la discussion qui l'a précédée ont été une œuvre de banalité et de médiocrité. Les assaillants, comme les défenseurs, l'opposition, comme le gouvernement, tout le monde a contribué de son mieux à en faire quelque chose de parfaitement vide.

Personne n'a eu le courage de son opinion. M. de Rémusat a reculé devant le sens primitivement sournois et agressif de l'adresse dont la rédaction lui avait été confiée, — et a cru devoir l'expliquer. — M. de Chasseloup a reculé devant son amendement.

M. Mauguin était à la tribune et prononçait un long discours, lorsqu'il en vint à cette phrase : « Et c'est une chose de quelque importance que le siége d'Hérat. »

La Chambre entendit le siége *des rats*, et il y eut un éclat de rire universel.

M. FULCHIRON. Le siége des *rats* a excité les *souris* de la Chambre.

M. HÉBERT. Qu'en pense le *shah*?

M. DE BELLEYME. Le shah les surveille ; il a l'œil *perçant*.

M. Mauguin continuait à parler ; M. Fulchiron quitta sa place et se dirigea vers le fauteuil du président, — en lui faisant un signe d'intelligence pour lui faire comprendre qu'il avait à lui dire des calembourgs dont on sait que M. *Sauzet* est grand amateur.

M. Sauzet répondit par un geste d'autorité qui voulait dire : « Attendez un peu, quand M. Mauguin aura fini. »

Comme l'avait prévu l'avocat Sauzet, le discours de l'avocat Mauguin finit par finir, — et le président fit alors à M. Fulchiron un nouveau signe qui voulait dire : « Ah! il y a des calembourgs, eh bien! venez maintenant. »

Mais M. Fulchiron était blessé ; — il tourna la tête d'un air boudeur et ne voulut voir aucun des signes que M. Sauzet s'évertua à lui adresser pendant tout le reste de la séance.

MM. les députés se font passer de petits papiers sur lesquels on lit :

Quel est le sentiment qui maigrit le plus les hommes?

Quels sont les trois départements qui ne mettent pas de beurre dans leur cuisine ?

Ces questions circulent, — et chacun essaye de les résoudre.
— L'Œdipe le plus fort écrit sa réponse, et les papiers recommencent à circuler.

Deux de ces papiers que nous avons eus dans les mains contiennent, outre ces questions, les réponses que voici :

Sur la première question : — l'admiration (la demi-ration).

Sur la seconde : — Aisne, Aube, Eure (haine au beurre).

N. B. Il n'y a pas dans ce précis des travaux parlementaires la moindre plaisanterie. Tout est vrai.

Un événement parlementaire a été le discours de M. Thiers sur la question d'Orient : ce discours, très-attendu, très-annoncé, très-médité, n'a pas produit l'effet qu'on en espérait.

Ce n'était qu'une triple pétition qui n'a été apostillée par personne; d'abord pétition au roi pour demander un ministère; en effet, on n'y remarquait aucune phrase contre la *politique personnelle;* loin de là, elle était traitée avec une remarquable mansuétude, le système de la paix y était fort exalté, — il y avait loin de ce discours à celui où M. Thiers a dit : « *Louis-Philippe était dans son droit, et j'étais dans le mien.* »

Pétition à la Chambre pour demander une majorité et un appui; tout le monde avait sa caresse et sa part de paroles mielleuses; il y avait tour à tour une phrase pour M. Berryer, une phrase pour M. Barrot, une phrase pour les deux cent vingt et un.

Enfin, troisième pétition à l'Europe et particulièrement à l'Angleterre pour obtenir l'autorité d'un grand diplomate, des visites à la place Saint-Georges et la réputation d'un homme avec lequel on peut traiter.

FÉVRIER 1840.

Mais M. Thiers a pu s'assurer que, lorsqu'on veut ainsi contenter tout le monde, on ne contente... que sa famille et ses sténographes.

En effet, voici ce qu'il est advenu des trois pétitions.

Nous croyons savoir qu'un grand ami de M. Thiers s'est fait voir au château et au ministère des affaires étrangères, où il a cherché à persuader à M. Soult de retourner au ministère de la guerre et de donner sa place à M. Thiers.

Mais, au château comme chez le maréchal, on a répondu avec une froide bienveillance que le discours était bien modéré, bien inattendu, bien tiède, mais que, pour entrer au ministère, il était trop tard.

A la Chambre, on a trouvé le discours très-sage, très-convenable, et chacun a été fort content de son lot, mais très-mécontent du lot de son voisin.

En Angleterre, *pas un* journal ni whig ni tory ne l'a commenté, ne l'a cité, n'en a parlé, ne l'a lu, — il a été considéré comme non avenu. Ç'a été un fiasco complet.

Au point de vue de la diplomatie, le discours n'apprenait rien sur la question, et tout ce qui a rapport au pacha d'Égypte présentait de telles lacunes, que tout le monde a été d'accord sur ce point, que ce n'est pas ainsi, en n'en montrant qu'un côté, qu'on peut avoir la prétention de traiter sérieusement les affaires.

Un célèbre orateur n'a pas parlé sur l'adresse. — Son silence a étonné bien des gens. En voici l'explication : cet orateur, avocat, comme tout le monde, — renonce généreusement, pour représenter son parti à la Chambre des députés, à l'exercice de sa profession qui lui rapporterait au moins cent mille francs par an. Il n'a pas de fortune, et le parti lui alloue une indemnité annuelle.

En ce moment, soit que le parti trouve que son orateur ne parle pas assez pour ce qu'on lui donne, soit qu'il ait épuisé sa bourse et son cœur pour une royale infortune qui gémit dans l'hospitalité, il est en retard d'un trimestre, et l'orateur sera muet ou enrhumé jusqu'à solde de tout compte.

M. Passy — s'occupe de la conversion des rentes, — nous allons nous occuper un peu de M. Passy.

Comme orateur, M. Passy est tout à fait insupportable à cause d'un défaut dans la prononciation qui le rend aussi fatigant qu'inintelligible. — Je me rappelle une phrase prononcée (si on peut appeler cela prononcer) par lui pendant qu'il était dans l'opposition et qu'il faisait contre le ministère d'alors la guerre que l'on fait aujourd'hui contre lui, avec les mêmes armes et les mêmes arguments. « Les choufranches de la Franche viennent chancheche de che que le minichtère n'a pas de chychtème.

Comme homme d'État et comme administrateur, M. Passy a été perpétuellement, et d'une façon bizarre, sous la double et contraire influence des deux prénoms qu'il a reçus.

M. Passy s'appelle *Hippolyte-Philibert,* et toute sa vie il s'est efforcé d'éviter les applications qu'on aurait pu lui faire du nom d'un mauvais sujet célèbre au théâtre, et de se réfugier dans les vertus du « sauvage Hippolyte, » son autre patron. Cette précaution devait le jeter dans de singuliers excès, et elle n'y a pas manqué. M. Passy s'est efforcé de se montrer composé, ennuyeux, peu soigné dans sa mise, sous prétexte d'austérité. Jamais il n'a pu s'élever jusqu'aux gants verts que nous avons reprochés avec quelque amertume à plusieurs de ses collègues ; — il garde les mains nues, — Hippolyte ne portait pas de gants et Philibert les devait.

La conversion passera à la Chambre des députés à une majorité de deux cent vingt voix contre quatre-vingt-dix, — mais peut-être avec quelques restrictions.

Le projet viendra ensuite à la Chambre des pairs ; et il y sera rejeté à quatre-vingt-dix voix contre douze. — Parmi ces douze on peut désigner d'avance M. d'Argout, M. Pelet de la

Lozère, M. de Mosbourg, M. Boissy-d'Anglas, et les nouveaux pairs qui sont nommés pour cela.

Il ne restera alors au roi que le plaisir de ne pas sanctionner une mesure sur laquelle nous ignorons son opinion.

❧ A propos du roi et de la Chambre, une chose m'a frappé cette année plus encore qu'elle ne l'avait fait jusqu'ici.

Je ne sais pas pourquoi on s'obstine quelquefois à contrarier le peuple et à ne pas faire ce qu'il demande, — ce n'est certes pas moi qui m'amuserai jamais à contrarier le peuple, — ce bon peuple, il demande avec tant d'instance, tant de cris, tant de fureur, il est si près à mourir pour ce qu'il demande, et ensuite il se contente de si peu !

Après l'Empire on était las de la *conscription*, qui avait plus que décimé les familles... et on avait peut-être raison. — La Restauration annonça que la *conscription*, l'odieuse *conscription*, était à jamais abolie. — En effet, on la remplaça par le *recrutement*, qui est absolument la même chose, et le peuple a été content.

Après juillet 1830, on a dit au peuple : vous abhorrez la *gendarmerie*, vous n'aurez plus de *gendarmerie*. — A bas la *gendarmerie !* — Remplaçons-la par une magnifique *garde municipale* — et le peuple a été content.

Vous ne voulez plus de *gardes du corps*, ni de *garde royale*. — C'était peut-être un but à l'ambition légitime de l'armée — mais aujourd'hui, quand un soldat est ambitieux, il se proclame roi de France. — Il n'y aura plus de gardes du corps, ni de garde royale. Mais comme il faut que le corps du roi soit gardé, attendu la funeste habitude que prennent les garçons selliers de lui tirer des coups de pistolet à trois pas, on lui a donné, au roi, pour gardes du corps, des mouchards et des argousins. Quand le roi va à la Chambre des députés, quand la reine va à l'Opéra, les endroits par où doivent passer Leurs Majestés présentent un rassemblement des physionomies les plus patibulaires et les plus inquiétantes ; des haies d'habits bleus râpés et gras, — des escouades de redingotes à collet de fourrure au mois d'août, — des bottes éculées, des gourdins énormes, des chapeaux crevés, des pipes écourtées vomissant des parfums nauséabonds — annoncent à Paris et entourent la Majesté Royale.

Une guêpe voyageuse me rapporte une petite histoire de Goritz. — M. de *** était allé faire sa cour au duc de Bordeaux. — En prenant congé du jeune prince, il parut un peu embarrassé, balbutia, hésita, et cependant finit par lui dire : « Monseigneur, Votre Altesse Royale excusera la liberté que je vais prendre, — mais je ne dois rien vous cacher de ce qui est dans vos intérêts : l'Europe entière a les yeux sur vous, monseigneur ; — vous n'ignorez pas la puissance de la mode, en France. — Eh ! bien... vos habits ne sont pas à la mode ! permettez-moi, monseigneur, de vous en faire faire d'autres à Paris et de vous les envoyer.

— Monsieur de ***, répondit le prince en souriant, je vous suis infiniment obligé de votre soin. — Vous me rappelez en ce moment le plus fidèle serviteur d'un des anciens rois de France. »

Quand M. de *** eut pris congé, une des personnes qui étaient auprès du prince lui demanda à quel roi et à quel serviteur il avait voulu faire allusion.

— Comment, répliqua le duc de Bordeaux, vous ne savez pas mieux l'histoire de France ? — J'ai voulu parler du grand roi Dagobert et de son conseiller, dont M. de *** m'a parfaitement rappelé le discours :

> Le grand saint Éloi
> Lui dit : O mon roi,
> Votre Majesté
> Est mal culottée.

LA RÉFORME ÉLECTORALE. — Par un beau dimanche de

janvier plusieurs centaines de gardes nationaux, précédés de quelques officiers, sont allés faire des discours à MM. Laffitte, Arago, Dupont (de l'Eure). — Quel était le quatrième, je ne me le rappelle pas. — Toujours est-il que ce n'était pas M. Odilon Barrot, qui, par cette exception, se trouve déclaré juste-milieu par ses amis. — Ce pauvre M. Barrot avait sa réponse toute prête au discours qu'on n'est pas allé lui faire ! — Les autres, plus heureux, ont parlé à loisir.

ÉPIDÉMIE. — Il y a en France — une épidémie — horrible mille fois plus que la peste — le choléra — la lèpre réunis. — Tout le monde en est atteint, et qui pis est, personne n'en meurt et les avocats en vivent. Je veux parler de la manie de parler. La piqûre de la tarentule fait danser. — Un romancier a dénoncé un insecte qu'il appelle coucaratcha et qu'il fait babiller. Les coucaratchas se sont abattues sur la France comme les nuées de sauterelles sur l'Égypte.

Car chacun y babille et tout du long de l'aune.

Où sont maintenant ces vieilles plaisanteries si usées et toujours si applaudies au théâtre, sur le caquetage des femmes ! les hommes les ont bien dépassées, — et ils ne se contenteraient pas comme elles de causer ; — causer ! oh ! bien oui, causer ! cela ne vaut pas la peine, — on ne dit presque qu'une phrase à la fois, — et on parle chacun à son tour. — Causer ! on a des interlocuteurs au lieu d'auditeurs ; — on ne cause plus, on veut faire de bons gros longs discours, — on veut monter sur quelque chose, une tribune, une chaise, un banc, une table, cela ne fait rien, — et comme tout le monde veut parler, comme il ne reste personne pour former un auditoire, tout le monde parle à la fois et sans s'arrêter.

Il n'est pas de prétexte que l'on ne prenne pour parler : en va jusqu'à adopter les vertus les plus austères si elles prêtent au discours.

On se fait savant pour parler, — philanthrope pour parler, — philosophe pour parler, — prêtre pour parler.

On parle sous prétexte de charité, — sous prétexte d'horticulture, sous prétexte de géographie, — sous prétexte de tout.

On a fondé à Paris, rue Taranne, au premier, une Société des naufrages pour parler.

On a fondé par toute la France des comités d'agriculture pour parler.

Dans ces moments où de grands citoyens et d'autres plus petits, mais excellents, pensent que le bien du pays exige qu'ils se rassemblent en un banquet patriotique pour manger du veau, sous prétexte du toast — on fait des discours.

A Argentan, — en Normandie, — un conseil municipal ou autre s'est assemblé dernièrement pour savoir si on ferait ressemeler les bottes de l'adjudant de la garde nationale, et on a parlé et discuté pendant quatre heures.

Toute la France parle, — la France est folle, elle assourdit l'Europe du bruit de ses paroles ; — au moindre événement, avénement ou attentat, — on envoie des adresses au roi, — et le roi répond par des discours. — Le duc d'Orléans voyage, — on lui fait des discours, et le duc d'Orléans répond par d'autres discours.

Et on a formé une Société de gens de lettres ; — on s'assemble chez un M. Pommier, et on fait des discours.

Et après :

Après on fait d'autres discours.

Mais les *affaires* ?

Les affaires ne sont qu'un prétexte, — le but sérieux est de parler, — et on parle : — d'abord chacun à son tour, puis tous à la fois.

Cela doit être joli.

FÉVRIER 1840.

J'en étais donc à MM. Laffitte, Arago, etc., auxquels trois cents hommes de la garde nationale sont allés faire des compliments sur leur zèle pour la réforme électorale : ces messieurs ont fait ensuite leurs discours, — et quels discours !

Une chose assez piquante, selon moi, c'est que cette loi électorale si mauvaise, si odieuse, qu'il est si urgent de réformer, — fut en son temps préparée, approuvée et présentée à la Chambre des députés par le même M. Laffitte, alors ministre et président du conseil.

Cette loi fut jugée par les membres de la gauche très-libérale, — et M. Mauguin lui-même dit alors qu'avec une pareille loi la France avait de la liberté pour cinquante ans.

De telle sorte que M. Laffitte voyant qu'on venait en armes et en tumulte pour parler de la réforme, de cette loi électorale dont il est le père, dut être d'abord assez perplexe et ne pas savoir si on venait le complimenter ou lui faire une avanie.

Je passais par la rue Laffitte en ce moment, et le cocher qui me conduisait répondit à ma question sur la cause de ce bruit et de cette prise d'armes : « C'est la garde nationale qui va chez M. Laffitte pour le réformer. »

Le lendemain, il se répandit un bruit que ces messieurs avaient été pris pour dupes ; que l'on était en carnaval ; que la prétendue garde nationale n'était qu'une mascarade, et que c'était à des masques qu'ils avaient débité leurs discours.

Mais ensuite les officiers qui avaient conduit l'émeute nationale furent mis en jugement et suspendus de leur grade pendant deux mois. — Suspendus ! c'est là ce qu'on appelle une peine ! mon Dieu ! que je voudrais donc être officier, quel discours j'irais faire à M. Laffitte !

Les partisans de la réforme électorale me paraissent être les jouets d'une étrange erreur.—J'ai traité ce sujet dans le premier volume des *Guêpes*.—J'ajouterai à ce que j'ai dit alors—ce que je crois également d'une vérité incontestable.

On ne fait sortir d'un pays que ce qu'il y a dedans ; il y a des choses qu'on n'ordonne pas par une loi. On ne décrète pas le patriotisme, la vertu, le désintéressement, fît-on même intervenir la guillotine.

Je prétends que, si on formait une nouvelle Chambre, soit avec la réforme électorale tant criée, tant demandée, soit avec le suffrage universel, — on la retrouverait composée des mêmes éléments, à doses égales.

Tenez, voici un autre projet de réforme électorale dont je prends l'initiative. — Barrez le Pont-Neuf à midi des deux côtés, — et formez une Chambre de tous ceux qui s'y trouveront arrêtés, — vous y trouverez, comme à la Chambre, un nombre relatif égal d'ambitieux, — de niais, — de gens sensés, — d'avocats, etc. — Vous y trouverez des gens qui parlent aussi mal français que MM. Calmon, Charamaule, Charpentier, Colomès, Couturier, Laubat, etc., etc.

Vous y trouverez des gens aussi mal vêtus que MM. Demeufve, Havin, Leyraud, Mallye, Couturier déjà nommé, Marchal, Mathieu (de l'Ardèche), restaurateur et juge au tribunal de son endroit, Moulin (de l'Allier), Garnon, etc., etc.

Ah ! diable ! — j'allais oublier M. Heurtault, un monsieur qui, riche de deux cent mille livres de rentes, — a adopté le déguenillement pour exciter l'admiration de son austérité chez les hommes de son parti et éviter les souscriptions et les emprunts.

Et quand vous aurez ainsi formé une Chambre, — demandez un vote sur n'importe quoi, — et comptez les suffrages ; — je gage ma plus belle pipe turque, celle dont le tuyau de cerisier arménien a une fois et demie la hauteur de Léon Gatayes, que vous avez dans chaque parti un nombre précisément égal à celui que vous avez dans la Chambre.

Quelqu'un me faisait hier une observation sur la guerre que je livre à certains députés à propos de l'extrême négligence de leur costume. — On me blâmait en me disant : « Les députés, étant élus par la nation, ne doivent pas chercher à se distinguer d'elle par le costume. » — Et quel est le costume de la nation? demandai-je; mettons-nous à la fenêtre pour voir passer la nation.—La nation... cela veut dire les Français, probablement.

Premier Français : — Un joueur d'orgue ; veste de ratine brune, chapeau décousu, pas de gants.

Deuxième Français : — Un porteur d'eau ; veste bleue, une casquette.

Troisième Français : — Un croque-mort, — habit noir, — pantalon gris, — cravate blanche.

Quatrième Français : — Une cuisinière revenant du marché ; — un fichu à carreaux sur la tête, — un châle de mérinos couleur grenat, un panier.

✻ Les quatre-vingt-cinq mille indigents inscrits dans les mairies de Paris sont bien heureux de la douceur qui a régné jusqu'ici dans la température, — car la bienfaisance municipale n'aurait apporté que peu de soulagements à leur misère. Cette bienfaisance municipale ne pense jamais pendant l'automne qu'il fera peut-être froid l'hiver ; — l'hiver arrive, les pauvres tremblent, frissonnent, souffrent ; au bout de quinze jours de gelée consécutifs, le conseil municipal songe qu'il faut s'assembler pour conférer sur les secours à donner aux malheureux. — On discute, on parle, on n'est pas d'accord; on remet la séance au lendemain ; — le lendemain, — ou la semaine d'après, on vote une vingtaine de mille francs, — comme on a fait la semaine dernière, — et cela ne produit pas tout à fait un petit fagot pour chaque pauvre. — Les distributions ne peuvent se faire que quelques jours après qu'elles ont été votées, décidées et ratifiées, — et les pauvres reçoivent enfin leur cotret au dégel.

✻ Dans ce seul mois de janvier, deux gouvernements repris de justice ont passé devant les juges.

De ces deux gouvernements, l'un avait tenté de s'établir à

Marseille ; c'était un duumvirat républicain. Cette république avait deux chefs : Carpentras, peintre en bâtiments, et Ferrary, cordonnier ; — deux sujets soumis, Carpentras et Ferrary ; — deux imprimeurs : Ferrary et Carpentras ; — deux afficheurs : Carpentras et Ferrary.

Ces deux messieurs s'étaient réunis un soir dans un café, — s'étaient constitués en assemblée nationale, — avaient décrété deux ou trois mesures et les avaient affichées pendant la nuit.

L'une ordonnait aux boulangers de faire crédit à tous les citoyens et notamment aux chefs du gouvernement, les sieurs Carpentras, peintre en bâtiments, et Ferrary, cordonnier.

Une autre intimait à *messieurs les riches* la défense de sortir de la ville sous peine de mort.

On les arrêta et on les mit en jugement, — on saisit à leur domicile plusieurs ordonnances toutes préparées. En voici deux qui méritent d'être remarquées :

ORDONNANCE. — Nous, etc.

Ordonnons ce qui suit : — On fera, sous le délai d'un mois, badigeonner à neuf toutes les maisons de la ville ; — on renouvellera les papiers qui manqueraient de fraîcheur. — Ces travaux seront confiés à M. Carpentras, peintre en bâtiments, et payés expressément au comptant. — *Signé* FERRARY.

ORDONNANCE. — Le sieur***, corroyeur, fabricant de tiges de bottes, est un citoyen médiocre. — Nous le décrétons en conséquence de prise de corps et confisquons ses marchandises, lesquelles seront attribuées au sieur Ferrary, en récompense des services qu'il a rendus et rend journellement à la République, à titre de récompense civique. — *Signé* CARPENTRAS.

Le deuxième gouvernement était la seconde catégorie des accusés de mai qui ont été jugés par la cour des pairs.

On a pu voir encore en cette circonstance les tristes et embarrassantes conditions d'un gouvernement fondé en juillet 1830, à la suite d'une émeute réussie.

On applique les formes les plus graves et les plus solennelles à juger un certain nombre de gamineries contre lesquelles on prononce des peines qu'ensuite on n'applique pas.

Les séances consacrées aux doublures des premiers accusés n'ont produit aucune sensation. — Le jeune Blanqui, sorte de Dumilatre politique, a faiblement joué le rôle mélodramatique dans lequel Barbès avait obtenu une sorte de demi-succès.

Il a, comme Barbès, refusé de répondre à l'accusation, — mais il a espéré dissimuler le plagiat en parlant moins encore que son chef d'emploi qui n'avait pas parlé du tout; — il a fait paraître l'avocat Dupont pour qu'il ne parlât pas non plus.

Plusieurs des pairs ont profité de toutes sortes de prétextes pour ne pas assister aux séances; — quelques-uns, du reste, sont encore malades de la façon excessive dont on avait chauffé leur salle humide à la première séance.

Les avocats des accusés, — ceux qui parlent, — ont continué à soutenir, comme dans la première affaire, la théorie d'une différence à établir dans la pénalité entre le crime politique et le crime — comment appellerai-je l'autre crime ?

Le pouvoir combat cette théorie en paroles, mais l'admet en action ; quand il a obtenu la condamnation de ses accusés, il leur inflige une peine différente de celle prononcée.

Un gouvernement qui n'aurait pas les inconvénients d'origine que nous avons signalés — ne serait pas forcé de commettre de si singulières inconséquences ; — il mettrait peut-être moins de colère en commençant, parce qu'il se sentirait plus fort et aurait moins peur, — et manifesterait plus de fermeté dans l'exécution des condamnations, qu'il n'y a aucun prétexte de demander, quand on se réserve de montrer, par leur non-exécution, qu'on les trouve trop rigoureuses.

Certes, s'il y avait lieu à établir cette distinction absurde entre le crime politique et le crime... *civil,* cette distinction ne serait pas à l'avantage du crime politique. — On comprend, à la rigueur, un certain degré d'indulgence pour un crime auquel un homme aurait été poussé par le besoin et par la faim, — ou par une de ces passions qui ont de toute éternité rongé le cœur humain, telles que la jalousie.

Mais, quand de vagues théories politiques infiltrées dans de jeunes cervelles en même temps que les demi-tasses de café gagnées ou perdues au billard dans les estaminets, conduisent leurs adeptes jusqu'à l'assassinat, — le crime qui n'a pas pour excuse le besoin ou l'emportement frénétique de la passion — n'est guère fondé à réclamer l'indulgence, que dis-je? des égards, du respect et une quasi-impunité, parce que c'est un crime de fantaisie et surtout de vanité.

Mais le gouvernement actuel est, vis-à-vis des jeunes émeutiers, dans la situation d'un père, ancien mauvais sujet, — qui gronde brusquement un fils débauché, et ne peut cependant se refuser à l'indulgence, en se rappelant que ce sont là des *torts de jeunesse* qu'il ne peut s'empêcher de retrouver un peu dans ses souvenirs.

🐝 Nous sommes au milieu du carnaval, — et on s'étonne de ne pas voir à Paris encore un jeune préfet sur lequel on avait fait l'année passée ces deux vers remarquables :

> Lorsque R*** revint du Monomotapa,
> Paris ne soupait plus, — et Paris resoupa.

Nous appellerons le jeune administrateur préfet de Cocagne, — non que ce département existe tout à fait en France; mais, outre que le nom s'applique merveilleusement à la chose, il rime au nom réel du département qui a le bonheur de le posséder, à peu près comme *halleba*RDE rime à *miséri*cORDE.

Il a ordinairement le bonheur d'être retenu dans son département par les devoirs rigoureux de sa position, — pendant les beaux mois de l'année.

Mai, où les cerisiers tout blancs livrent au vent tiède la neige odorante de leurs fleurs.

Juin, le mois des roses, etc.

Jusqu'à l'ouverture de la chasse, où il a encore le bonheur d'être si nécessaire à ses administrés, qu'il ne pourrait s'éloigner sans de graves inconvénients.

Mais, aussitôt que l'hiver descend des sommets glacés des montagnes ; aussitôt que les premiers archets glapissent à Paris ; aussitôt que les concerts, les soirées et les bals s'organisent, il arrive, par une singulière coïncidence, que la présence du préfet devient indispensable dans la *capitale*.

On le voit se hâter, presser, encourager, gourmander les postillons ; il craint de perdre une minute, une seconde ; — il marche, il vole, il arrive, et le département est sauvé. Clic-clac, — clic-clac, — clic-clac. Paris se réjouit de le revoir et lui dit : « Sois le bienvenu. » Pour lui, il cherche avec une infatigable persévérance les gens qui peuvent être utiles à son département. — Il les cherche partout, dans les soirées, dans les bals, dans les raouts ; — car, en cette saison, ce n'est que là qu'on peut trouver son monde. Quelquefois il poursuit ses recherches laborieuses jusqu'au milieu de la nuit ; il les suit dans leurs mouvements, dans leurs détours, dans leurs valses ; — il les suit jusqu'à table ou dans les tourbillons frénétiques du *galop* ; il ne recule ni devant les insomnies, ni devant la fatigue et les suites des festins tardifs : — il faut que les affaires du département se fassent.

Puis, quand l'hiver s'est écoulé dans cette vie de fatigue et d'abnégation ; quand sous les feuilles de violette se cachent de petites améthystes parfumées ; quand la poitrine sent le besoin d'un air plus pur, le département de Cocagne rappelle son cher administrateur, le devoir le réclame, et il ne connaît que le devoir ; — il quitte courageusement les plaisirs qui cessent, les bals finis, les bougies éteintes, les glaces absorbées, les gâteaux engloutis, les femmes pâles et fanées : rien ne l'arrête, il s'arrache à tout, il part et arrive dans *son endroit*, où il restera tout l'été.

Pendant que le ministre *Teste* attaque les possesseurs d'offices, que M. *Passy* (Hippolyte-Philibert) fait la guerre aux rentiers, on fait encore d'autres révolutions d'un ordre inférieur.

Je déclare publiquement que ma mémoire n'y peut suffire, — et que je proteste hautement contre les voies funestes dans lesquelles nous sommes engagés. Nous avons, tant à la Chambre des députés qu'à la Chambre des pairs, cinq cents hommes qui passsent leur vie à faire et à bâcler des lois, et à recrépir les anciennes. Tous les deux ou trois ans, on renverse de fond en comble les lois qu'on vient de faire, pour leur en substituer d'autres qui ne durent pas plus longtemps ; — et, ce qu'il y a là-dedans d'effrayant et de sinistre, — c'est que nous sommes forcés de connaître toutes les lois qu'on nous donne. — L'ignorance sur ce point n'est jamais admise comme excuse, l'ignorance est la mère de la prison et de la ruine. — A peine a-t-on fait entrer une loi dans sa tête, que la loi est changée, abrogée, renouvelée, et qu'il faut se mettre à l'oublier pour en apprendre une autre. — Que quelqu'un se livre à un long sommeil ou à un court voyage, son premier soin à son réveil ou à son retour doit être de se mettre au courant des lois nouvelles. — Pendant que j'étais allé passer quinze jours chez mon cher frère Eugène, à Imphy, on en avait fait une douzaine que je me suis mis à apprendre ; sans cela je serais exposé à me lever innocent dans ma chambre et à me coucher criminel dans une maison du roi, sous l'œil paternel de la gendarmerie.

Ainsi une ordonnance est venue le 1er janvier nous dire que nous ne savions plus compter, que c'était inutilement que nous avions chargé notre mémoire autrefois de toutes les dénominations de nombre, de mesure, d'espèce de poids, etc. — Que le *français* que nous avons appris est en partie supprimé et qu'il en faut apprendre un autre.

Paris alors s'est trouvé dans une grande confusion, il semble que le Seigneur ait dit des Français comme autrefois des audacieux architectes de la tour de Babel — en punition du bavardage auquel s'abandonne notre malheureux pays :

Génèse, XI-7. « Confondons tellement leur langage qu'ils ne s'entendent plus les uns les autres. »

Une grande perturbation s'est mise parmi les femmes — qui, obligées de mesurer leurs étoffes par mètre, centimètre et millimètre, — depuis la suppression de l'aune, vont être pendant longtemps habillées à contre-sens.

Vous vous égarez en voyage, vous demandez à un paysan à quelle distance vous êtes de la ville la plus voisine. — Si ce paysan respecte les lois de son pays — il vous effraye en vous disant : « Vous êtes à trois kilomètres et neuf hectomètres. » C'est consolant.

Il n'y a plus de voie de bois. — Ce que vous appeliez ainsi, vous voudrez bien le désigner à l'avenir, sous peine d'amende, par cette dénomination prolongée, un stère quatre-vingt-douze centistères. — Bien du plaisir.

Certes, le système décimal est bien plus logique que l'ancien système, — mais il n'est pas mal de constater en passant tout ce qu'entraîne de tumulte et de perturbation un changement, même pour une incontestable amélioration.

On entend dans les rues des gens qui crient : « Voilà la nouvelle ordonnance qui défend de compter *autrement que par les centimes*. — La voilà pour DEUX SOUS. »

Du reste, jusqu'à ce que tout le monde s'entende, il faudra subir de nombreuses et incommodes conséquences. — De l'aveu des médecins, les erreurs qui se commettent déjà trop fréquemment entre eux et les pharmaciens vont prodigieusement augmenter en nombre, et l'on pourrait déjà citer quelques martyrs du système décimal. — Quelques prescriptions deviennent impossibles, à cause que la division par tiers n'existe pas rigoureusement dans le système décimal. — Or, l'emploi habituel des poisons en médecine exige dans les doses une précision qu'il est dangereux de diminuer.

La Régie des tabacs a tiré déjà de la circonstance un parti qui trouvera des imitateurs. — Cette pauvre Régie ne produit que 90 millions par an, — elle ne gagne que trois cent soixante-cinq pour cent sur le prétendu tabac qu'elle livre à la consommation. — Dans la difficulté de mettre en rapport les poids et les prix, elle a pris un biais qu'il serait long et ennuyeux d'expliquer ici, et qui augmentera son bénéfice de quatre un quart pour cent. En même temps on change le nom d'un grand nombre de rues, pour augmenter la facilité qu'ont déjà les gens à s'égarer.

Je continue à dénoncer les princes du sang royal comme faisant usage de tabac de contrebande.

Je ne cacherai pas non plus à l'autorité que j'ai reçu un sac de tabac excellent, orné d'une étiquette ainsi conçue :

Sala, marchand de tabacs de Smyrne.
Rue de Chartres, 91, à Alger.

Mais qu'est-il donc arrivé à mes guêpes ? L'escadron que je voulais faire *donner* sur le monde et la littérature refuse de marcher.

Il y a dans un coin de mon cabinet une *jardinière* en bois sculpté pleine de jacinthes en fleurs dans la mousse verte, elles s'y réfugient, comme Adam, après avoir mangé le fruit défendu, quand le Créateur lui disait en latin : « Adam, *ubi es ?* — Adam, où êtes-vous ? »

Mais elles ne se cachent pas timidement, — elles font entendre un bourdonnement guerrier, — ma comparaison était mauvaise, — elles ressemblent davantage aux Romains réfugiés sur le mont Aventin, — je me rappelle qu'en cette circonstance un consul leur récita une fable, et que cette fable les ramena dans le devoir, — si je leur récitais cette fable.

Mais... oh! là, — mon Dieu, — je suis mort, mes guêpes en fureur se précipitent sur moi. Attendez, — expliquez-vous,— causons, — qu'avez-vous? — Que vous ai-je fait? Ne m'attaquez pas ainsi brutalement, imitez les héros de Virgile et d'Homère, qui faisaient précéder d'un petit discours chaque coup qu'ils portaient à leur adversaire, — au moins je saurai le sujet de cette révolte.

Ah! les voilà retranchées derrière leurs barricades de jacinthes.

UNE GUÊPE. Je suis *Mammone*, j'ai emprunté mon nom à un des anges déchus que *Milton* range sous la bannière de *Satan*, et quelques-unes de mes compagnes ont pris comme moi leurs noms de guerre du *Paradis perdu*.

Ah! monsieur le critique impartial, inflexible, inabordable, invincible; — vous n'avez donc parlé si haut en commençant que pour faire comme tant d'autres, vous avez loué sur la foi d'autrui une pièce de M. Walewski, que vous n'aviez ni vue ni entendue ; — j'étais fière de marcher sous votre drapeau, mais maintenant je vous méprise, je lève l'étendard de la révolte, et je tourne contre vous mon aiguillon acéré.

L'AUTEUR. Ah! ma chère petite *Mammone*, toi que j'aimais d'une affection toute particulière.

MAMMONE. Il n'y a pas de chère petite Mammone, — défendez-vous.

L'AUTEUR. Oh! là, — elle m'a percé le doigt, la méchante, — le doigt dont je tiens la plume.

UNE AUTRE GUÊPE. Je m'appelle Moloch. — Quoi, vous avez loué cette pièce de théâtre !

L'AUTEUR. Je vous assure, Moloch, qu'il y a des gens qui en disent beaucoup de bien.

MOLOCH. Oui ; — l'auteur, ne se voyant pas assez loué à sa

guise par ses amis, a pris le parti de se louer lui-même dans un journal qui lui appartient.

MAMMONE. Le jour de la première représentation, où la salle était si brillante, où il y avait tant de nobles et jolies femmes, — j'ai bien vu ce qui s'est passé, cachée dans une fleur de la coiffure de madame...

Les amis applaudissaient des mains en disant : « Oh! que c'est mauvais... »

L'AUTEUR. Mais, Mammone, vous savez combien un homme a peu d'amis qui ne soient pas un peu contents d'une humiliation qui lui arrive.

ASTARTÉ. Les acteurs faisaient des entrées et des sorties qui n'avaient pour raison que d'aller changer de pantalons. — On craignait à chaque instant qu'il n'y eût des changements de pantalons à vue. — Quelqu'un en sortant...

MAMMONE. Je crois que ce quelqu'un est M. de Mornay, — mais je n'en suis pas bien sûre.

ASTARTÉ. Quelqu'un racontait que le duc d'Orléans avait dit : « C'est une pièce en cinq actes et en cinq pantalons. »

AZAZEL. Pourquoi n'avez-vous pas parlé de ces longs et solennels débats à propos de la lettre qu'on apporte sur un plat d'argent? — les acteurs voulaient qu'on le supprimât, — mais l'auteur y a tenu comme à un des plus beaux morceaux de sa comédie, et M. *de Rémusat*, qui dirigeait les répétitions en même temps qu'il méditait la rédaction de l'*adresse* de la Chambre, — a fort appuyé l'auteur dans sa résistance.

« Mais, monsieur le comte, disait un comédien, le public prendra votre lettre pour un beefteack, et il exigera qu'on mette alentour des pommes de terre ou du cresson. »

MOLOCH. Et, en effet, ce n'était pas une idée heureuse —quoique l'auteur prétende que c'est à ces petits riens qu'on reconnaît le monde : — D'abord, cet usage de se faire apporter les lettres sur un plat d'argent n'est ni si général, ni si établi qu'on n'eût pu le supprimer, — si ce n'est chez quelques dandys d'imitation anglaise. — Ensuite, il n'est pas, selon moi, très-élégant d'apporter une lettre sur un plat qui peut avoir servi à manger des côtelettes ; — on devrait employer un plateau d'une forme particulière.

azazel. Depuis cette représentation, il y a une foule de faux dandys à la suite qui se font apporter, — sur un plat d'argent tout ce qu'ils demandent à leurs domestiques; leurs bretelles, leur gilet, leurs bottes.

l'auteur. Mammone, vous pourriez rire un peu moins fort, — ce me semble, — des médiocres plaisanteries d'Azazel?

(mammone ne répond qu'en bourdonnant *la Marseillaise*.)

moloch. L'auteur de la pièce a eu tort d'aller s'attaquer à Janin, — et d'aller chercher de petits motifs mesquins à la critique du feuilletoniste.

A part le commencement du feuilleton de Janin, qui était peut-être un peu vulgaire...

l'auteur. Oh là! Moloch, — ne parlez pas ainsi de Janin!

mammone. — Nous sommes en révolte, notre ex-maître, — et je parle comme je veux.

(mammone continue à bourdonner la *Marseillaise*.)

moloch. Le commencement du feuilleton de Janin, sur les pièces de M. Walewski, était un peu vulgaire et banal. — Les hommes qui par goût ne vivent pas dans le monde ont tort d'en parler avec aigreur, — ils ont l'air d'être envieux, et rien n'a si mauvaise grâce.

astarté. Eh! de quoi, grand Dieu! peut être envieux le poëte?

Quelles sont les fêtes qui valent les fêtes de pensées et de rêveries qu'il se donne lui-même?

Les acacias exhalent pour lui un parfum plus suave de leurs petites cassolettes blanches.

Le vent dans les feuilles, — le rossignol dans la nuit, lui

disent de la part de Dieu des choses si belles, et que lui seul peut entendre.

Le poëte est si riche, qu'il ne peut envier personne, et que tous les autres hommes ne sont auprès de lui que des fils déshérités.

MOLOCH. Mais, après son préambule, Janin a été plein de raison, de grâce et d'esprit. — L'auteur de la comédie a attaqué Janin, comme s'il n'avait pas assez d'un échec.

BÉLIAL. Les connaissances de l'auteur, aux représentations suivantes, — envoyaient leurs voitures à la porte du théâtre et n'y allaient pas.

MOLOCH. Cérémonial d'enterrement.

L'AUTEUR. Je ne puis supporter une telle liberté. A moi Padoke et Grimalkin, saisissez Moloch et amenez-la ici les pattes liées.

Après un peu d'hésitation, Padoke et Grimalkin passent du côté des insurgés. — Mammone bourdonne — le *Suivez-moi* de *Guillaume Tell*. — Toutes les guêpes se précipitent sur l'auteur.

L'AUTEUR. Holà ! — Tant pis pour vous !

Spicula si figant, emorientur apes.

Les guêpes, comme les abeilles, meurent de la blessure qu'elles font.

MOLOCH. C'est un vieux conte de vieux naturaliste, et cela n'est pas vrai.

L'AUTEUR. Mais je vous assure que c'est un de mes amis, — un ancien camarade qui avait entendu la pièce... qui m'a dit...

MOLOCH. Ton ami est un traître ; — placé entre deux amis, — il t'a sacrifié à l'autre ; tant pis pour toi. — Après avoir si longtemps rabâché contre les amis dans tes livres, tu t'y laisses encore prendre : — tant pis pour toi. — Allons, Mammone, sonne encore la charge.

L'AUTEUR. — Grâce! grâce! *Astarté*, toi qui es si jolie; — grâce! *Moloch* l'invincible! — grâce! ma chère petite *Mammone*, — je ne le ferai plus; — et toi aussi *Azazel*, tu es si jeune, tu seras moins féroce que les autres.

MAMMONE, *bourdonnant*. La victoire est à nous!

MOLOCH. Nous sommes vengées; — nous rentrons sous l'obéissance, et nous acceptons ta charte et ton programme; — seulement tu nous dénonceras l'ami perfide...

L'AUTEUR. Grâce pour lui, mes guêpes!

BÉLIAL. Le trait est beau — et sera un jour donné en thème aux enfants avec l'histoire d'*Oreste* et *Pylade*, d'*Euryale* et de *Nisus*.

AZAZEL. Nous sommes soumises, et nous attendons tes ordres, tu es notre roi.

CHŒUR DE GUÊPES *bourdonnant*. *God save the King*!

🐝 Pour tout dire, les amis de M. le comte Walewski ne l'ont pas toujours aussi bien servi que N. R.

Pendant un entr'acte, un ami disait tout haut: « Cela ne va pas, mais on n'a pas écouté mes avis. — J'avais conseillé à l'auteur d'*inonder* le second acte de *traits* d'esprit. »

C'était cependant là un excellent conseil; en effet, il n'y a rien de si simple. — Vous avez à faire un second acte qui vous embarrasse un peu, — un ami, homme lettré, spirituel et instruit, vient vous voir; — vous lui confiez votre embarras.

— Parbleu, dit-il; une idée! *Inonde* ton deuxième acte de *traits* d'esprit.

— C'est juste, dit l'autre, — et rien n'est plus simple. — je n'y avais pas songé, — je suis sauvé! — Je vais tranquillement inonder mon second acte de traits d'esprit.

🐝 Madame*** a marié récemment sa fille; — on croyait généralement qu'elle lui donnerait les pierreries de la famille, qui sont fort belles et jouissent même d'une sorte de célébrité. — Madame a jugé à propos d'en garder encore l'usufruit. — Aussi disait-on, l'autre soir, dans un salon où la nouvelle mariée a paru avec quelques pierres de peu de valeur : « Ce sont des pierres d'attente. »

🐝 Dernièrement, quelques hommes connus dans les arts et la littérature se sont fourvoyés dans un bal où on entendait de toutes parts entre les danseurs des dialogues semblables à celui-ci :

— Vous êtes bien jolie, madame.
— Rue du Bac, 43, monsieur.

🐝 S'il est une chose de mauvais goût, c'est la manie qu'ont les gens de recevoir dans leurs salons huit fois plus de monde qu'il n'y en peut tenir, et seize fois plus qu'il n'y peut s'en asseoir. — M. Ard..., banquier de la Chaussée-d'Antin, a donné, dans son petit appartement, un bal où cette bizarrerie s'est montrée dans tout son jour.

🐝 On annonce que le comte Roy, homme de tact et de bon goût, se propose de donner, cet hiver, dans son immense hôtel, quelques concerts et quelques soirées où il n'invitera que cinquante personnes.

La cohue a proscrit la conversation ; — la conversation était le plus grand charme du monde, — les hommes se retirent du monde et vivent dans les clubs.

🐝 Un mot dont on a étrangement abusé est celui d'honneur ; — nous avons des croix d'*honneur*, — des champs d'*honneur*, — des dames d'*honneur*, — des gardes d'*honneur*, — des lits d'*honneur*, — des places d'*honneur*, — des dettes d'*honneur*, — des parties d'*honneur*, — des points d'*honneur*, — des hommes d'*honneur*, — des paroles d'*honneur*.

Il ne manquait plus que des *honorables*, — nous devons ce mot au gouvernement représentatif.

De l'*honneur*, — cette *île escarpée et sans bords*, — on a fait un pays banal, une place publique. Tous les députés indistinctement s'appellent *honorables* tout en s'accusant mutuellement et sans cesse de « trahir le pays, — d'assassiner la liberté, — d'être sourds à la voix de la patrie, — d'être des anarchistes, des tyrans, des valets, des bourreaux, etc. » Toutes choses qui, prises au sérieux, rendraient un homme fort peu *honorable*.

※ M. Coraly, ancien maître de ballets, a deux fils, — l'un est député, l'autre danseur à l'Opéra. — J'ai vu les deux, mais je ne puis me rappeler lequel est le danseur, lequel est le député; — il leur arrive souvent, du reste, que l'on fait des compliments au danseur sur son attitude à la Chambre, ou sur quelques paroles risquées dans les bureaux, — et que l'on dit au député : « Vous avez bien de la grâce et bien du ballon, — vous avez été très-bien dans votre dernier pas. »

※ Madame *** est connue entre autres choses par la grosseur de ses bouquets. — Une femme qui aime et comprend les fleurs mieux qu'aucune autre — disait : « Je la hais, parce qu'elle finira par me dégoûter des fleurs. »

Madame *** a consacré le lundi à l'amitié qu'elle porte à une *illustre épée*, — comme on dit en argot parlementaire. Ce jour-là, elle le reçoit seul, et la porte est fermée pour tout le monde. Un de ces derniers lundis, un domestique renvoyé, qui devait quitter la maison quelques jours après, — avait résolu de se venger de son expulsion. En conséquence, feignant d'oublier la consigne, il ouvrit tout d'un coup la porte du salon de madame *** et annonça deux personnes, un ménage, qui s'étaient présentées. — Madame *** se leva pâle et effrayée, — confuse.

— L'*illustre épée*, qui était à ses genoux, n'en put faire autant à cause de sa goutte. Les deux visiteurs s'étaient arrêtés sur le seuil de la porte, — hésitant et prêts à s'enfuir. — L'*illustre épée* crut retrouver de la présence d'esprit, et, restant à genoux, dit : « Madame, c'est aujourd'hui votre fête, et je m'empresse de vous la souhaiter. — Ah ! diable, j'ai oublié mon bouquet, je vais aller le chercher. » Il fit signe au domestique de l'aider à se relever, et sortit du salon. — Le ménage fit une courte visite et s'en alla. — Il faut croire qu'il ne fut pas discret, car, le lendemain, il y eut chez madame *** une procession de domestiques apportant des bouquets.

M. *** fut très-surpris, en rentrant de la Chambre, de voir toute sa maison pleine de fleurs; — il en demanda la raison.

— On les a apportées pour la fête de madame.

— Mais ce n'est pas sa fête.

— Je répète à monsieur ce qu'on a dit.

🐝 On disait d'un député riche, avare et mal vêtu : « Son habit fait peur aux voleurs, il leur montre la corde. »

🐝 M. Arago a prononcé l'éloge de M. Ampère, mort il y a deux ans. — Cela me rappelle une distraction plaisante de ce bon M. Ampère, qui était un véritable savant.

Il sortait un jour de l'Académie, rêvant à un problème : — tout à coup il s'arrête, ses yeux s'animent, il le tient. — Il avait gardé à la main la craie blanche dont il venait de se servir ; — — il voit devant lui un carré noir assez semblable aux tableaux dont il se sert habituellement, — il y place ses chiffres ; — mais tout à coup — le tableau fuit sous sa main et fait trois pas. — M. Ampère le suit. — Le tableau prend le trot. M. Ampère prend sa course et ne s'arrête qu'exténué, hors d'haleine et violet. Ce tableau n'était autre que le dos d'un fiacre arrêté.

🐝 Fort instruites et fort spirituelles, pour la plupart, les personnes qui habitent le château sont, en général, médiocrement organisées pour la musique, à l'exception de madame Adélaïde et de la duchesse d'Orléans, qui est bonne musicienne et très-forte sur le contre-point. On a cependant donné deux grands concerts qui se renouvelleront plusieurs fois cette année. On a nommé M. Halévy directeur de ces concerts ; et on a planté le drapeau de la musique française.

La nouvelle salle est arrangée avec un goût parfait ; — l'orchestre, très-heureusement disposé, a eu un grand succès. —

On a joué des morceaux de Rossini, de Mercadante, de Cimarosa, de Meyer-Beer, de Bellini, de Gluk et de Méhul.

Le duc et la duchesse d'Orléans ont reçu avec beaucoup de grâce et de bienveillance.

M. Nodier, qui avait été invité avec MM. Hugo, Auber, Schenetz, etc., a dit : « Ma foi, si c'est pour nous donner des princes si aimables, — vive l'usurpation ! » Ce mot rappelle un peu l'enthousiasme comique de madame de Sévigné pour le roi, qui venait de danser avec elle : « Ah ! nous avons un grand roi. »

Le monde financier est très-inquiet ; — les duchesses de la Bourse, les marquises du trois pour cent, les vicomtesses de la rue de la Verrerie, s'agitent beaucoup pour être invitées.

Les directeurs des théâtres de musique s'inquiètent aussi de leur côté ; la lésinerie de la nouvelle aristocratie est telle que bien des gens refuseront une loge à l'Opéra ou aux Italiens à leur femme, — sous prétexte des chances qu'elle a d'être invitée aux concerts du château.

Pour le faubourg Saint-Germain, il n'ira nulle part tant que don Carlos ne sera pas libre ; pour passer le temps, il s'amuse à désigner les quêteuses pour le carême. Les bourgeoises riches intriguent auprès des curés, non par esprit de religion, — mais parce que cet office de quêteuse est une sorte de privilége de la noblesse ; par la même raison, les duchesses écartent les bourgeoises.

Il est curieux de voir les *épouses* de députés, dont plusieurs ne connaissent le christianisme que dans la *Guerre des Dieux*, montrer une si excessive ferveur.

Madame Paturle a obtenu d'être d'une des dernières quêtes de Saint-Vincent de Paul.

La maison Thiers, Dosne et compagnie intrigue pour que madame Thiers puisse quêter dans une paroisse. — Mais ses bonnes amies du juste-milieu l'ont, dans un accès d'envie, dénoncée comme n'ayant pas fait sa première communion. — On ne croit pas à l'admission.

🐝 En écoutant, l'autre soir, mademoiselle Pauline Garcia chanter la cavatine du *Barbier de Séville*, où elle fait tant de roulades et de fioritures, je me suis mis à penser à Grétry. Il n'aimait guère que les chanteurs lui arrangeassent ainsi sa musique — et il leur disait : « Si je voulais qu'on chantât ces choses-là, — je les écrirais, et un peu mieux, j'ose le croire, que vous ne les faites. »

🐝 A la première représentation d'un des grands ouvrages de Grétry, — Martin qui y avait un rôle important, broda tellement son premier air, qu'il ne fit aucun effet, quoique le reste eût beaucoup de succès. Après la pièce, Grétry entra dans sa loge et lui fit mille compliments sur le succès auquel *il avait tant contribué*, — seulement, ajouta-t-il, pourquoi as-tu donc passé mon premier air? Tout *simple* que tu le trouves, j'y tenais, moi, et je suis fâché que tu ne l'aies pas chanté. » Martin rougit extrêmement et comprit si bien, qu'à la seconde représentation il chanta l'air simplement comme il était composé — et qu'il eut un grand succès.

🐝 On dit la future duchesse de Nemours d'une grande beauté. — Il faut que le roi Louis-Philippe soit bien pauvre pour s'exposer à voir ainsi marchander à la Chambre des députés la dotation qu'il demande pour le mariage de son fils.

🐝 29 JANVIER. — Les gens qui s'intitulent sérieux appellent un *événement politique* — les choses ridicules dont voici quelques échantillons.

M. Thiers est sorti à pied avant-hier.

La reine d'Angleterre n'a pas parlé de la France avec une assez vive amitié.

On parle d'un remaniement du cabinet.

On pense à une fusion *Thiers* et *Guizot*.

Voilà de quoi on parle, de quoi on s'occupe — voilà ce qu'on désire — voilà ce qu'on craint.

🐝 Certes, on ne m'accusera pas d'exagérer les *misères du peuple* — et d'en abuser, pour faire à ce sujet de longues phrases ampoulées, — mais il s'est passé, il y a trois jours, à Paris, une chose que j'appelle, moi, un événement politique de la plus haute gravité.

Dans le quartier du quai aux Fleurs, une pauvre vieille femme est morte *de faim.*

Dans un pays civilisé — on ne doit pas pouvoir mourir de faim.

Il y aurait un bon usage à faire de la police ; — un usage qui amènerait en peu de temps à la réalisation de cette utopie : la police faite par les honnêtes gens.

La police ne s'occupe des gens qu'à mesure qu'ils deviennent voleurs ou assassins.

Il faut surveiller tout homme qui ne gagne pas sa vie — le faire venir et lui dire : *Voilà de l'ouvrage ;* — s'il ne veut pas travailler, c'est un homme dangereux qui doit être mis à la disposition du procureur du roi.

Mais, pour cela, il faut avoir des travaux toujours prêts.

Il faut, par exemple, que le gouvernement se charge de l'exécution des grandes lignes de chemins de fer ; il faut qu'il n'y ait pas de ministres et pas de députés qui aient des intérêts occultes dans l'exploitation des compagnies, et dont le vote acheté n'enlève pas la direction de ses travaux au gouvernement.

🐝 Mais qui est-ce qui s'occupe de cela, à la Chambre ou ailleurs ? Qui est-ce qui montera à la tribune pour dire : « Une femme est *morte de faim* à Paris ? »

🐝 Demain, l'opposition, le parti qui s'intitule *ami du peuple,* demandera pour le peuple « des droits politiques. »

🐝 C'est un pays de sauvages que celui où l'on meurt de faim dans une rue.

C'est à la fois un deuil et une infamie publics.

Quand il meurt, à cinq cents lieues d'ici, — un prétendu cousin du roi de France, — on prend le deuil à la cour, — et on annonce : « A cause de la mort du duc***, arrière-cousin du roi, — le bal annoncé pour le..., n'aura pas lieu. »

🐝 Mais, si toutes ces phrases dont se servent les rois, — de *sujets qui sont leurs enfants, d'amour paternel qu'ils leur portent,* — de *cœur déchiré des souffrances du peuple,* ne sont pas une insolente mystification, — ce doit être un sujet d'affliction profonde et de deuil véritable que la nouvelle qu'une femme est morte *de faim,* — dans le quartier du quai aux Fleurs, près du Palais de Justice, — de cette maison où l'on condamnerait aux travaux forcés le malheureux qui aurait volé un pain d'un sou à un boulanger, tandis que le boulanger qui vole un sou sur le poids du pain, et rogne la portion si péniblement gagnée d'un des enfants d'une pauvre famille, en sera quitte pour cinq francs d'amende.

Bêtise féroce.

Mais qui s'occupe du peuple, à la Chambre et ailleurs ?

Les prétendus amis du peuple — l'exploitent plus que les autres encore ; — leurs plaintes niaises, fausses et hypocrites, sur la *misère du peuple,* n'ont pour but et pour résultat que d'exciter ce lion endormi, et de le lancer contre les hommes qui gênent leur ambition et leur avidité. Puis, quand il leur aura rendu ce service, ils profiteront de ce qu'il aura été blessé au profit de leur avarice et de leur vanité pour le remuseler plus fort qu'il n'était.

Le peuple n'est qu'un prétexte et un moyen.

🐝 Ce serait cependant une belle chose que la position d'un homme, d'un député, qui voudrait être réellement l'ami du peuple.

🐝 M. de Cormenin, par exemple, avec tout son esprit qui lui donne tant de lecteurs et tant d'influence, — s'il avait dans le cœur ce qu'il n'a que dans la phrase, — si, au lieu d'exciter tristement l'envie du peuple contre les classes dites supérieures, — il lui montrait son bonheur si facile par le travail e. la modération? — si, au lieu de demander pour le peuple le droit du suffrage qui ne serait qu'un droit de perdre des journées de travail, il demandait pour lui un travail et un salaire assurés.

🕸 Mais qu'ont donné jusqu'ici au peuple ses prétendus amis ?

Ils l'ont enivré de paroles bruyantes ;

Ils l'ont traîné sur les places publiques ;

Ils l'ont mené à la mort, à la prison,

En se tenant eux-mêmes à l'écart, — prêts également à se saisir du butin si le peuple est vainqueur, et, s'il est vaincu, à le renier lâchement.

🕸 Voilà ce qu'ont fait les amis du peuple pour le peuple.

🕸 Adieu, mes chers lecteurs, mon premier numéro sera daté — d'Étretat ou de Tréport.

Mars 1840.

L'attitude du peuple. — J'assemble Gatayes. — *Spartacus*. — Mantes. — Porcs vendus malgré eux. — Yvetot. — Rouen. — Bolbec. — Le Havre. — L'*Aimable Marie*. — Le *Rollon*. — Le *Vésuve*. — L'*Alcide*. — La réforme électorale. — Le pays selon les journaux. — Etretat. — Les harengs et l'Empereur. — Deux abricotiers en fleurs. — Un bal à la cour. — Histoire d'un maire de la banlieue et de son épouse. — La dotation du duc de Nemours. — La couronne et la casquette du peuple. — Les avaleurs de portefeuilles. — M. Thiers. — M. Roger. — M. Berger. — M. de la Redorte. — M. Taschereau. — M. Chambolle. — M. Teste. — M. Passy (Hippolyte-Philibert). — Où trouver trente-voix ? — Les 221. — M. de Rémusat. — Madame Thiers. — Madame Dosne. — M. Duchâtel. — Mademoiselle Rachel. — M. de Cormenin. — MM. Arago, Dupont (de l'Eure) et Laffitte. — La crise ministérielle. — M. Molé. — M. Guizot. —

La curée. — L'Académie. — M. Hugo. — Ne pas confondre M. Flourens avec Fontenelle, d'Alembert, Condorcet, Cuvier, etc. — M. C. Delavigne. — L'avocat Dupin. — M. Scribe. — M. Viennet. — M. Royer-Collard. — Mariage de la reine d'Angleterre. — L'ami de M. Walewski. — Le duc de Nemours. — Le prince de Joinville. — Le duc d'Aumale. — Mademoiselle Albertine et mademoiselle Fifille. — Accès de M. le préfet de police. — L'amiral Duperré. — Les armes de M. Guizot. — La croix d'honneur. — Mystification de quelques lions. — Le sabre de M. Listz. — M. Alexandre Dumas et Mademoiselle Ida Ferrier. — M. de Chateaubriand. — M. Nodier. — M. de Balzac. — Spirituelle fluxion du maréchal Soult. — Derniers souvenirs. — Un assaut chez lord Seymour. — De M. Kalkbrenner et d'une marchande de poisson. — M. de Rothschild. — M. Paul Foucher. — Un seigneur rustre. — Sort des grands prix de Rome. — M. Debelleyme. — Abus des grands-pères. — Les hommes et les femmes dévoilés. — Les femmes immortelles. — Recette pour les tuer. — La torture n'est pas abolie. — *At home.* — Un mauvais métier. — M. Jules de Castellane. — Un nouveau jeu de paume. — Moyen adroit de glisser vingt vers. — Réponses diverses.

Étretat.

Un matin des premiers jours de février, comme je lisais un journal — j'y vis ces mots, qui me frappèrent singulièrement, à propos de la réforme électorale : « *Si le gouvernement veut s'instruire, il n'a qu'à regarder l'*ATTITUDE DU PEUPLE *dans toute la France.* »

Mon Dieu ! me dis-je à moi-même, que ces messieurs des journaux sont donc savants et miraculeusement informés ! — Ils n'ignorent rien, rien ne leur échappe. Le monsieur qui a écrit ces lignes était hier soir à l'Opéra, eh bien ! il sait tout ce qui se passe en France jusque dans les bourgades les plus cachées. Il paraît que l'attitude du peuple est fort menaçante, il paraît que le peuple français est semblable au peuple que représentaient hier soir les figurants de l'Opéra — tous rangés sur une seule ligne — faisant les mêmes gestes — et chantant ou criant à la fois le même mot « marchons » ou tout autre, à peu près en mesure.

J'assemblai Léon Gatayes — mon conseil intime, et je lui

proposai de nous en aller un peu voir ensemble l'*attitude du peuple* dans les départements.

Aussi bien j'avais eu l'imprudence d'annoncer à quelques amis que je méditais un petit voyage — et je n'ai jamais vu d'engagement aussi solennel, à l'exécution duquel on tienne aussi rigoureusement que la promesse imprudente d'un petit voyage.

— Je devais une absence à mes amis — partout où l'on me rencontrait, on me disait avec un air fâché : « *Ah! vous êtes encore ici; — vous ne partez donc pas?* » Je voyais bien que j'encombrais Paris.

Aussi, le lendemain du conseil extraordinaire tenu avec Gatayes — nous nous mîmes en route pour la Normandie.

Comme nous passions les barrières, nous vîmes le peuple qui amenait aux marchés des charrettes chargées de légumes ; — ce n'était pas là ce que nous cherchions ; — nous nous représentions bien, d'ailleurs, d'après le journal, quelle devait être à peu près l'attitude du peuple.

Tout le peuple à la fois, dans toute la France, devait se tenir debout — la jambe droite un peu en avant, les bras croisés — la tête légèrement inclinée — en un mot, tout à fait semblable au *Spartacus* de marbre des Tuileries.

A Mantes, une partie du peuple vendait à l'autre partie d'horribles cochons blancs qui criaient à fendre les pierres. — Pour la réforme électorale, il n'en paraissait pas être question.

A Yvetot, il y avait des canards dans une mare et on les regardait nager.

A Rouen, on vendait, on achetait, on transportait des balles de coton; le peuple remplaçait économiquement l'amadou pour allumer sa pipe par des pincées de coton arrachées en passant aux balles laissées sur les quais.

A Bolbec, il y avait sur la place, autour d'une fontaine surmontée d'une très-jolie statue en marbre blanc, — un rassemblement assez nombreux de femmes et d'hommes ; — pour le coup, cela avait bien l'air d'une attitude ; — nous nous mêlâmes aux groupes : — on y parlait d'un voleur qui, la nuit précédente, s'était introduit dans l'église de briques de la commune et avait vidé le tronc des pauvres, où du reste il n'y avait que quatre sous. — Gatayes plaignit fort le voleur, qui était évidemment volé.

Nous arrivâmes au Havre : — la tour et les jetées étaient couvertes de monde, — on parlait beaucoup, — on était très-animé ; — voici ce qu'on disait :

— Ce ne peut être que l'*Aimable-Marie*.

— Non, l'*Aimable-Marie* est chargée d'*arcajou* — et l'*arcajou* aurait fait enfoncer le bâtiment.

— L'*arcajou* n'enfonce pas.

— L'*arcajou* enfonce.

— Les pêcheurs ont rapporté un cadavre.

— On dit qu'il n'était pas mort.

— Il respirait encore, mais il n'a pu rien dire.

— Voilà une mauvaise année pour les assureurs.

— Je vous dis que c'est l'*Aimable-Marie* — capitaine Thomas.

— Venant d'où ?

— De Santo-Domingo.

— S'il ne vient pas un peu de vent d'est, le port va être encombré.

— Voilà l'*Alcide* qui remorque un navire pour la sortie.

— Oh ! c'est un Américain ; — il n'y a qu'eux pour sortir par ce temps-là.

La mer en effet était forte et houleuse ; — les grandes mauves grises se jouaient en criant dans le vent et dans l'écume. Le matin, des pêcheurs de *Courseulles* étaient venus annoncer qu'ils avaient rencontré un trois-mâts sur le flanc, à quelques lieues du Havre, en rade de Trouville, et ils avaient rapporté un cadavre.

Trois bateaux à vapeur, le *Vésuve*, le *Rollon* et l'*Alcide*, sortirent du port se suivant et se dépassant comme des chevaux de course; — chacun veut arriver le premier et avoir la meilleure part au sauvetage.

Nous passâmes la moitié de la nuit sur la jetée, à attendre le retour des remorqueurs, — enveloppés dans nos manteaux, avec nos amis Édouard Corbière et Félix Serville — fumant les cigares de Manille de Corbière — et songeant au sort de ces pauvres marins. Cinq mois auparavant, ils étaient partis du Havre, et revenaient mourir en vue du port — et de quelle mort !

La mort du noyé n'est plus cette mort à laquelle on s'essaye toute la vie par le sommeil de chaque jour ; — ce n'est plus cette mort qui consiste à s'endormir une fois de plus sur l'oreiller où l'on s'endormait chaque soir depuis cinquante ans. — C'est une mort mêlée de lutte, de désespoir, de blasphème. — On n'y est pas préparé par l'affaiblissement successif des organes. — On n'arrive pas à n'être plus par d'imperceptibles transitions ; — ce n'est pas un dernier fil qui se brise ; ce sont tous les liens qui se rompent à la fois ; — on meurt au milieu de la force, de la santé, de l'espoir, de la vie — sans amis, sans prêtres, — et dans ces immenses solitudes de l'Océan, poussant des cris de douleur et de désespoir que le fracas des vents et de la tempête et les cris de joie des mouettes et des goëlands — semblent empêcher de monter jusqu'à Dieu.

Bientôt nous vîmes à l'horizon les feux des trois remorqueurs ; le *Rollon* rentra le premier ; il rapportait encore un cadavre. — Le *Vésuve* rentra ensuite — et l'*Alcide* traîna l'*Aimable-Marie* sur la plage de la Hève.

Le lendemain seulement, je pensai à m'informer de la *réforme électorale;* on me dit que, quelque temps auparavant, — il y avait eu de grandes hésitations entre deux projets pour la construction d'un nouveau bassin ; — les auteurs du premier projet s'étaient mis à recueillir des signatures et en avaient obtenu un nombre considérable ; — le second projet se mit en campagne de son côté, et revint avec un nombre égal d'acquiescements ; — le nombre des signatures obtenues par les deux projets dépassait beaucoup celui des citoyens du Havre : — on allait s'étonner quand on s'aperçut que tous deux avaient les mêmes signatures.

On pensait qu'il en serait de même pour la réforme électorale.

Le lendemain nous partîmes du Havre pour voir ailleurs l'attitude du peuple ; à *Criquetot*, — où nous passâmes le soir, — le peuple dansait autour d'un grand feu, — aucune des silhouettes noires ne ressemblait au *Spartacus*.

A *Étretat*, — où j'ai été pêcheur, — on nous reçut comme d'anciens amis. « Ah ! voilà M. Léon !... et M. Alphonse aussi ; — nous parlions de vous hier avec Valin le garde-pêche ; — nous ne pensions pas vous voir en cette saison, quoique vous n'ayez peur ni du surouë ni de la mer. — Monsieur Alphonse, — où est donc Freyschütz, votre beau terre-neuvien ? » — Et nous reconnûmes tout le monde ; — à ce voyage du moins nous n'apprîmes la mort d'aucun de nos amis. — Voilà Césaire, et Onésime, et Palfret, et Martin Valin, et Martin Glam. — Bérénice n'est donc pas mariée ?

Mais nous trouvâmes nos pêcheurs bien pauvres ; — la pêche a été bien mauvaise cette année ; — tous les ans elle devient moins favorable ; — le hareng quitte les côtes de France ; — les pêcheurs disent que c'est depuis la déchéance de l'empereur.

Ce propos, qui m'a paru absurde au premier moment, comme il vous le paraît à vous-même, mon lecteur, est cependant fondé en raison.

Sous l'Empire, il y avait peu de pêcheurs ; les marins étaient occupés sur les vaisseaux de l'Etat et sur les corsaires ; — de plus, les pêcheurs étrangers n'osaient pas venir sur nos côtes.

Aujourd'hui elles sont sillonnées en tous sens par des bateaux à vapeur, et couvertes d'innombrables barques de pêcheurs, ce qui à la fois écarte le poisson, et divise à l'infini le produit de la pêche ; c'est une industrie qui ne tardera pas à disparaître ; — toute cette population des côtes est ruinée et dévouée à la misère ; — tous ces gens-là sont représentés à la Chambre par un député, — mais ce député a bien d'autres choses à faire que de s'occuper de ces détails ; — il faut soutenir ou renverser tel ou tel ministre, et ni ministre ni député ne s'occupe de trouver pour des populations entières une industrie pour remplacer celle qui s'en va. L'attitude du peuple était triste à *Etretat ;* de nombreuses familles demandaient de l'ouvrage ; — les pêcheurs, en jetant un regard de regret sur la mer, s'en allaient, les uns travailler à ferrer la route, les autres s'embarquer pour des voyages de longs cours, laissant leurs femmes et leurs enfants, qu'ils ne reverront peut-être plus. — Personne ne demandait des droits politiques — ni le suffrage universel.

Le suffrage universel, en effet, et l'exercice des droits politiques paraissent une chose ravissante à cette partie de la nation qui vit dans les cafés, fume, boit de la bière, joue au billard, — et aime à attribuer aux fautes du pouvoir la misère qu'elle se fait par la fainéantise et les débauches sans plaisirs.

C'est là ce que les journaux appellent le peuple, — la nation, — le pays, — et voilà les intérêts qu'ils représentent.

Mais les bons ouvriers, — mais les cultivateurs, — mais les pêcheurs qui m'entourent, — quand c'est l'époque de semer le blé, ou de couper les foins, quand le vent souffle de l'est, et annonce qu'il faut aller pêcher les maquereaux, croyez-vous qu'ils abandonneront ces soins pour voter et exercer des droits politiques ? — et, si vous arrivez à pervertir leur jugement au point de les faire agir ainsi, — croyez-vous que la récolte et la pêche en soient beaucoup meilleures ?

J'étais assez attristé, et Gatayes me dit : « Pour un homme qui n'a d'autre état que de vendre de l'esprit, je ne te cacherai pas que je te trouve assez bête aujourd'hui. — Mais c'est dimanche, et peut-être es-tu comme les marchands anglais, qui ferment scrupuleusement boutique le jour du Seigneur. »

Nous retournâmes au Havre et nous passâmes à Honfleur sur le *Français,* par une mer assez dure ; — le peuple avait sur le paquebot une attitude qui se rapprochait encore assez peu de celle du *Spartacus* des Tuileries ; — le peuple avait le mal de mer — et mordait frénétiquement dans des citrons ; — un monsieur, — le vent aidant, — offrit à *Neptune en courroux* son chapeau et sa perruque.

La Normandie, du reste, était déjà bien belle : — pendant notre voyage il y avait eu un petit printemps de quelques jours. Quelques primevères jaunes fleurissaient dans l'herbe, — les troënes, dans les haies, avaient gardé leur feuillage étroit et leurs grappes de baies noires, — les genévriers avaient aussi conservé leurs branches épineuses d'un vert glauque, — les toits des chaumières, couverts de mousse, semblaient revêtus du plus magnifique velours vert, et sur leur crête s'élevaient des iris au feuillage allongé comme des fers de lance, — et des fougères découpées comme de riches guipures. Les sommités des peupliers prenaient une teinte jaune, et celles des tilleuls s'empourpraient de la séve qui allait bientôt jaillir en bourgeons et en feuillage.

Sur les côtes, les ajoncs couvraient les falaises de leurs fleurs jaunes comme d'un drap d'or.

Et sur tout le soleil — qui faisait tout riant, vermeil, heureux, — le soleil, qui donne à tout la couleur du bonheur et de la vie ; — le soleil, ce doux regard d'amour que Dieu laisse tomber sur la terre.

Et, comme nous revenions par *Vernon,* le peuple regardait deux grands abricotiers déjà couverts de fleurs, — et, en pensant au froid qui allait revenir, — il disait : « Pauvres fleurs ! »

Nous nous arrêtâmes un moment, — et nous dîmes plus tristement encore que les autres : « Pauvres fleurs ! »

Dix jours après notre départ, nous rentrions à Paris, — et je disais à Léon Gatayes : « Est-ce que par hasard ces messieurs des journaux ne seraient pas aussi savants et aussi miraculeusement bien informés que je le croyais en partant? »

Il se passait beaucoup de choses à Paris.

Paris.

UN BAL A LA COUR. — Entre les choses qui se passaient à Paris lors de notre retour, il y avait un bal à la cour.

Quel bal et quelle cour!

Jamais un bal masqué de théâtre de troisième ordre n'offrit plus horrible cohue; — on se poussait, on se heurtait, on se bousculait, — surtout du côté des buffets, que l'on mettait au pillage. — Les salons étaient jonchés de rubans, d'épaulettes, de gants; — quelques *bottes* avaient marché sur quelques souliers de satin, que les pieds n'avaient pu retrouver. — Les femmes étaient fripées et chiffonnées, — marbrées et zébrées de coups de coude.

HISTOIRE D'UN MAIRE DE LA BANLIEUE ET DE SON ÉPOUSE. — Au dernier bal des Tuileries, le maire d'une petite commune de la banlieue, ayant reçu une invitation, — arriva à huit heures en carriole d'osier avec son épouse, parée de tous ses bijoux et de toutes les couleurs du prisme. Arrivé au guichet du quai, on l'arrête et on refuse de laisser entrer sa carriole; — mais il y a si peu de chemin à faire; — la cour est si bien sablée; — nous irons bien à pied jusqu'au péristyle. « Eh bien! Jean, tiens-toi en dehors et couvre Cocotte. » — On arrive au péristyle. Là, on demande à M. le maire ses billets d'invitation. — Il présente celui qu'il a reçu.

—Mais, monsieur, il n'y en a qu'un; — où est celui de madame?

— Est-ce que mon épouse en a besoin?

— Certainement, monsieur.

— Tiens, moi j'ai cru qu'en m'engageant on avait aussi prié mon épouse. — Nous allons toujours partout ensemble ; — nous ne faisons qu'un.

— Il m'est impossible de laisser entrer madame, qui n'est pas invitée, puisqu'on ne lui a pas envoyé de billet.

— Diable ! c'est bien désagréable d'avoir fait tant de frais pour rien. — Comment faire ?

— Comment faire ?

— Écoute, ma bonne, pour que tout ne soit pas perdu, je vais te laisser un moment chez M. le concierge, et je ferai seulement le tour du bal pour jouir du coup d'œil, — et puis aussi parce que le roi serait peut-être fâché de ne pas me voir. — Monsieur le concierge, je vous confie mon épouse, — que je vais venir reprendre.

— Ne sois pas longtemps, mon ami.

— Je t'ai déjà dit, ma bonne, que je ne veux que faire le tour du bal.

Madame la mairesse s'assied chez le concierge, — et son mari monte. Il entre dans la galerie, où se trouve une foule immense. — Il se glisse de côté, il pousse, — non sans exciter des murmures et provoquer des apostrophes, — pour arriver à la salle des maréchaux, où se tiennent la reine et les princesses. — Il y parvient à grand'peine ; mais là il n'y a pas moyen de bouger ; — on y respire tout au plus ; — l'espace nécessaire à une personne est occupé par cinq ou six. — On valse, il faut attendre la fin de la valse. — Après la valse, il se remet en route, — poussant et bousculant de plus belle, — emporté par un flot de la foule et rapporté par un autre flot, — perdant en un instant le travail qu'il a employé à *tourner* un gros invité. A une heure, il arrive de l'autre côté de la salle pour voir la famille royale ; — mais Leurs Majestés passaient dans la salle du souper ; — il les suit, moitié de gré, moitié de force ; — il voit la famille royale à table. — Il pense alors à son épouse, et veut s'en aller. — Quelle scène elle va lui faire, et quelle humeur pendant toute la semaine! — Impossible de traverser et de sortir; — les femmes y sont, il faut attendre le tour des hommes. — Il est trois heures, il faut bien prendre quelque chose. — Nouvelle lutte, nouveau combat, nouvelle victoire du magistrat municipal; il mange quelques truffes et boit un verre de vin de Champagne. — Enfin, ce n'est qu'à quatre heures passées qu'il va chercher son épouse, qui dormait chez le concierge.

Le couple retraverse la cour, — et remonte dans sa carriole d'osier.

LA DOTATION. — Il s'agissait d'obtenir pour M. le duc de Nemours une dotation de cinq cent mille francs, et le ministre s'était chargé du succès...

Au moment où j'écris ces lignes, un de mes amis entre chez moi et me dit :

— Je suis fort inquiet de savoir ce que vous direz de la dotation.

— Parbleu, j'en dirai ce que je pense.

— Êtes-vous pour, — êtes-vous contre la dotation?

— Je suis pour la dignité, pour le bon sens, pour la logique.

Il n'y avait rien de si constitutionnel, et en même temps de si humble, que de demander cette dotation.

Il n'y avait rien de si constitutionnel, et en même temps de si mesquin et de si peu conséquent, que de la refuser.

Tout le monde a agi dans son droit; — personne n'a agi avec dignité et avec noblesse.

Si j'étais roi de France, — j'aimerais mieux vendre les diamants de ma femme et de mes filles — et donner hypothèque sur mon château de Neuilly — que de m'humilier ainsi jusqu'à demander de l'argent aux avocats de la Chambre et de faire de mes fils des hommes à gages du peuple.

Si j'étais membre de la Chambre des députés, et du parti populaire, — je serais monté à la tribune et 'aurais dit : Jamais la royauté n'a plus humblement reconnu la souveraineté ou peuple que dans la démarche qu'elle fait aujourd'hui. Le peuple, appelé à exercer sa générosité princière, ne doit pas laisser échapper cette occasion de se montrer roi — par le plus bel attribut de la couronne, — par la libéralité.

« Cette demande que fait aujourd'hui la royauté est la dernière de ses abdications, à elle qui en a tant fait, et nous devons l'accepter avec empressement. » — Mais, de part et d'autre, on a agi autrement.

🐝 La couronne a mérité l'humiliation du refus par l'humilité de la demande.

Le peuple, fidèle à sa logique ordinaire d'exiger à la fois la plus grande magnificence et la plus stricte économie, — a profité de la première occasion de se montrer roi — pour redevenir un bourgeois chipotier et liardeur.

Le peuple, qui avait tant demandé la royauté, — au moment de mettre la couronne sur sa tête, — a avisé que, puisque la royauté consentait de si bonne grâce à échanger cette couronne — contre sa casquette de loutre, à lui, — il fallait que cette casquette fût plus chaude aux oreilles, et cette couronne plus ornée d'épines qu'il ne l'avait supposé.

Il a repris sa casquette et laissé tomber la couronne qu'il tenait déjà à la main, — et que la royauté a reprise, malgré elle, — un peu plus bossuée et fêlée encore qu'elle ne l'était.

🐝 REMARQUABLE HABILETÉ DU MINISTÈRE. — Nous avions en ce temps-là des ministres fort habiles, et voici la part qu'ils prirent à l'action. A propos de la dotation, les bureaux de la Chambre avaient nommé une commission extrêmement favorable au projet du gouvernement : — six membres sur neuf appuyaient le projet ; — les ministres s'endormirent sur les deux oreilles et attendirent l'événement.

Le jour de la discussion publique approchait : — le parti radical, malgré tout le tintamarre qu'il avait fait et tout le mouvement qu'il s'était donné, n'avait réussi à rassembler que les cent soixante et dix voix républicaines, démocratiques, légitimistes, etc., que l'on compte à la Chambre. On rallia alors à grand'peine le parti toujours si nombreux des mécontents, — tous les gens qui tiennent au notariat, menacé par M. Teste, tous les gens qui ont des rentes cinq pour cent, menacées par M. Passy, — tous les gens intéressés dans le sucre indigène, ruiné par le ministère du 13 mai, — tous les gens intéressés dans la canne à sucre, qui doit donner à la betterave une indemnité de quarante millions. Cette autre dotation à la betterave amènera aussi des embarras que le 13 mai ne doit pas être fâché de léguer à ses héritiers, — et encore quelques partisans du ministère précédent, un peu amis de tous les ministères, et qui se seraient volontiers ralliés au 13 mai si celui-ci n'avait pas eu la maladresse de ne pas les avouer.

Ce ramas hétérogène ne faisait pas encore une majorité : — il manquait trente voix ; où trouver trente voix ?

Les joueurs de gobelets et de portefeuilles, les saltimbanques politiques, voyant la situation, ont pensé que c'était le moment de jouer contre le ministère du 13 mai, toujours assuré de son succès et ne voyant rien de ce qui se passait, — absolument le jeu qui avait été joué par le même ministère *Soult* contre le ministère *Molé*, renversé par lui.

M. *Thiers* alors, — l'aspirant perpétuel, envoya ses aides de camp, — MM. *Roger, Berger* et *de la Redorte*, — vers la *gauche*, pour lui faire savoir que, si elle voulait être sobre d'éloquence, ou plutôt se taire tout à fait dans la discussion générale, — en échange de son précieux silence — on lui apporterait le nombre de voix dynastiques nécessaires pour compléter son triomphe. MM. *Taschereau* et *Chambolle* acceptèrent pour la gauche et se rendirent garants de la parfaite exécution de la manœuvre. — Pendant ce temps, le ministère continuait à se frotter les mains sans gants de M. *Passy (Hippolyte-Philibert).*

L'affaire arrangée avec la gauche, M. *Thiers* chargea ses officiers d'ordonnance d'une nouvelle mission. — Ils allèrent trouver les 221, et leur dirent : « Prêtez-nous trente voix, et avec ces trente voix nous renverserons le ministère qui a renversé le ministère Molé, et qui vous demande présomptueusement et insolemment vos votes sans vous avouer. Les conditions faites, l'affaire bien arrangée, les ministres sont arrivés à la séance avec une confiance toujours croissante.

Personne n'a pris la parole dans la discussion générale sur l'ensemble du projet, — et on a été au scrutin pour savoir si on passerait à la discussion des articles ; — plus heureux que jamais, les ministres ont cru que c'était dans leur intérêt que la discussion se trouvait ainsi étouffée, — et un membre innocent du cabinet a écrit au roi pendant le scrutin pour lui dire que de l'avis de M. de Rémusat, chargé de la manœuvre ministérielle, on pouvait promettre à Sa Majesté un vote favorable, avec une majorité de quarante voix.

Comme beaucoup de membres de cette nouvelle coalition auraient été fort embarrassés de justifier leur alliance avec le parti démocratique, — vingt membres des plus compromis se sont dévoués pour demander le scrutin secret, aux termes de la loi.

Pendant que les secrétaires faisaient le dépouillement du scrutin secret, les députés se pressaient, se poussaient vers leurs bureaux pour en connaître le résultat avant la proclamation qui allait en être faite. — Ce résultat — déclarait, à une majorité de deux cent vingt-six voix contre deux cents, que l'on ne passerait pas à la discussion des articles, et que par conséquent le projet du ministère serait considéré comme non avenu.

On vit alors M. Thiers jeter un regard de triomphe sur une loge où étaient madame Thiers, madame Dosne et l'ambassadeur d'Espagne. M. Taschereau se tourna vers l'antre des journalistes.

M. Duchâtel avait envoyé un billet de premières loges à mademoiselle Rachel, pour qu'elle pût étudier la diction parlementaire ; — elle n'a assisté qu'à des scrutins.

Ainsi finit cet imbroglio, véritable journée des dupes, — car la victoire que le parti radical croit avoir remportée — ne sera profitable qu'aux *appoints* qu'on lui a donnés.

Aussi le même parti radical, qui avait songé dans son premier enivrement, à faire illuminer, par les marchands du petit commerce parisien, en l'honneur d'un vote qui leur enlève la consommation de quelques millions que le mariage du prince eût jetés dans la circulation, a ensuite décommandé les lampions, et a décidé qu'on se contenterait d'une souscription pour offrir une médaille à M. de Cormenin.

SUR LA MÉDAILLE DE M. DE CORMENIN. — Cet honneur que l'on va rendre au spirituel pamphlétaire ne peut manquer d'être médiocrement agréable à *MM. Arago, Dupont (de l'Eure), Laffitte*, etc., momentanément éclipsés et relégués parmi les *nébuleuses*, pour se voir remplacés sur les autels de la République par M. le vicomte de *Cormenin*.

Cette souscription offre au parti l'occasion de compter son monde et de faire un nouveau recensement de ses forces.

C'est du reste, pour M. de Cormenin, une excellente spéculation que de se faire ainsi l'avocat d'office de l'économie et du désintéressement, — On comprend son silence à la tribune, — *Verba volant*. — Les paroles *le* voleraient — de tout ce que ses écrits lui rapportent.

A peine un homme aujourd'hui a-t-il paru à la surface, qu'on s'empresse de faire son buste, sa statuette, sa biographie, — toutes choses autrefois à l'usage exclusif des morts ; — on l'immortalise d'avance et en effigie, — ou plutôt de ce moment on le considère comme mort et enterré ; ses fossoyeurs prennent sa place, jusqu'à ce qu'ils soient à leur tour enterrés sous les couronnes.

La France aujourd'hui produit trop de grands hommes pour sa consommation, — elle craint d'être consommée par eux; — car on sait qu'en français — *immortel* est un des synonymes de *mort*.

🐝 Ce serait là une heureuse transition pour arriver à l'Académie, dont j'ai quelques petites choses à dire, — si je n'avais encore à parler du ministère qui s'en va et du ministère qui vient.

🐝 UNE VÉRITÉ. — Il faudrait enfin voir que dans toutes ces luttes, dans ces guet-apens, dans ces combats, il n'y a qu'ambition et avidité ; que l'intérêt du peuple, le bien de la France, la liberté, le patriotisme, etc., etc., ne sont que des armes avec lesquelles on s'assomme de part et d'autre ; — armes que le vainqueur a bien soin de jeter après la victoire, pour n'en avoir pas les mains embarrassées à l'heure du butin.

On comprendra alors que chaque chef de parti a la curée vendue d'avance à sa meute ; — qu'il n'y a pas une partie, quelque petite qu'elle soit, des entrailles de cette pauvre France aux abois et éventrée, qui ne soit marquée et promise à quelqu'un des chiens haletants et affamés qui ont chassé et aboyé pour lui ;

Que si trois chefs de parti arrivaient aux affaires ensemble, — il se trouverait au moment de la curée plus de bouches avides qu'il n'est possible de faire de morceaux.

L'ACADÉMIE. — Qu'allait donc demander M. Victor Hugo à l'Académie? Il reconnaît donc l'Académie? Il admet donc sa prétendue autorité littéraire, et il pense que la réputation d'un écrivain a besoin de sa sanction? Mais alors il fallait être conséquent : quand un orfèvre se propose de présenter ses ouvrages au contrôle de la Monnaie, il a soin de les mettre au titre qu'elle exige. M. Hugo a-t-il pensé à l'Académie en écrivant ses plus beaux livres? Pourquoi demander la voix de gens dont il n'a jamais cherché le suffrage? La révolte de M. Hugo ressemblait-elle donc à l'incorruptibilité de tant d'hommes politiques, qui n'a pour but et pour résultat que de les faire acheter plus cher?

Je comprendrais le besoin d'une sanction imposante pour un écrivain qui pourrait douter de lui-même et de son succès : mais aucune formule de la louange n'a manqué à M. Hugo. — Elle a trouvé moyen d'aller jusqu'à l'exagération, — quoiqu'il faille monter bien haut pour qu'une louange donnée à M. Hugo soit de l'exagération.

Vous voulez des honneurs? Bel honneur pour un poëte que d'être le quarantième d'un corps quelconque, — et surtout d'un corps dont vingt membres au moins n'ont aucune valeur ni aucune autorité.

Vous ressemblez à un de ces corsaires si redoutés des Anglais dans nos anciennes guerres maritimes, — qui aurait demandé un jour à être nommé lieutenant de vaisseau dans la marine royale, — pour son avancement.

Vous voulez des honneurs? — Vos honneurs, ô poëte! c'est de faire battre de jeunes et nobles cœurs au bruit de vos beaux vers; — c'est de faire répandre de douces larmes à cette femme si belle sous les lilas en fleurs, et lui traduire ces pensées confuses qui s'épanouissent dans son âme au milieu du silence et aux premiers rayons du printemps; — c'est de verser un baume salutaire sur les blessures du cœur; c'est de dire au pauvre tout ce que la nature lui a réservé de richesses gratuites.

Monsieur Hugo! — monsieur Hugo! — est-ce que votre royaume serait de ce monde?

Mon Dieu! — est-ce qu'il n'y a pas de poëtes?

Est-ce que tous ceux-là sont des menteurs qui disent en vers et en prose qu'ils aiment mieux les violettes que les améthystes, — les gouttes de rosée que les diamants, — le bandeau de cheveux bruns d'une jeune fille que le diadème des rois?

Est-ce qu'ils sont des menteurs ceux qui disent en si beaux vers qu'ils préfèrent la voûte étoilée du ciel aux plus riches lambris, — qu'ils ne reconnaissent de véritable grandeur que dans les merveilles de la nature, — qu'ils n'admirent aucune pompe royale à l'égal du soleil d'automne qui se couche dans son lit somptueux de nuages rouges et violets?

Est-ce qu'ils n'existent pas, ces hommes que j'ai tant aimés sans les connaître, — ces rois de l'intelligence qui trouvent dans leurs cœurs et dans leur génie des trésors qui les rendent si supérieurs aux rois de la terre? — est-ce que toutes ces belles pensées sont des mots et des phrases qu'ils vendent le plus cher possible, pour acheter, avec le prix qu'ils en retirent, tout ce qu'ils font semblant de mépriser?

🐝 L'Académie a repoussé M. Victor Hugo, — pour accueillir dans son sein M. Flourens, médecin, et secrétaire de l'Académie des sciences.

M. Flourens n'est connu dans les lettres que par la nomination de l'Académie.

Les académiciens se défendent contre les reproches qu'on leur adresse, et citent des précédents qui constatent que le secrétaire de l'Académie des siences a très-souvent été admis par l'Académie française.

Oui certes, messieurs, — mais les secrétaires de l'Académie s'appelaient alors, non pas *Flourens*, mais *Fontenelle*; — non pas *Flourens*, mais *d'Alembert*; — non pas *Flourens*, mais *Condorcet*; — non pas *Flourens*, mais *Cuvier*.

Le secrétaire de l'Académie des sciences était, dans ce cas-là, non pas un obscur savant, mais un grand écrivain, — sans en excepter *Mairan*, auteur plein de finesse et d'élégance.

🐝 Et d'ailleurs, messieurs des lettres, c'est de votre part une grande humilité, car je n'aperçois pas que l'Académie des sciences ait l'habitude de prendre des membres parmi vous.

M. *Flourens* était fort protégé par M. *Arago*.

M. *Viennet* a voté pour M. *Hugo*, malgré son antipathie contre le romantisme. — M. *Viennet* a agi en honnête homme et en homme d'esprit: — il aurait voulu, a-t-il dit, que l'Académie fît de temps en temps une élection littéraire, ne fût-ce que pour n'en pas perdre l'habitude.

L'avocat Dupin devait être partisan de la médiocrité ; — il a voté pour M. Flourens.

M. *Delavigne*, l'écrivain chauffé, logé, nourri et indépendant du château, a voté contre M. *Hugo*.

M. *Scribe*, l'auteur d'une médiocre comédie, représentée le même jour au Théâtre-Français, a voté contre M. *Hugo*.

M. *Royer-Collard*, — ne trouvant pas, dans ses idées, M. *Hugo* un assez grand écrivain pour l'Académie, n'a pas cru cependant que M. *Flourens* lui dût être préféré, et il s'est abstenu.

Tous les gens qui n'ont pas écrit, — tous ceux qui ne devraient pas être de l'Académie, — ont voté avec frénésie pour M. *Flourens;* — leur enthousiasme pour ce médecin rappelle la reconnaissance du duc de *Roquelaure* pour ce seigneur sans lequel il eût été l'homme le plus laid de France.

MARIAGE DE LA REINE D'ANGLETERRE. — Quand régnait l'empereur Napoléon, il y avait toujours à la broche, au château, un poulet pour Sa Majesté, afin qu'elle n'attendît pas une minute quand elle demanderait à manger. Dès qu'on retirait un poulet, on en mettait un autre.

Il en est de même pour les princes de Cobourg : — on en tient toujours un à la broche *très-tendre*, tout plumé, tout rôti, tout bardé, tout prêt à épouser les reines d'Angleterre.

S'il y a dans le monde une position étrange, c'est celle du mari de la reine d'Angleterre.

En effet, au renversement des lois divines et humaines, dans une semblable alliance, c'est l'homme qui doit soumission et obéissance à sa femme; la femme, protection à son mari.

L'acte de naturalisation qu'il a obtenu lui donne le titre de citoyen anglais et le fait sujet de sa femme. — Jolie situation que celle d'un mari dont la moindre infidélité peut être considérée comme une *haute trahison*, — et que sa femme a le droit de faire pendre pour *incompatibilité d'humeur!*

Aux termes des lois, jamais le prince Albert ne pourra commander les armées, jamais il ne pourra être conseiller légal de la reine, jamais il ne pourra siéger au parlement.

L'aristocratie anglaise lui a refusé la préséance sur les princes du sang royal.

Ses fils, s'il en a, et il en aura, ou il sera pendu, — marcheront devant lui dans les cérémonies. La chambre des communes a rogné l'allocation qu'on demandait pour lui.

Une femme indignée a dit à quelqu'un qui le défendait :
« Vous avez beau dire, ce n'est jamais qu'un prince *entretenu.* »

Dans les discours qu'on lui a adressés, on ne lui a parlé que des enfants qu'il *doit* faire à la reine. Voici son humble réponse à l'adresse du maire et de la corporation de Douvres :

« Je joins mes prières les plus ferventes aux vôtres, afin que l'événement heureux qui vient de m'unir si étroitement à l'Angleterre soit *suivi des résultats que vous désirez*, — et je mettrai *constamment mes soins* et toute mon *étude* à répondre à vos espérances. »

🐝 L'ami de M. Walewski, qui lui avait conseillé d'*inonder* le deuxième acte de sa comédie de *traits d'esprit*, est allé le trouver et lui a dit : « Mon cher, vous devriez faire à Janin une réponse spirituelle, mordante, une réponse sans réplique — enfin. »

🐝 On est allé voir pendant quelques jours la voiture de M. Guizot. Les armes attirent beaucoup l'attention ; — elles sont de celles qu'on appelle *armes parlantes ;* — elles se composent d'un *aigle*, d'un *oignon* et d'un *serpent ;* — on fait là-dessus bien des commentaires.

Une femme a dit : « *Ce sont des armes pleurantes.* »

L'artiste chargé de les peindre : « *Il y a de l'oignon ; l'aigle est forcé de se faire serpent.* »

※ Voici une plaisanterie de l'avocat Dupin, après le rejet de la dotation du duc de Nemours :

« Eh bien ! le prince ira à Jérusalem épouser une Juive, il trouvera *sa dot à Sion.* »

L'amiral Duperré a dit, en parlant du vote de la Chambre : « Le ministère a reçu dans le ventre un boulet qui est allé se loger dans le bois de la couronne. »

※ La reine a appris le rejet de la dotation du duc de Nemours par le duc d'Aumale, — qui est entré chez elle en disant : « Ma mère, ne vous affligez pas, je suis riche pour deux. »

On parle beaucoup de l'adresse de deux bayadères de treizième ordre qui se sont fait donner quatre-vingt mille francs par la famille de deux jeunes gens de très-bonne maison, pour quitter Paris et l'Opéra, où elles gagnaient huit cents francs par an à montrer le soir un peu plus que leurs jambes, du reste fort médiocres. — Cela fait à peu près cent ans d'appointements. — On cite un mot plein de naïveté d'un des jeunes gens, — auquel son *Almée* disait, pour justifier son obéissance :

— On m'aurait mise en prison.

— En prison ! s'écria le jeune homme ; — *nous* ne sommes plus sous le régime du despotisme et du *bon plaisir;* — *nous* vivons *sous* un gouvernement constitutionnel. — Vive la Charte !

Bon jeune homme !

※ Le préfet de police, dans un accès de moralité, — avait, ces jours derniers, défendu, dans quelques cercles de jeu qu'il autorise, la *bouillotte* et l'*écarté.* Sur les instances de plusieurs députés dont on croyait avoir besoin pour le vote de la dotation, l'ordonnance a été rapportée.

La suppression du jeu et de la loterie n'est pas étrangère à la fièvre qui a ruiné tant de gens, depuis plusieurs années, sous prétexte d'entreprises par actions.

Il faut que les passions aient leur cours et leurs exutoires.

Il serait peu logique de supprimer les égouts en haine des

ruisseaux ; — c'est cependant la même chose. — Quelque inconvénient qu'eût le jeu public, il en avait moins que le jeu clandestin.

Le jeu est un instinct et un besoin chez beaucoup de gens ; chassé de ses asiles, il s'est réfugié dans la politique et dans l'industrie ; — au lieu d'y perdre des fortunes particulières, on y met et on y perd — le crédit, la fortune politique, la confiance et tous les intérêts du pays.

On fait beaucoup de moralité contre les vieux vices usés qu'on laisse pour en prendre d'autres.

L'*opposition* a cru faire un bon tour au gouvernement en limitant le nombre de *croix d'honneur* dont il pourrait disposer chaque année : elle s'est figuré par cet obstacle lui ôter un moyen d'influence, et elle s'est trompée en cela qu'elle a fait précisément le contraire de ce qu'elle voulait et de ce qu'elle croyait faire ; — le ruban rouge allait tous les jours se déconsidérant de telle sorte, grâce à la ridicule profusion avec laquelle on le donnait !... Mais voyons d'abord avec quelle libéralité les divers ministres qui passaient aux affaires se l'offraient entre eux, en qualité de *petit cadeau* pour entretenir l'amitié.

L'amiral Duperré est devenu grand-croix au mois de janvier 1831.

M. le baron Bignon a été nommé grand officier ; M. Charles Dupin, commandeur ; MM. Passy et Pelet (de la Lozère), officiers ; M. Thiers, officier, et puis commandeur ; MM. Sauzet et Teste, chevaliers.

Voici les avancements les plus remarquables par leur rapidité :

M. le duc de Broglie, officier en 1833, commandeur en 1834, grand officier en 1835, grand-croix en 1836.

M. Guizot, commandeur en 1833, grand officier en 1835.

M. Dupin aîné, officier en 1832, commandeur en 1833, grand officier en 1835, grand-croix en 1837.

M. de Montalivet, officier en 1832, commandeur en 1833, grand officier en 1835.

MM. d'Argout, Barthe et Persil ont eu le même avancement.

Au moment de sortir du ministère, dans les premiers jours de mars 1839, M. le lieutenant général baron Bernard a été nommé grand-croix ; MM. Salvandy et Martin (du Nord), grands officiers ; et M. Lacave-Laplagne, commandeur.

Mais la promotion la plus remarquable est incontestablement celle de M. le comte Molé, qui, de simple officier qu'il était, franchissant tous les grades intermédiaires, a été nommé grand-croix au mois d'octobre 1837, pendant qu'il était président du conseil.

Il serait trop long de parler de toutes les croix de la garde nationale, des croix données aux vaudevillistes, — de celles que l'on voit avec tant d'étonnement et si peu de prétexte à la boutonnière de certaines personnes que l'on rencontre, qu'aucune de leurs connaissances, comme d'un accord unanime, n'ose les en féliciter, dans la crainte de leur causer de l'embarras.

Le ruban rouge donc — allait tellement se déconsidérant, qu'entre les mains du gouvernement ce n'aurait bientôt plus été qu'une monnaie de billon avec laquelle on n'aurait pu payer que des objets sans importance et des bagatelles.

Les limites restrictives imposées par la Chambre ne peuvent manquer d'en élever le titre et de lui rendre un peu de valeur.

Quelques demoiselles ont inventé, pour le carnaval de cette année, une plaisanterie qui a beaucoup de succès et cause un scandale qu'il est presque impossible de réprimer. — Un dandy, un lion, est abordé au bal de l'Opéra par un domino — bien ganté, bien chaussé, masqué scrupuleusement, — en un mot, présentant tous les signes de la distinction. — On cause : le domino est spirituel, amusant ; il laisse tomber quelques noms de la haute société ; — le lion est le plus heureux des hommes ; il demande et obtient avec peine une seconde rencontre pour le prochain bal. — Le domino, plus sémillant, plus ravissant encore que la première fois, finit par avouer son nom, mais après les serments, les paroles d'honneur les plus solennels du plus profond secret ; — puis il donne une carte sur laquelle on lit le nom de madame de ***, ou de ***, ou de ***.

Plusieurs femmes, ainsi compromises, se sont crues obligées de rester chez elles et de recevoir le samedi, pour que leur absence du bal de l'Opéra fût bien constatée.

M. Thiers a fait donner à sa femme, par la reine d'Espagne, la croix de Marie-Louise ; — cette croix donne la grandesse et des honneurs particuliers ; la duchesse de Berry seule l'avait en France. — Le ruban est blanc avec un liséré violet, et se porte en bandoulière, — ceci a pour but et pour résultat de faire singulièrement enrager les bourgeoises du commerce de Paris.

On n'a obtenu des 221 les voix d'appoint pour le rejet de la dotation de M. de Nemours — qu'en promettant que M. Thiers s'entendrait avec M. Molé pour la composition d'un cabinet ; M. Thiers l'a promis, et quelques innocents de la banque le croient encore.

TRAVAUX DE LA CHAMBRE DES DÉPUTÉS. — Cette grave question a été posée dans les bureaux de la Chambre : Quel est l'animal extraordinaire que forment trois d'entre nous ? Le bœuf à vingt cornes — (Lebœuf-Havin-Corne).

M. Litz, pianiste, a reçu des Hongrois un sabre d'honneur qu'il a juré de ne tirer que pour la défense de la Hongrie, — et il court en ce moment l'Allemagne, jouant du piano le sabre au côté. — M. Al. Dumas a épousé mademoiselle Ida Ferrier ; — les témoins étaient M. Villemain, — M. de Chateaubriand, — M. Ch. Nodier — et plusieurs comtes dont le nom m'échappe. — M. Victor Hugo prépare un volume de vers, et a présenté une pièce au théâtre de la porte Saint-Martin.

— Le *Vautrin* de M. de Balzac est en pleine répétition au même théâtre.

❦ M. Villemain, après le rejet de la dotation, sans discussion, a dit : « Nous venons d'être étranglés par des muets.
— C'est souvent le sort des ennuques, a répondu un homme d'esprit.

Le maréchal Soult a repris sa fluxion annuelle ; — l'année dernière, elle a duré dix jours, pour lui laisser le temps de voir se débrouiller les choses.

❦ On ne dit plus la famille, mais le haras des *Cobourg*.

❦ M. Dupin a dit au roi : « Sire, voilà bien des ministères que vous me faites commencer sans que j'en finisse jamais aucun. »

❦ M. Kalkbrenner, le célèbre pianiste, donnait, un de ces jours derniers, un grand dîner ; — il crut devoir se transporter lui-même au marché pour se procurer un beau poisson ; — il en vit un comme on n'en voit pas. « Combien le poisson ? — Rien. — Comment, rien ? — Il est vendu un louis. — J'en offre deux. Impossible, c'est pour M. de Rothschild. — Écoutez, ma bonne, quatre louis ! — Non. — Eh bien ! tâchez de m'en trouver un autre avant quatre heures, voici mon adresse. — Quoi ! s'écria la marchande de poisson en lisant la carte, — vous êtes Kalkbrenner ? — emportez mon poisson. — Mais M. de Rothschild ? — M. de Rothschild s'en passera ; un pianiste comme Kalkbrenner est au-dessus d'un banquier comme Rothschild ! » (Authentique, raconté par M. Kalkbrenner lui-même.) — M. Paul F. a fait répandre le bruit dans les maisons où il va d'ordinaire qu'il ne peut reconduire une femme en voiture sans se rendre extrêmement dangereux. — Ses amis prétendent que c'est pour n'avoir personne à reconduire, et faire une notable économie de fiacres pendant son hiver. — Un seigneur étranger, ou plutôt un étrange seigneur, a donné des coups de cravache à une femme du monde avec laquelle il avait eu d'assez longues relations, et qui lui avait fait de grands sacrifices. — Les hommes de la société, depuis ce temps, lorsqu'il entre dans un club ou dans un cercle, se retirent et le laissent seul, — pour lui apprendre à vivre en société, — etc., etc., etc., etc.

Quand un jeune musicien a obtenu, après de longues études, un premier prix qui l'envoie à Rome, — il s'abreuve à longs traits de la joie du succès. — On le reçoit à Rome dans un palais plus beau que celui du pape. — Là, on le garde trois ans dans le luxe et la mollesse; puis on le renvoie à Paris, où il trouve toutes les positions prises par des Italiens, — et où il traîne une existence misérable, donnant des leçons au cachet, ou copiant les manuscrits de ses heureux confrères en *i*.

Tandis qu'à leur retour de Rome également les peintres font des enseignes et les sculpteurs des portes cochères, les graveurs gravent sur de la vaisselle les armes nouveau-nées — de gros financiers, protecteurs éclairés des arts.

Ce n'est pourtant pas pour ceux que la munificence nationale traite avec tant de somptuosité à la *villa Médicis* que M. Debelleyme a fondé le dépôt de mendicité.

On sait cependant qu'une clause du privilége du directeur de l'Opéra-Comique, qui reçoit à ce sujet une grosse subvention, l'oblige de jouer le premier ouvrage de tout pensionnaire de l'Académie qui rentre en France.

Un des bons élèves de Lesueur, premier prix de Rome, vient de donner à Rouen, en désespoir de cause, un opéra (les *Catalans*) qui a obtenu un beau succès. — D'autres, moins tenaces, se découragent. — On en pourrait citer qui se sont, de guerre lasse, jetés dans l'industrie.

Pourquoi ne pas les faire commencer par là? — pourquoi les leurrer par des appâts menteurs, — si on croit devoir donner en France aux *Italiens* l'empire de la musique? (Le Conservatoire est dirigé par un Italien, et trois noms en *i* se font remarquer à l'Institut.)

Les femmes portent plus que jamais des *tableaux* pour broches à leur cou; — il en est d'une grandeur incroyable ; — on choisit pour ces exhibitions des portraits de famille. — Dernièrement, du salon où j'attendais qu'une femme à laquelle je faisais une visite — fût en état de me recevoir, — j'ai entendu une femme de chambre qui disait : « Madame mettra-t-elle son grand-père ou son petit chien? »

Cette manifestation d'ancêtres est embarrassante pour une grande partie de l'aristocratie nouvelle; — dont la génération précédente a oublié de peindre les grands-pères; ou qu'il eût fallu représenter, — qui en cuisinier, — qui en garçon de caisse, — qui en marchand de vin; — qui en bonnetier, etc.

Je trouve singulier, du reste, cet usage de porter sur la poitrine, dans les bals et les fêtes, des portraits de personnages morts. — Cela donne aux femmes un petit air de catafalque médiocrement divertissant.

LES FEMMES. — I. Il y a déjà bien longtemps que les hommes et les femmes vivent ensemble; et ils ne se connaissent point ; — ils n'ont les uns à l'égard des autres que des aperçus très-faux; ou du moins très-vagues et très incertains.

Ainsi, il y a à peu près cinq mille ans que les femmes font accroire aux hommes qu'elles sont faibles et délicates, et que, sous ce prétexte, elles leur imposent tout le travail et toutes les fatigues.

J'ai suivi dans le monde quelques femmes cet hiver, — et je puis affirmer que moi, espèce de rustre, — endurci par tous les exercices violents, — moi qui ai fait de longs voyages à pied, et de rudes traversées sur la mer; — il m'est tout à fait impossible d'accompagner plus de trois jours la plus faible, la plus grêle, la plus délicate, la plus mignonne, la plus vaporeuse des femmes. Deux nuits passées de suite m'attristent et m'abattent à un degré que je ne saurais dire ; à la troisième nuit, j'ai l'air d'une ombre qui cherche un tombeau pour se reposer.

Et si, par une de ces soirées glaciales du mois de janvier, je m'étais avisé d'ôter ma cravate, — quel rhume, bon Dieu! et quel enrouement pendant trois jours! — Mais les femmes, décolletées, les unes trop, les autres davantage, — restent roses et fraîches en subissant des épreuves qui tueraient un portefaix en moins d'une semaine.

Les femmes sont immortelles, — mais à la manière d'Achille; — il n'y a qu'un point par lequel on peut les tuer.

Les femmes ne meurent pas plus de vieillesse que d'autre chose. — D'ailleurs, il n'y a pas de vieilles femmes. — La nature, on ne sait pourquoi, à une certaine époque de leur vie, déguise les femmes en vieilles femmes, — comme la fée enferme la belle princesse dans une hideuse peau d'âne. — Mais au dedans elles sont toujours jeunes; — elles ont les mêmes goûts, les mêmes plaisirs, — le même cœur.

La seule chose qui fatigue et qui tue les femmes, c'est l'ennui. — Jamais une femme n'est morte d'autre chose. — Si une vieille femme meurt, ce n'est pas parce qu'elle est vieille, ce n'est pas parce qu'elle a beaucoup vécu; — c'est parce qu'elle s'ennuie, — et parce qu'on la laisse s'ennuyer. — Donnez à Baucis des plaisirs, des fêtes, des amoureux, des amants, — amusez-la, elle se donnera bien de garde de mourir.

De leur côté, les hommes, pour se venger, ont fait croire aux femmes que la beauté à leurs yeux consistait, non pas à avoir la taille souple, svelte, élégante, — mais à avoir la taille plus mince que les bras, plus mince qu'aucune des femmes de la connaissance de chacune d'elles.

Que la beauté consistait, non à avoir un pied — mince, étroit, dans des proportions convenables à la taille; mais plus petit qu'aucun pied que l'on connaisse; — de telle sorte que lorsque les femmes, en voyant de ces informes souliers chinois, — disent : « Mais c'est horrible! » — elles lancent cet anathème avec moins de conviction que d'envie. — Ainsi trompées, les

femmes, de temps immémorial, — se serrent les pieds et le corps, et se condamnent à d'effroyables et perpétuelles tortures.
— L'une, du temps de la *question*, s'appelait la torture des *brodequins*. Les hommes les plus robustes ne pouvaient la supporter plus de cinq minutes sans défaillir. L'autre ne ressemble qu'au supplice infligé aux gens que l'on *rompait*, et qui causait la mort immédiatement. — On a renoncé à toutes deux, même pour les assassins et les parricides.

Le tout pour se montrer toute leur vie faites de telle façon, — qu'une femme mourrait de chagrin et son amant de dépit, si *le soir* elle se trouvait faite précisément comme elle s'est donné tant de mal pour le paraître tout le jour.

LES FEMMES. — II. Il y avait autrefois un endroit qu'on appelait la *maison*. C'était l'empire de la femme.

Là, les femmes étaient à l'abri de tous les tracas et de tous les ennuis de la vie extérieure ; elles ignoraient les lois du pays ; — car dans la *maison* il n'y avait pas d'autres lois que leur volonté — à elles, reines absolues, reines par l'amour.

Si elles embellissaient la maison, — elles tiraient de la maison un charme indéfinissable ; — tout ce que la *maison*, — cet asile sacré, — renfermait de paix, d'élégance, de tranquillité, d'amour et de bonheur, semblait s'exhaler d'elles — comme un parfum.

Dans la maison, au charme d'être belles elles joignaient celui plus puissant encore d'être belles pour un seul, — de se réserver pour lui, — d'être avares d'elles-mêmes pour lui, — tant elles comprenaient qu'elles étaient un trésor, — et le plus précieux de tous les trésors.

Mais aujourd'hui les femmes ont quitté la maison, — elles ont abdiqué leur noble et bel empire héréditaire, dans de fausses idées de conquêtes et d'agrandissement.

Et elles ont emporté avec elles toute la paix, tout le charme et tout le bonheur de la maison.

Et je leur dis, — comme le génie d'un conte de fée dit à la belle princesse qui s'éloigne :

« Retournez-vous, madame, et voyez derrière vous la maison qui s'écroule et n'est plus que ruines et décombres. »

LES FEMMES. — III. Ce que nous signalons est un plus grand malheur qu'on ne le saurait exprimer, — et je plains à ce sujet les femmes plus que je n'ose les blâmer.

Le métier d'honnête femme est devenu, — grâce à l'aveuglement des hommes, — le plus mauvais de tous les métiers.

Ce n'était pas assez qu'on donnât à une funambule, à une sauteuse, à une acrobate, — pour faire une exhibition publique de gros pieds et de cuisses maigres, — plus d'or vingt fois qu'on n'en donne à la plus belle et à la plus honnête des femmes pour tenir sa maison et élever ses enfants.

Ce n'était pas assez que tout le luxe, — qui est l'air des femmes, fût pour ces créatures;

Que, s'il vient à Paris un châle de l'Orient d'une beauté remarquable, — les marchands savent d'avance qu'une honnête femme n'y peut prétendre;

Que, si un diamant miraculeusement gros est envoyé de Golconde, il est trop beau pour une honnête femme, fût-elle princesse, — fût-elle reine ; — qu'il est destiné au front banal ou au cou public d'une fille de l'Opéra.

Ce n'était pas assez de leur donner des diamants; — on leur a jeté des fleurs.

Ce n'était pas assez : — les poëtes leur adressent leurs vers, — les journalistes écrivent que leur départ est un malheur public ; — on vante une décence, un esprit qu'on imagine pour elles ; — on les recherche, on les fête, on les honore ; — on a même renoncé à les *entretenir*, pour ne pas blesser leur susceptibilité ; — on leur fait la cour, on les séduit, — on les épouse.

(Je ne parle pas de l'exagération de respect de ceux qui se font entretenir par elles.)

On a épuisé pour les louer tout l'écrin poétique ; — il ne reste pas un mot à dire à une honnête femme — qui n'ait déjà servi à trois ou quatre sauteuses.

Aussi les femmes les envient et tâchent de leur ressembler. — Sous prétexte des Polonais, elles ont vendu publiquement dans les bazars établis chez le comte Jules de Castellane ; sous prétexte des pauvres, elles ont chanté publiquement dans les églises.

Cela était bien quelque chose : — elles avaient montré, sinon le talent, du moins l'effronterie des chanteuses ; — mais il leur fallait un théâtre, — un vrai théâtre, — où elles pussent combattre leurs rivales sur leur propre terrain ; — il leur fallait cette rampe magique qui prête tant de charmes — que la plus laide des actrices a plus d'amoureux que la plus belle femme du monde.

Ce but de tous leurs vœux est enfin atteint : — c'est encore chez M. de Castellane que la chose a été décidée. — L'hôtel Castellane est une sorte de jeu de paume à l'usage des femmes.

Sous le prétexte un peu usé des mêmes Polonais, des femmes du monde vont jouer la comédie et chanter l'opéra sur le théâtre de la *Renaissance !* et cela sera public, et on ouvrira les bureaux — et qui voudra entrera.

Tout l'empire romain fut saisi de honte quand l'empereur Néron descendit dans le cirque.

Je sais bien que ce que je dis là va m'attirer des lettres toutes pleines de dédain,—où l'on me dira,—comme on m'a déjà dit, à l'occasion de certains de mes livres :

« *Vous êtes un sauvage, — toutes ces choses dont vous vous blessez sont les choses les plus simples ; — elles vous choquent, parce que vous n'allez pas dans le monde ; tout vous étonne, parce que vous n'avez rien vu, etc., etc.* »

Il faut, pendant que j'y pense, que je réponde à cela et à quelques autres choses.

RÉPONSES. — J'aurais depuis cinquante ans l'avantage d'être dans le monde, — avantage que je partagerais avec un grand nombre d'imbéciles de votre connaissance, madame, que je ne me soumettrais à rien de ce qui m'arriverait douloureusement au cœur ; — et je vous avoue qu'il me serait entièrement impossible d'être amoureux à ces conditions.

Je ne vais pas non plus chez les anthropophages, — et cependant je crois avoir le droit de blâmer leur habitude de manger les voyageurs

> J'aurais été jaloux, dans mes sombres délires,
> De la fleur que tu sens, de l'air que tu respires,
>   Qui s'embaume dans tes cheveux ;
> Du bel azur du ciel que contemplent tes yeux.
>
> J'aurais été jaloux de l'aube matinale ;
> De son premier rayon venant teindre d'opale
>   Tes rideaux transparents.
>
> J'aurais été jaloux de cet oiseau qui chante,
> Que ton œil cherche en vain tout blotti sous sa tente
>   D'épine aux rameaux blancs.
>
> J'aurais été jaloux de cette mousse verte
> Dans un coin reculé de la forêt déserte,
> Gardant, sur son velours, l'empreinte de tes pieds.
>
> J'aurais été jaloux du fruit que mord ta bouche,
> J'aurais été jaloux du tissu qui te touche ;
> Qui te touche et te cache, — ô trésors enviés !
>
> J'aurais été jaloux du baiser que ton père
>   Sur ton front eût osé poser,
> Et de l'eau de ton bain t'embrassant tout entière,
>   Tout entière d'un seul baiser.

Il va sans dire que je n'aurais pas aimé voir jouer la comédie sur le théâtre de la *Renaissance* à celle à qui ces vers sont adressés.

Quelques personnes m'écrivent des injures vagues sans signature ; — on en a allumé mon feu tout cet hiver ; — une lettre de ce genre était signée, — l'adresse était jointe à la signature : — M. Ducros, rue de Louvois, 2. — Je crus devoir une visite à l'auteur. — M. Ducros me dit n'être pas l'auteur de la lettre. — Beaucoup me félicitent et me témoignent une sympathie dont je suis fort reconnaissant et fort encouragé. — Quelques-uns, *au nom de la liberté*, me *défendent* de plaisanter sur *certains sujets ;* — ceux-là voudront bien avoir pour moi l'indulgence que j'ai pour eux, et me permettre d'être amusant comme je leur permets de ne l'être pas. — C'est, du reste, avouer peu adroitement, selon moi, que la guerre qu'ils font contre le despotisme a moins pour but de le renverser que de le conquérir. — Un autre m'a écrit que j'étais *vendu* à l'or du château. — Oh! oh!— cela vient de ce que je parle en termes polis du roi, le seul homme de France qui ne puisse pas demander raison d'une insulte, et de la reine, qui est une femme, absolument comme s'ils étaient de simples particuliers. — Hélas! mon bon monsieur, je ne serai, pour vous être agréable, ni manant, ni grossier, ni mal élevé. — L'or que je reçois du château se résume en ceci : — Le roi a pris aux *Guêpes* un abonnement d'un an, — comme vous, mon bon monsieur ; — c'est douze francs sur lesquels, après que j'ai payé le marchand de papier, — l'imprimeur, — le clicheur,— le brocheur, — les commis, etc., — et après que j'ai donné à mon éditeur la part qui lui revient, il me reste précisément trois francs pour me corrompre pendant un an.

Adieu, messieurs. —

LES GUÊPES.

Avril 1840

Avénement des hommes vertueux au pouvoir. — Le roi. — M. Thiers. — Le *Journal des Débats.* — Le grand *Moniteur* et le petit *Moniteur.* — Le *Constitutionnel.* — Le *Messager.* — Le *Courrier français.* — Sonnez cors et musettes. — Les moutons roses. — Lettre du maréchal Valée. — M. Cubières. — M. Jaubert. — M. Pelet de la Lozère. — M. Roussin. — M. de Rémusat. — M. Vivien. — M. Cousin. — M. Gouin. — M. Molé. — M. Soult. — Remarquable invention de M. Valentin de la Pelouze. — M. Lerminier. — La *Revue de Paris.* — La *Revue des Deux-Mondes.* — M. Buloz. — M. Rossi. — M. Villemain. — Les Bertrand. — Le quart d'heure de Rabelais. — La curée. — Expédients imaginés par la vertu. — M. de Balzac. — *Vautrin.* — M. J. Janin. — M. Harel. — M. Victor Hugo. — Soixante-quatre couteliers. — M. Delessert. — Le ministère et le fromage d'Italie. — M. Garé. — Madame de Girardin. — M. Laurent, portier et directeur du Théâtre-Français. — Deux *cordons* à son arc. — M. de Noailles. — M. Berryer. — M. Barrot. — M. Bugeaud. — M. Boissy-d'Anglas. — M. Lebœuf et madame Lebœuf. — M. F. Girod de l'Ain. — M. Mimaut. — Me Dupin. — M. Demeufve. — M. Estancelin. — M. Chasseloup. — M. Bresson. — M. Armand. — M. Liadières. — M. Bessières. — M. Daguenet. — M. Fould. — M. Garraube. — M. Pedre-Lacaze. — M. Poulle. — M. Lacoste. — M. F. Réal. — M. Bonnemain. — Les sténographes affamés. — M. Desmousseaux de Givré. — M. de Lamartine. — M. Étienne. — M. Véron. — Croisade contre les Français. — Noms des croisés. — M. Thiers, roi de France. — Abdication de S. M. Louis-Philippe. — M. Garnier-Pagès. — Les Français sont décidément trop malins. — Un apologue. — Affaire de Mazagran. — M. Chapuys-Montlaville plus terrible que les Arabes. — Bons mots d'icelui. — Musée du Louvre. — Ce que représentent les portraits. — Qu'est-ce que la couleur ? — M. Delacroix. — Portrait d'un chou. — Portrait d'un nègre. — La garde nationale. — M. Jacques Lefebvre. — La femme à barbe. — Souscription pour la médaille de M. de Cormenin. — Le sacrifice d'Abraham. — Le supplice de la croix. — Profession de foi. — Rapacité des dilettanti. — M. Bouillé. — M. Frédéric Soulié. — A. Dumas. — Madame Dudevant. — M. Gavarni. — M. Henri Monnier. — Abus que fait le libraire Curmer de quelques écrivains. — Protestation. — Les dames bienfaisantes. — Le printemps du 21 mars.

AVÉNEMENT DES HOMMES VERTUEUX AU POUVOIR.

Ultima Cumæi venit jam carminis ætas.

. . . .
. . . Ac toto surget gens aurea mundo.

Pardon si je parle latin. — Mais l'avénement de tous ces

hommes vertueux — me reporte malgré moi à ceux que j'ai admirés en thème, — et d'ailleurs c'est surtout en fait de louanges que

> Le latin dans les mots brave l'honnêteté :
> Mais le lecteur français veut être respecté.

Et je n'oserais dire en français : l'enthousiasme et les transports frénétiques et presque érotiques des plus vieux et des plus indépendants carrés de papier — qui s'intitulent *eux-mêmes*, ainsi que je l'ai déjà signalé, organes de l'opinion publique.

Mais, procédons par ordre dans le récit épique que nous avons à faire.

Nous avons raconté avec quelle naïveté le ministère Soult-Duchâtel, etc., dit du 15 mai, s'était laissé renverser.

Tout le temps qu'il avait duré, les journaux, amis, alliés, associés, et compères de M. Thiers, s'étaient fort attendris sur la *misère du peuple*, — sur notre *humiliation à l'étranger*, — sur la *cherté du pain*, — sur la *pluie*, — sur la *gelée*, — sur tout.

Tout allait mal ; — il fallait tout changer : — administration à l'intérieur, — politique à l'extérieur ; — c'était vraiment un gouvernement et un pays à refaire. On traitait le roi lui-même fort lestement ; — c'est un courage peu dangereux dont les journaux aiment à faire parade, et qui leur donne, vis-à-vis d'une partie de leurs abonnés, **un** certain air matamore et sacripant qui leur sied à ravir.

Le roi Louis-Philippe était appelé ironiquement — *gouvernement personnel* — *pensée immuable* — *couronne* — *trône* — *haute influence* — *quelqu'un* — *haut personnage*. — M. Thiers, de son côté, était un gaillard qui avait dit au roi son fait en plus d'une circonstance, et qui ne *rampait* pas avec les *courtisans*, et chez lequel, dans l'intimité, on appelait le roi papa Doliban.

Pendant tout ce temps, pour les journaux ministériels — les *Débats* — le grand et le petit *Moniteur*, etc., tout allait le mieux du monde ; — la pluie et la gelée arrivaient à propos ; — ceux qui voulaient renverser le ministère étaient des brouillons et des agitateurs ennemis du pays.

Mais, le ministère Soult renversé, lorsque le roi manda M. Thiers, — dès le lendemain les journaux avaient changé de langage, — les imprimeurs avaient retrouvé dans leurs casses les deux lettres proscrites : S. M. — M. Thiers, mandé par le ROI, — s'était rendu AUX ORDRES de Sa Majesté.

Et enfin, le 1er mars 1840, — une ordonnance du roi, insérée au *Moniteur*, apprit à la France qu'elle était gouvernée par un nouveau ministère dont voici la composition :

Présidence du conseil et ministère des affaires étrangères,
M. Thiers.

Ministère de la guerre,
M. Thiers, sous le nom de M. de Cubières.

Ministère des travaux publics,
M. Thiers, sous le nom de M. Jaubert.

Ministère des finances,
M. Thiers, sous le nom de M. Pelet de la Lozère.

Ministère de la marine,
M. Thiers, sous le nom de M. Roussin.

Ministère de l'intérieur,
M. Thiers, sous le nom de M. de Rémusat.

Ministère des cultes et de la justice,
M. Thiers, sous le nom de M. Vivien.

Ministère du commerce,
M. Thiers, sous le pseudonyme ridicule de M. Gouin.

Le *Constitutionnel*, — le *Courrier Français*, — le *Messager*, le *Siècle*, entonnèrent la trompette — et dirent en faveur du nouveau ministère — précisément ce que les journaux amis du 12 mai disaient en sa faveur. — Ceux-ci mirent en avant, contre le ministère Thiers, juste ce que les amis de ce ministère avaient dit contre le ministère Soult, — absolument dans les mêmes termes — et sans y changer une virgule.

Les trompettes chantèrent alors — comme je le faisais au commencement du présent chapitre — la fameuse églogue de Virgile à Pollion : — Les hommes vertueux arrivent aux affaires — le vertueux Barrot et sa vertueuse phalange donnent leur appui au vertueux Thiers.

« Pollion, c'est sous ton consulat que tout ce bonheur nous sera donné : — la terre prodiguera les fruits sans culture ; — il n'y aura plus besoin de teindre la laine — *nec varios discet mentiri lana colores*, — le bélier se fera un véritable plaisir d'être naturellement vêtu d'une toison jaune ou rouge, au gré des personnes, — les agneaux se promèneront dans les prairies tout accommodés aux petits oignons, — et on pourra prendre sur les moutons des côtelettes immortelles et cuites à point, qui se renouvelleront sans cesse comme le foie de Prométhée sous le bec recourbé du vautour. »

Je ne vous cacherai pas que d'abord je pris au pied de la lettre toutes ces belles choses — et que je me dis : — Ma foi, c'est fort à propos qu'il en soit ainsi, — car, réellement, les essais du gouvernement constitutionnel n'ont pas été heureux jusqu'ici ; — il est temps que la nation se repose des tiraillements auxquels elle est en proie depuis tant d'années — et ce que ces messieurs lui annoncent de bonheur et de félicité — elle ne l'aura pas volé.

Ce qui surtout causait ma confiance, — c'était, je l'avouerai, l'air tout à fait bonhomme et patriarcal de ces messieurs des journaux ; — ils étaient si sévères pour les ministères précédents, ils avaient fait tant de si longs articles sur les malheurs du pays ; — ils étaient eux-mêmes si désintéresssés, si **vertueux** !

Il est vrai qu'ils n'avaient pas toujours parlé aussi favorablement de M. Thiers. — A rechercher dans leurs colonnes un peu antérieures, — on trouverait, accumulées contre lui-même, toutes les injures adressées depuis et avant lui aux autres ministres, — ce qui parfois me ferait croire — que les injures et les malédictions s'adressent tout simplement aux détenteurs du pouvoir, des places et de l'argent, quels qu'ils soient.

PARENTHÈSE. — A ce sujet — je remarque que les journaux ont fait une chose sage et savante d'agrandir leur format — de se faire imprimer le plus mal possible avec des têtes de clous sur du papier sale, mou, facile à déchirer et un peu infect, — de telle sorte qu'on ne les garde jamais, car ces feuilles de papier, arrivant incessamment et invinciblement tous les matins, ont bien vite encombré les cartons — débordent et vous chasseraient de la maison envahie par eux en moins d'un an, si on n'avait soin de les consacrer à toutes sortes d'usages domestiques.

D'ailleurs, les conservât-on, qui aurait la force, le temps, la patience et le courage de feuilleter et de chercher parmi toutes les choses insignifiantes dont ils se remplissent avec une perfide adresse — la phrase ou le fait dont on a besoin? — L'odeur du papier serré encore humide combiné avec l'odeur de l'encre de l'imprimerie — a quelque chose d'étrangement nauséabond et je dirai même vénéneux, qui à la fois débilite l'estomac et irrite les nerfs; que le bruit et le mouvement du papier que l'on déploie et que l'on feuillette et la difficulté de lire une impression serrée, pâteuse et confuse achèvent d'exaspérer.

Je m'en rapporte à ceux qui, comme moi, ont eu quelquefois l'audace d'entreprendre un semblable travail.

De telle sorte qu'il devient, grâce à cette savante manœuvre, presque impossible de constater les inconséquences, les contradictions et les palinodies des hommes politiques et des journaux eux-mêmes.

Cela serait bien moins commode pour eux, si une bonne loi, — que l'on pourrait substituer aux fameuses, terribles, exaspérantes, impopulaires et impuissantes lois de septembre, — les obligeait à adopter le format des livres, — et à s'imprimer sur beau papier, en caractères neufs et bien lisibles.

🐝 Ces chers journaux donc, comme je vous le disais, avaient chacun en leur temps attribué à M. Thiers, avec force invectives, tous les maux dont aujourd'hui, selon eux, le même M. Thiers peut seul délivrer la France.

Il est réellement fâcheux de voir toutes les vertus dont ledit M. Thiers se trouve si abondamment orné — exposées au souffle impur du pouvoir ; — car je ne lui donne pas trois mois pour qu'une partie de ses plus terribles enthousiastes découvrent en lui tous les vices, tous les défauts, tous les forfaits reconnus chez les ministres précédents, — et à plusieurs reprises chez lui-même.

En effet, voyez un peu dans nos numéros précédents, — car les *Guêpes*, entre autres audaces, ont eu celle de s'exposer au danger évité si soigneusement par toutes les feuilles périodiques : — on peut les relire ; — voyez dans le numéro de décembre les engagements pris par M. Thiers envers les dictateurs de ces divers *organes* de l'opinion publique.

Voyez dans le numéro de mars — ce que nous disons — qu'il a été promis plus de morceaux qu'il n'est possible d'en trouver dans la France, quelque menu qu'on la hache.

Et vous comprendrez tout ce qu'il va y avoir, sous peu de temps, de mécontents, d'incorruptibles, — de leurrés, de vertueux ennemis pour ce même M. Thiers porté si haut aujourd'hui.

UNE LETTRE DU MARÉCHAL VALÉE. — Je crois bon de couper cette sorte de discussion, plus sérieuse que je ne le voudrais, par un intermède assez divertissant dû à une nouvelle saillie du maréchal Valée, qui continue à faire en Afrique tout simplement ce qui lui plaît.

Comme il était question d'envoyer là-bas un général avec un commandement supérieur, — il écrivit au général Schneider :

« ..... Envoyez en Afrique qui vous voudrez, pourvu que ce ne soit pas ce..... de Cubières. »

Or, pendant que le maréchal écrivait sa lettre, — le ministère du 12 mai était renversé, — et la lettre, adressée *à M. le ministre de la guerre*, fut décachetée et lue par M. de Cubières lui-même, — qui eut l'esprit de la montrer à ses amis et d'en rire avec eux.

🐝 Les vertus de M. Thiers jetèrent tout d'abord un si vif éclat, — que personne ne se trouva qui ne se hâtât de répudier ses antécédents, ses convictions avouées et proclamées pour se ranger sous sa bannière. Le *Courrier français* inventa le mot commode de *défection honorable;* les deux Revues, la *Revue de Paris* et la *Revue des Deux-Mondes*, soutenues et choyées par M. Molé, — s'étaient *données* à M. Soult — et se *donnèrent* à M. *Thiers;* — quelques écrivains alors s'en retirèrent.

Mais ils ne tardèrent pas à être remplacés par des gens avides de contribuer à l'œuvre de régénération qui allait s'accomplir.

M. Lerminier, — dont la défection a le malheur d'avoir eu lieu avant que le rigide *Courrier français* imaginât d'accoler à ce synonyme de trahison l'épithète d'honorable, — n'était, comme on sait, qu'une triste et malheureuse invention de M. Villemain; — il se hâta de devenir l'organe de M. Cousin et de se charger de la rédaction politique de la *Revue de Paris.*

Celle de la *Revue des Deux-Mondes* — fut sollicitée et obtenue par M. Rossi, dont nous avons raconté l'histoire avec de convenables et curieux détails, — et qui doit son élévation récente au ministère du 12 mai.

Plusieurs autres journaux, qui croyaient à la durée du ministère Soult — ou à un retour du ministère Molé, — et qui avaient jugé prudent de se déclarer contre M. Thiers, — ont soin aujourd'hui de ne pas se compromettre davantage , — et ne disent pas un mot des affaires. — Ils ont découvert un intérêt inusité dans la guerre que font les Anglais aux Chinois ; — ils remplissent leurs colonnes avec quelques assassinats, — quelques paricides ; les histoires d'araignées mélomanes et de veaux à deux têtes reparaissent. — Quelques écrivains voient avec surprise le compte rendu d'ouvrages déposés à la rédaction depuis un an sans qu'on en ait dit un mot

On attend, l'arme au bras, les avances du nouveau pouvoir,

Qui déjà cependant, — le malheureux qu'il est, va avoir un *quart d'heure de Rabelais* assez difficile à passer avec ses amis — associés et *Bertrands* divers.

Or, il est très-facile de renverser un ministère, — grâce à l'invention récente des coalitions, — par laquelle les partis et les hommes les plus inconciliables et les plus antipathiques se réunissent contre celui qui est aux affaires. — De telle sorte que, de quatre partis à peu près qu'il y a à la Chambre des députés : — les légitimistes, — les républicains, — la gauche — et les conservateurs, — comme il ne peut y en avoir qu'un au pouvoir à la fois, — à peine celui-là, quel qu'il soit, y est-il arrivé, qu'il a immédiatement les trois autres contre lui, — et que ceux mêmes de son parti dont le désintéressement ne se croit pas convenablement payé, — et le désintéressement est fort avide aujourd'hui, — imaginent une nuance pour un nouveau drapeau et se réunissent à ses adversaires.

La chose une fois inventée et son succès constaté, il n'y a aucune raison pour que cela finisse, et on doit penser qu'il en sera toujours ainsi jusqu'à la consommation des siècles.

Aussi, quand on a renversé un ministère, n'a-t-on fait de la besogne que la partie la plus insignifiante. Il faut conserver la place que l'on a conquise ; et je déclare qu'il n'y aura plus dans toute l'existence de la monarchie constitutionnelle un ministère qui aura un an de durée.

※ LE QUART D'HEURE DE RABELAIS. — LA CURÉE. — LA VERTU EMBARRASSÉE. — Le pouvoir forcé, — il fallait donner la curée ; — mais, tout vaincu qu'il était, le pouvoir faisait tête à ses assaillants et ne voulait pas se laisser arracher — les fonds secrets — *jecur et viscera;* — c'était une nouvelle bataille à gagner.

La situation du parti vertueux n'était pas très-facile en outre — à cause de sa composition. — M. Cousin, chef de l'école panthéiste, à la tête de l'Université, n'était pas, aux yeux des rigoristes, une chose d'une grande convenance.

Ces rigoristes s'étonnaient aussi de voir M. Vivien à la tête de l'administration des affaires ecclésiastiques, lui qui a publié un *Code des théâtres* et le *Mercure des salons,* journal des modes.

Quelques associés étaient de leur côté également embarrassants à cause du peu de sérieux de leurs antécédents.

Le *Constitutionnel,* le plus ferme appui de M. Thiers, est dirigé par M. Véron, le plus habile directeur qu'ait eu l'Opéra, — et par M. Etienne, auteur de *Joconde* et autres pièces à ariettes, — membre du Caveau et d'une foule de sociétés chantantes et buvantes.

Le *Courrier français* n'est connu que par la protection qu'il accorde à une danseuse maigre.

M. Barrot s'était élevé avec violence contre les fonds secrets, et, en 1837, il avait dit hautement *qu'ils n'étaient bons qu'à enfanter la corruption.*

On remplirait cent volumes semblables à celui-ci, en petit-texte, des phrases plus ou moins sonores et retentissantes qu'avaient commises depuis dix ans, contre les fonds secrets, les plus fermes appuis du nouveau ministère. — Et il fallait cependant demander et obtenir les fonds secrets — Les molosses vainqueurs s'impatientaient et semblaient prêts déjà à se retourner contre les chasseurs.

※ EXPÉDIENTS IMAGINÉS PAR LA VERTU. — *Premier expé-*

dient. — D'abord — on ne parlera plus de fonds secrets — la vertu n'a pas besoin de moyens aussi ténébreux ; — on ne demanda pas un million cinq cent mille francs comme le ministère Molé, on ne demanda pas douze cent mille francs comme le ministère Soult.

Un ministère *parlementaire* — représentant *le vœu et les intérêts du pays*, un cabinet, *réelle expression de la majorité* — un cabinet vertueux n'a pas besoin d'avoir la corruption et la subornation pour auxiliaires.

Et si on demandait un mauvais million — ce n'était pas qu'on en eût besoin — ni qu'on voulût en faire un moindre usage, c'était simplement pour obtenir de la Chambre *une marque de confiance* qui constatât la majorité. C'est pour cela qu'on ne tenait pas à la somme : un million était un compte tout rond dont probablement on ne saurait que faire.

Le mot trouvé — il fallait mériter la confiance qu'on demandait — et on se mit à faire des choses vertueuses.

Deuxième expédient. — La première chose vertueuse fut faite à l'occasion de *Vautrin*, de mon ami M. de Balzac. Je n'ai pas vu la pièce de M. de Balzac ; — j'étais en Normandie quand on en a donné la première et dernière représentation.

Il paraît que c'est quelque chose dans le genre de *Robert-Macaire*, — plus le talent de M. de Balzac. — La critique s'en émut ; — mon autre ami Janin en fut surtout indigné : il fit une catilinaire contre l'auteur. — *O tempora, ô mores!* — Il se récria contre les exemples et les entraînements du théâtre. Il était impossible de voir la pièce M. de Balzac sans se sentir comme un germe de crime dans le cœur ; — lui-même, Jules Janin, a eu besoin de toute l'énergie et de toute la force de caractère qu'on lui connaît — pour ne pas dévaliser quelque passant en rentrant chez lui, rue de Vaugirard. — Le *Constitutionnel* et le *Courrier français*, accoutumés aux nudités de l'Opéra, se déclarèrent scandalisés par la représentation de *Vautrin*; — le *National*, apôtre de la liberté, demanda à quoi servirait la censure.

Alors M. de Rémusat défendit qu'on continuât de jouer la pièce : — la presse tout entière applaudit ; — les dames, qui vont se décolleter au profit des Polonais sur le théâtre de la Renaissance, louèrent fort la mesure ; — M. Harel, directeur de la Porte-Saint-Martin, qui avait cru pouvoir faire des dépenses pour une pièce d'un auteur célèbre, autorisée par la censure,— déposa son bilan ; — M. Victor Hugo, qui avait applaudi la pièce, fit, nous a-t-on assuré, une démarche inutile pour obtenir qu'on rapportât l'ordonnance, — et dit : « On ôte le crime à la tragédie et le vice à la comédie ; — les auteurs s'arrangeront comme ils pourront.

Il y a une sottise de la critique que nous nous permettrons de constater en passant :

« Comment mener à une semblable pièce sa femme ou sa fille. »

Mes chers amis du feuilleton, — qu'avez-vous fait de votre érudition dramatique ? Et vous, chers bourgeois, où avez-vous pensé qu'en menant vos filles au théâtre vous pourriez économiser les chaises de l'église et les leçons de la pension? — Quelle est la pièce où l'on pourrait conduire sa femme ou sa fille à votre point de vue de rigorisme ? — Corneille et Racine représentent sans cesse l'adultère et l'inceste, et emploient tout leur talent à nous attendrir sur Jocaste et sur Phèdre ; — Molière rit du mariage et de la paternité, — les beaux rôles chez lui sont remplis par des femmes qui trompent leurs maris, par des fils qui volent leur père ; — et les maris trompés et les pères volés, Molière ne les trouve pas encore traités suivant leurs mérites ; — il les bafoue, il les ridiculise de toutes les manières.

D'après cela il est évident que, sous le ministère de M. Thiers, le théâtre sera chargé de moraliser la nation, — et on y conduira les pensions le jeudi.

O ministère ! — ô feuilleton ! — ô bourgeois ! il appartient bien à une époque de corruption comme la nôtre de faire ainsi la bégueule et la renchérie? Mais je défie M. de Balzac d'avoir mis dans son *Vautrin* la centième partie des choses infâmes qui se font chaque jour dans la politique et dans le commerce.

Il n'y a que des filles entretenues pour avoir des exagérations de pudeur ; — j'en ai vu une qui, fourvoyée, je ne sais comment, dans une maison honnête, — répondit à un homme qui faisait l'éloge de sa main : « Monsieur, pour qui me prenez-vous? »

Troisième expédient. — Le succès obtenu par M. de Rémusat devait fort encourager le cabinet vertueux. On fit une descente chez tous les couteliers et on saisit les couteaux qu'il plut aux agents chargés de l'exécution de considérer comme ayant un rapport plus ou moins éloigné avec des poignards, et on mit soixante-quatre couteliers en accusation.

C'est donc une chose bien terrible qu'un couteau-poignard ! — Mais oui, absolument comme un couteau de table.

M. Delessert, encore aujourd'hui préfet de police, était dérangé par le bruit que faisaient des piqueurs qui sonnaient de la trompe de chasse dans un cabaret voisin de la préfecture de police ; — il défendit la trompe de chasse dans Paris, — mais il permit, par omission, la trompette, le cornet à piston, la clarinette, le serpent, etc., etc., etc. — Le couteau-poignard n'a pas jusqu'ici obtenu la préférence des assassins ; — les instruments de cordonnerie, de menuiserie, de sellerie, ont tour à tour servi aux malfaiteurs. — Louvel s'est servi d'un poinçon ; — Lacenaire affectionnait le tirepoint ; — d'autres préfèrent le marteau. — Une femme a été dernièrement étranglée avec une jarretière ; pourquoi ne défendrait-on pas les jarretières ? — Une autre femme a fait manger son enfant par des porcs, et les porcs sont tolérés ! — Si le ministère savait cela, il prohiberait le fromage d'Italie.

Un philosophe mourut pour avoir avalé de travers un grain de raisin. — O cabinet prévoyant ! vous avez six mois devant vous pour faire arracher les vignes.

🐝 Voici d'autre part ce qui arrive à Paris à propos d'armes. — Il est défendu de porter des armes sous peine de quinze francs d'amende.

Le bourgeois timide obéit à la loi; — le voleur, qui s'expose en l'attaquant à la peine de mort, se soucie peu d'encourir en sus les quinze francs d'amende.

Si les voleurs et les assassins avaient le cœur un peu bien situé, ils feraient une rente à la police en reconnaissance des services que leur rend l'exécution de cette ordonnance.

Pour moi, — je demeure dans un quartier désert, et je rentre tard ; — je prendrai la liberté d'être armé — jusqu'au moment où il sera parfaitement établi que, grâce à la surveillance de la police, on aura été un an sans arrêter, dépouiller, assommer ou noyer quelqu'un. — Mais tant que j'aurai un louis dans ma poche, je m'exposerai aux quinze francs d'amende de la police pour ne pas le laisser prendre ; — c'est un bénéfice net de cinq francs.

M. de Balzac et soixante-quatre couteliers sacrifiés — n'établissaient pas encore suffisamment la vertu du cabinet.— M. Cavé fut désigné comme victime, et le *Constitutionnel* comme sacrificateur. — On assure même que, pour exciter son zèle, on lui promit la place de directeur des Beaux-Arts, comme on donnait autrefois la chair de la victime aux anciens pontifes.

En vain M. Cavé avait offert en holocauste à M. Thiers et à sa grandeur imminente madame de *Girardin* et l'*École des journalistes*.

Le *Constitutionnel* porta de graves accusations ; — on fit circuler contre lui des mots attribués à M. Thiers.

L'existence de M. Cavé menacée a fait comprendre à ses amis et à ses protégés qu'il fallait se hâter.

M. Buloz, directeur de la *Revue de Paris* et de la *Revue des Deux-Mondes*, tout en passant sous le drapeau de M. Thiers, — s'est cependant dépêché d'aplanir les difficultés que trouvait son projet d'être à la fois directeur et commissaire royal du Théâtre-Français. — Il a donné le titre de régisseur général à M. Laurent, qui jusqu'ici, et depuis fort longtemps, se contentait du titre et des fonctions modestes de portier au même théâtre.

🐝 Alors s'est engagée la grande bataille pour la conquête des fonds secrets.

🐝 GRANDE BATAILLE DES FONDS SECRETS. — Les troupes de M. Thiers se composaient, outre son armée connue, de plusieurs troupes auxiliaires, telles que M. Barrot et ses vertueuses phalanges. — On comptait aussi sur la droite, qui avait donné un coup de main utile pour renverser le ministère Soult, et sur M. Berryer, dont nous avons déjà signalé les sympathies pour M. Thiers.

Mais le parti légitimiste se rassembla chez M. de Noailles, — et là on établit que, si M. Barrot oubliait la rue Transnonain, — M. Berryer devait se souvenir de la trahison de Deutz et de la captivité de Blaye ; — que, sans se faire philippiste, il était de la dignité et de l'honneur du parti de rester conservateur, et qu'en conséquence on refuserait tout appui à M. Thiers, non-seulement pour le vote des fonds secrets, mais encore pour tout ce qu'il pourrait demander à la Chambre.

🐝 M. Thiers avait contre lui la droite et les 221 ; mais combien sont les 221 ?

Quand on se rangea en bataille, les 221 se trouvèrent n'être que 195.

🐝 M. Thiers, qui avait suffisamment flatté la gauche et le parti révolutionnaire dans ses discours, et qui ne pouvait plus compter sur la droite et le parti légitimiste, écrivit soixante-deux billets à soixante-deux deux cent vingt et un, — ou députés conservateurs, — pour leur dire confidentiellement : « Les agaceries à la gauche sont une nécessité gouvernementale : — vous savez que je suis conservateur, — ma femme va au bal chez vous. »

Puis, en post-scriptum, il disait :

A M. Bugeaud : « Vous aurez le commandement de l'armée d'Afrique. »

A M. Boissy-d'Anglas : « J'étais l'ami du maréchal Maison. »

A M. Lebœuf : « Je vous débarrasserai de M. de Ségur, — et votre femme sera invitée aux Tuileries. »

A M. Félix Girod de l'Ain : « Vous serez maréchal de camp. »

A M. Mimaut : « Une cour royale vous demande pour président. »

A M. Dupin : « La Chambre des pairs sera heureuse de vous voir remplacer M. Pasquier. »

Et une foule de promesses analogues à MM. Demeufve, — Estancelin, — Chasseloup, — Bresson, — Armand, — Liadières, — Bessières, — Daguenet, — Fould, — Garraube, — Pèdre-Lacaze, — Poulle, — Lacoste, Félix Réal, — Bonnemain, — etc., etc., etc.

Puis chaque soir, sur l'hôtel des Capucines, on voyait fondre des sténographes affamés qui venaient, en attendant mieux, chercher de la part des journaux amis des subventions provisoires d'idées, de phrases, d'injures, contre les adversaires.

Et les trois jours commencèrent.

M. Desmousseaux de Givré — avait tellement peur de ne pas parler dans la question du *vote de confiance*, qu'il alla à minuit au secrétariat de la Chambre, — se fit faire du feu, passa la nuit dans un fauteuil, et, au jour, se fit inscrire le premier.

Les mêmes gens qui aujourd'hui ont demandé un vote de confiance de un million, — ont si bien, à une autre époque, établi que les fonds secrets n'étaient qu'un instrument de corruption, — que je me suis laissé convaincre par eux. Il me semble donc démontré que la différence qui existe entre le vice et la vertu est que, si le vice corrompt pour douze cent mille francs, la vertu ne corrompt que pour un million ; — ce qui prouve que la vertu achète mieux et paye moins cher.

Le premier jour du combat, M. de Lamartine fit un fort beau discours plein d'idées justes et élevées. Il avait été convenu entre M. Thiers et M. Barrot que ce dernier s'abstiendrait de parler, — parce qu'il ne pouvait parler que pour expliquer son alliance avec M. Thiers, et que la chose était difficile à faire honnêtement; — mais M. de Lamartine le pressa, le harcela avec tant d'insistance, d'obstination et de vivacité — qu'il fallut monter à la tribune, où ledit M. Barrot pataugea considérablement.

Le *Constitutionnel*, c'est-à-dire M. Étienne, l'auteur de *Joconde*, — et M. Véron, le directeur de l'Opéra, s'en indigna; — il ne trouva pas convenable que M. de Lamartine, qui n'est qu'un poëte, — se permît de se mêler de *choses sérieuses;* — on le renvoya à sa *lyre*, à *sa nacelle*, à *Elvire*.

Hélas! mes chers messieurs, — si vous ne voulez pas que les poëtes montent à la tribune, — je vous avouerai que j'ai quelquefois aussi un peu de chagrin de les voir descendre jusque-là, — de les voir jouer de grandes idées et de belles paroles, contre le patois diffus et creux des avocats que vous admirez, — et quitter les immortelles choses de Dieu, de la nature, et de l'humanité, — pour s'occuper des intérêts étroits et mesquins des coteries, et des mauvais petits ambitieux qui se partagent et s'arrachent les lambeaux de ce qui ne sera bientôt plus un pays.

Calmez cette sainte horreur contre les gens qui ont de nobles pensées, et qui parlent un beau langage; — ne craignez pas qu'ils gâtent le métier, — ils seront toujours en grande minorité parmi vous. — Dans cent ans d'ici, — tous vos grands hommes seront morts et oubliés avec les intérêts étroits auxquels ils se mêlent; — le temps, qui fait justice de toutes les ambitions, ne gardera dans l'avenir, comme il n'a gardé dans le passé, que les poëtes; — et si on se rappelle quelquefois M. Thiers, ce sera parce qu'il a écrit l'histoire de la révolution française.

Le second jour, M. Berryer prit la parole au nom de

son parti ; — sa parole puissante et animée, sa voix vibrante et nerveuse, servant à la fois d'organe à une logique rigoureuse, — firent sur la Chambre l'effet d'un tonnerre lointain qui gronde.

🐝 Le troisième jour, les amis de M. Molé se réjouirent fort, et préparèrent leur cabinet pour remplacer immédiatement celui qu'ils se croyaient sûrs de renverser le soir même : — c'est ce qui les perdit.

Refuser tout à fait les fonds secrets était une chose très-grave, — car, le ministère une fois renversé par ce refus, il fallait le remplacer et vivre de la portion congrue qu'on lui aurait faite.

On fit alors proposer, par M. d'Angeville, un des deux cent vingt et un, — un amendement tendant à diminuer de cent mille francs l'allocation demandée.

Taux auquel le ministère présomptif consentait à gouverner, à sauver la France, et à faire son bonheur.

Pourquoi ne pas *entreprendre* le gouvernement tout de suite et franchement, comme les fournitures de bois, — au rabais et sur soumissions cachetées.

L'amendement fut rejeté à une majorité de 103 voix.

Le million, ensuite, fut voté à une majorité de 86 voix.

Ce qui prouve qu'il y a à la Chambre dix-huit membres qui, sans distinction de parti, ne veulent pas que le ministère, quel qu'il soit, ait moins d'un million pour récompenser le dévouement qu'ils sont bien décidés à avoir.

Et le ministère présomptif fut déclaré présomptueux.

Singulière époque que celle-ci, où l'on n'accepte pas comme principe suffisamment libéral le fils d'un régicide — mis lui-même sur le trône par une révolution. Voilà M. Thiers roi de France.

🐝 Voici donc M. Thiers roi de France, — et le roi Louis-Philippe passé à l'état de fétiche, de grand Lama, — ayant dans l'État précisément la même influence qu'aurait un de ses bustes de plâtre qui décorent les mairies et les théâtres.

Car on sait que M. Thiers est l'auteur de la maxime : — le roi *règne* et *ne gouverne pas.*

Or, comme le roi n'est ni électeur, ni juré, ni garde national, — il se trouve qu'il est aujourd'hui le moins important, le plus humble, le moins considéré de tous les Français ; — qu'il n'y a pas un épicier, ni un bonnetier, — ni un écrivain à échoppe qui n'ait plus de droits politiques et plus d'influence que lui.

M. THIERS. — Pour nous, qui n'espérons et ne craignons rien de M. Thiers, qui n'avons aucune espèce d'intérêt dans tout ce gâchis, — nous parlerons de lui sans colère, comme sans aveuglement.

M. Thiers n'est pas un esprit libéral ni progressif, — loin de là, il n'a d'idées gouvernementales que celles de l'Empire, — il fait la politique au point de vue des cafés et des estaminets, et est impuissant en dehors de ces limites. — Depuis la révolution de juillet, M. Thiers a passé à peu près huit ans au pouvoir, — quels sont les grands travaux qu'il a fait exécuter ? — à quelles améliorations matérielles a-t-il présidé ? — M. Thiers s'est opposé à l'entreprise des grandes lignes de chemins de fer par le gouvernement, — parce que de grands travaux sont tout à fait contraires aux vues et aux moyens d'action des hommes de son caractère et de son parti ; — les agitateurs n'ont de pouvoir que sur les esprits oisifs; les travailleurs ne mordraient plus aux paroles des avocats.

Il y a quelque temps, M. Thiers et M. Garnier-Pagès se sont trouvés faire partie de la même commission. Il s'agissait de prolonger le privilége de la banque de France qui expire en 1842. — Eh bien! M. Pagès, membre d'un parti qui ne brille pas par le côté de la science gouvernementale, s'est prononcé pour le développement de ce privilége, et pour une extension favorable à l'industrie.

M. Thiers, au contraire, a maintenu l'état actuel.

🐝 Et vous, mes amis les Français, — savez-vous qu'on vous a joué un tour bien perfide — le jour qu'on vous a fait croire que vous étiez extrêmement malins, — ainsi que vous vous en rendez perpétuellement hommage à vous-mêmes.

Grâce à cette opinion qu'on vous a donnée de votre malice et de votre pénétration, — on vous fait passer sous les yeux d'étranges choses.

Pendant que ces messieurs se disputent votre argent et vos dépouilles, — qu'ils perdent au profit de leur avidité et de leur ambition le plus beau pays du monde,

Vous les regardez faire, assis à ce beau tournoi, dans vos stalles bien payées ; — vous prenez parti dans leurs débats et dans leurs querelles ; — vous pariez pour l'un ou pour l'autre ; — vous vous passionnez ; — vous applaudissez celui qui réussit à prendre votre argent ; — vous sifflez celui qui se le laisse enlever.

Bravo ! mes bons amis. — Les enfants trop spirituels deviennent, dit-on, fort bêtes à l'âge de raison.

APOLOGUE. — Un voyageur rencontra, un jour, dans une savane de l'Amérique, deux sauvages, deux peaux rouges qui, assis sur l'herbe, et ayant déposé leurs casse-têtes à côté d'eux, jouaient avec beaucoup d'attention à un jeu d'adresse avec de petits cailloux. Le voyageur s'arrêta près d'eux et les regarda faire. — Il faut croire, pensa-t-il, que la partie est intéressée, car ils jouent avec une application et une émotion peu communes. Ce petit qui a un soleil bleu sur le front est bien adroit ; — mais le grand, qui est décoré d'un serpent jaune, ne le lui cède pas.— Bravo ! le serpent jaune.—Ah ! très-bien, le soleil bleu.—Voilà le coup décisif. — Ma foi, c'est le soleil bleu qui a gagné. — Eh bien ! je n'en suis pas fâché ! — Il me plaît beaucoup, le soleil bleu.

— Soleil bleu, recevez mes félicitations !

Visage pâle, mon ami, — dit le soleil bleu, — c'est en t'apercevant venir là-bas, que nous nous sommes mis à jouer, et je ne te cacherai pas que nous avons joué à qui te mangerait.

AFFAIRE DE MAZAGRAN. — Pendant que les avocats parlaient à la Chambre, — cent vingt-trois hommes se défendaient, dans la petite place de Mazagran, contre dix mille Arabes, — et les forçaient d'abandonner le terrain. — Je ne ferai pas compliment au maréchal Valée d'une nouvelle imprévoyance qui condamnait cent vingt-trois soldats à mort, — s'ils n'avaient égalé les prodiges les plus fabuleux de la bravoure des temps antiques et modernes. — Ce trait héroïque est consolant à une époque où on se sent prêt, à chaque instant, à désespérer de la France livrée aux avocats et aux ambitieux de bas étage.

On a annoncé qu'on *s'occupait* de récompenser dignement les défenseurs de Mazagran ; — ce sont de ces choses qu'on ne doit pas chercher, — que le cœur doit trouver au milieu même de l'émotion que cause un semblable récit. — Je ne crois pas qu'il se trouvât personne en France pour juger mauvais qu'on donnât la croix aux cent vingt héros qui ont survécu, — et que cette compagnie reçût le nom de Compagnie de Mazagran, — et ne se recrutât pas tant qu'il en restera un homme ; — que les noms des trois morts fussent toujours prononcés à l'appel les premiers, et qu'on répondît : Morts à Mazagran.

Le principal hommage qu'aient reçu jusqu'ici nos héros est un récit ridiculement ampoulé, fait par M. Chapuys-de-Montlaville. — C'est surtout quand il s'agit de choses si grandes par elles-mêmes que l'enflure est si ridicule qu'elle devient odieuse, — et que l'on accuse l'écrivain qui en est coupable de n'avoir pas senti la grandeur d'un héroïsme qu'il essaye d'embellir par des mots prétentieux.

La compagnie entière, — dit M. Chapuys-de-Montlaville, — s'écria :

« Je garderai ce poste contre l'Arabe, son armée couvrît-elle de ses feux épars la colline et la plaine. »

« *Un registre est ouvert pour l'assaut :* deux mille Arabes s'y inscrivent aussitôt, etc. »

Ce même M. Chapuys-de-Montlaville est particulièrement connu par l'âpreté, l'obstination et quelquefois la bouffonnerie avec laquelle il demande des économies à la Chambre des députés. — Un jour de la session précédente, je ne sais plus de quoi il était question, mais M. de Montlaville s'écria :

..... Je demande une réduction de huit cent mille francs?

Un membre. — On ne saurait trop approuver les sages vues d'économie de l'honorable préopinant, — seulement, dans la circonstance présente, il y a un grand inconvénient et une grave difficulté à l'exécution de sa proposition. — M. Chapuys-de-Montlaville vient, messieurs, de vous proposer sur le chapitre en discussion une réduction de huit cent mille francs, — et l'article n'est que de cent quarante mille.

Un autre jour, — c'était à propos du mariage du duc d'Orléans. — « Cent trente mille francs *d'épingles,* s'est écrié M. de Montlaville; j'ai une tante qui en dépense pour douze sous par an, — et qui en perd considérablement! »

MUSÉE DU LOUVRE. — Je vais peu au Salon; je ne connais pas d'exercice aussi violent, de fatigue aussi désespérante.

Les expositions se suivent et se ressemblent : — Quelques bons tableaux, un certain nombre de mauvais, et surtout une très-affligeante quantité de médiocres.

MM. Préault, sculpteur, et Rousseau, paysagiste; — deux âmes en peine ; deux ombres errantes dans les galeries, — tous deux repoussés par l'opiniâtre malveillance du jury.

Certes, je ne suis pas pour qu'on aplanisse les abords des carrières libérales ; — il est juste que les aspirants passent par des épreuves et des initiations ; — il est bon que, comme les hommes qui accompagnaient Josué, ceux-là seuls qui ont force, — courage et vocation — suivent l'art dans les régions élevées qu'il habite.

Depuis qu'on a réhabilité les comédiens, — nous n'avons plus de comédiens. — Le jour où on leur a rendu la terre sainte, — on a commencé par y enterrer leur art.

Si l'on pendait tous les ans le 1ᵉʳ janvier : — dix peintres, dix musiciens et cinquante écrivains, — il ne resterait dans cette lice chanceuse que les véritables vocations.

Mais le jury montre peu de discernement. Il faudrait que le meilleur des tableaux refusés — fût plus mauvais que le dernier des tableaux reçus. Eh bien! il n'en est pas ainsi : — il y a dans les tableaux refusés vingt toiles supérieures, sous tous les rapports, à une toile exposée par M. Bidault, qui est de l'Institut.

Il y a des hommes d'un talent reconnu qui ne doivent être jugés que par le public.

Il y en a d'autres qui ont acquis de la popularité et de la réputation par la persécution du jury, — dont personne n'a jamais rien vu, et dont tout le monde proclame le talent; — le jury n'a pas l'esprit de leur jouer le mauvais tour de les admettre.

Les peintres, du reste, une fois *arrivés*, n'ont pas à se plaindre; — seuls ils sont assurés de la protection et des *commandes* du gouvernement.

Les peintres ont depuis longtemps couvert, et au delà, la surface de toutes les murailles intérieures : on invente des palais pour y loger de nouveaux chefs-d'œuvre. On achète, on commande des tableaux; rien de mieux. Nous désirons qu'on en fasse tant, qu'on arrive à les mettre trois les uns sur les autres; cela donnera toujours le moyen d'en cacher deux.

Un reproche que l'on fait annuellement au Musée, c'est de renfermer *cette année* trop de portraits.

Il faudrait dire : trop de mauvais portraits. Les peintres ont, en général, intérêt à accréditer cette critique facile, à la portée de toutes les intelligences. Presque aucun peintre ne sait faire un portrait. — On ne compte que quelques beaux portraits dans les annales de la peinture, et un beau portrait est une des choses les plus saisissantes comme les moins communes de l'art.

On sait ce qu'on appelle portrait en général : c'est un assemblage de deux yeux, d'une bouche et d'un nez, qui, s'il arrive quelquefois à ressembler à quelqu'un, a presque toujours le malheur que ce ne soit pas à la personne qui a posé devant le peintre.

Pour notre part donc, nous ne reprocherons aux portraits que d'être mauvais ; le reste du ridicule auquel ils sont généralement dévoués doit revenir aux personnes qu'ils sont censés représenter.

On ne saurait trop admirer la pudeur de gens parfaitement inconnus qui, dérobant avec soin leur nom sous le voile d'une initiale, moins obscure que ne le serait leur nom entier, n'hésitent pas à étaler aux yeux de la foule leur figure, leurs mains, leurs pieds, leurs beautés particulières et les infirmités qui les distinguent. Le Salon est rempli de femmes qui ne livrent qu'une lettre de leur nom et montrent au moins tout ce qu'elles ont d'épaules à la curiosité d'un public quelconque.

Les uns veulent être peints frisés, vernis, cravatés dans un désert, lisant un roman à cent cinquante lieues de toute habitation. Il est facile de voir les efforts du malheureux peintre, qui, ayant sous les yeux un canapé en velours d'Utrecht jaune, a été obligé de peindre un monticule couvert de mousse. Dans la forme de ces rochers, vous trouverez la forme moins pittoresque de la cheminée et de la pendule qui la surmonte. Vous vous apercevez que les chaises ont servi de modèle aux chênes séculaires, que les nuages recélant la foudre ont été faits d'après les ondulations des rideaux de damas, et la foudre, qui s'échappe en zigzags immobiles, d'après les tringles,

L'eau de ce lac, au fond du tableau, a été étudiée par le peintre dans un flacon d'eau de Cologne placé sur un guéridon, le guéridon lui-même, avec son tiroir ouvert, a servi de modèle à une caverne.

S'il y a une chose intéressante dans l'aspect de ces portraits, pour la plupart peu agréables à la vue, c'est que, s'ils ressemblent peu aux personnes dont ils portent le nom, ils sont le portrait fidèle de *leurs prétentions*, dont ils ne laissent ignorer aucune.

Mais quel avantage mademoiselle M.... D...., placée sous le n° 7266, trouve-t-elle à nous faire savoir qu'elle a la peau jonquille? — Mademoiselle M..., n° 1629, est-elle bien heureuse depuis que tout Paris sait qu'elle a le visage bleu de ciel? — M. E... T..., n° 1374, ne pouvait-il vivre sans nous faire connaître son front chauve ombragé de quelques cheveux pris à l'occiput, au moyen de cette formule d'arithmétique : J'en emprunte un qui vaut dix.

Je n'ai pu admirer avec tout le monde le tableau de M. Delacroix, — la Justice de Trajan. — Le tout ressemble à la procession du bœuf gras. — Trajan a particulièrement un air de garçon boucher enluminé de rouge de brique.

J'ai demandé quel mérite on trouvait à cela. — On m'a répondu : « la couleur. »

Et j'ai demandé à tout le monde : qu'est-ce que la couleur? la couleur consiste-t-elle à faire un cheval blanc lie de vin? Cela me paraît une misérable excuse pour un dessin aussi incorrect que celui de plusieurs figures du tableau de M. Delacroix. — L'architecture est fort belle et d'une grande légèreté.

Il y a des gens condamnés à voir tout ou jaune ou rouge ou bleu. — Le 18 brumaire, de M. Bouchot, est écarlate. — Les États généraux, de M. Couder, sont d'un violet saupoudré de blanc.

Il y a des tableaux verts, il y en a de gris, il y en a d'orange.
— Un monsieur paysagiste a inventé deux couleurs inusitées pour les bœufs, il en a fait un gris tourterelle, et l'autre pain à cacheter.

Pour ce qui est des batailles, — on n'en peint qu'une, toujours la même. — Une bataille représente toujours un endroit et un moment où on ne se bat pas, — ou bien où on ne se bat plus.

🐝 Il y a une heure où les tableaux exposés au Musée changent tout à coup d'aspect; une heure où l'habileté du pinceau, la finesse de la touche, la science de l'anatomie, de la perspective, disparaissent comme par enchantement. Le public nombreux; le public qui vient de onze heures à midi, ne fait aucun cas de ces qualités qu'il ne voit pas; il ne s'inquiète que du sujet; s'il voit une bataille, il veut savoir laquelle; si les Français sont vainqueurs, le tableau lui semble déjà une fois meilleur.

Il est singulier de remarquer combien ce public, le plus étranger aux arts, admet facilement la convention, à quel degré il accepte l'intention du peintre pour le fait : quelque balai vert qu'on lui montre, il consent sans hésiter à le prendre pour un arbre, quelque chose qui ait une robe est une femme sans contestation; — une redingote grise, Napoléon; — une chose à deux pieds est un homme; si la chose a quatre pieds, c'est un cheval, un chien ou un bœuf, suivant la couleur. Du bleu en haut du tableau est reçu comme le ciel; si le bleu est en bas, c'est la mer.

Voilà des gens pour lesquels il est agréable de peindre; voilà un public !

🐝 CHOSES QUELCONQUES. — On continue à envoyer en prison les gardes nationaux qui refusent de s'habiller; — cet impôt exorbitant excite les plus vives réclamations.

C'est en effet une exaction odieuse que celle qui force une

foule de gens à dévoiler à tous les yeux une misère qu'ils cachent avec tant de soin, — ou à s'imposer les plus dures privations pour ne pas *déparer* la compagnie de MM. tel ou tel.

Qu'on se représente un petit marchand qui arrive tout juste à payer ses petits billets et à faire honneur à ses petites affaires. — Qu'il soit un peu gêné ; — que pour faire un remboursement il ait fait escompter à gros intérêts, à un Jacques Lefèvre quelconque ; — qu'il ait mis son argenterie, la montre et la chaîne de sa femme en gage. C'est une situation où se trouve assez fréquemment le petit commerçant.

Il est pauvre, malheureux, il vit de privations, ou plutôt il ne vit pas ; mais extérieurement, tout va bien, il *noue les deux bouts*.

Si vous lui imposez une dépense pour le moins de cent écus, et qu'il ne puisse retirer cent écus de ses affaires, ce que les petits marchands ne peuvent jamais, — il faut qu'il vienne devant ce conseil de discipline, composé d'autres marchands, avouer sa gêne et sa pauvreté.

Mais, le lendemain, il est ruiné, perdu, — il n'a plus ni crédit ni confiance, on exige des règlements, — ou plutôt on ne veut plus de sa signature.

Et tous ces pauvres gens qui ont tant de peine à conquérir sur le sort un habit propre, auquel ils doivent leur place, leurs amitiés, leurs amours, leurs plaisirs ; cet habit, qui seul peut élever l'homme d'esprit et l'homme de cœur à l'égalité avec le sot et le cuistre, il faudra donc qu'ils le suppriment pour acheter votre habit d'arlequin, ou qu'ils viennent vous en dire tous les secrets, — les coutures noircies à l'encre, et les boutons rattachés, par eux-mêmes.

MM. les députés, — qui sont exempts de la garde nationale, *nous ont donné ces loisirs.*

Lorsque, pendant la discussion des fonds secrets, — il fut un moment question de voir reparaître M. Molé, —

madame Dosne s'écria : — Comment penser à M. Molé quand on a des hommes comme nous !

🐝 Après le vote, un député a dit : « Voilà le Thiers consolidé. »

🐝 Le jury et les circonstances atténuantes vont toujours leur train ; — il y a en ce moment au seul bagne de Brest *quatorze parricides.*

🐝 La souscription pour la médaille de M. le vicomte de Cormenin se traîne assez péniblement. — Une petite lettre parfumée et toute féminine m'assure que le beau-père dudit M. de Cormenin a envoyé aux journaux une centaine de francs ainsi divisés : — un patriote, trois francs, — un ami du peuple, deux francs, etc., etc., — c'est bien méchant. — Sérieusement, parmi les souscripteurs, beaucoup se sont glissés qui ne portent d'autre intérêt à la chose que celui de lire leurs noms imprimés.

D'autres, plus habiles, font par ce moyen sur leur commerce et leur industrie, moyennant un ou deux francs, une annonce qui leur en eût coûté sept ou huit.

Ainsi j'ai lu dans le *National :*

Musch, quinze centimes, — Taillard, vingt centimes, — Dumon père, dix centimes, — Frainrie, doreur, rue Saint-Antoine, 168.

N. B. Il faut qu'un esprit aussi ingénieux que celui de M. Frainrie trouve sa récompense, je le prie donc de faire prendre chez moi un petit cadre gothique, qui a besoin d'être doré.

Voici une autre souscription que l'on m'envoie :

M. L., rue du Monthabor, 5, — qui a perdu son parapluie dans un fiacre, et promet une récompense honnête à la personne qui le rapportera, — deux francs.

🐝 A propos de la police, voici de sa part une remarquable preuve d'intelligence : une ordonnance prescrit aux cabriolets de louage de porter affiché à l'intérieur le tarif de leurs prix.

Dans les cabriolets, le cocher se met à droite pour conduire, et le *bourgeois* à gauche. — De quel côté supposez-vous que l'on mette la plaque contenant le tarif en question? — Sans doute à gauche, pour que la personne qui loue le cabriolet puisse le consulter. Nullement, l'ordonnance porte que la plaque sera à droite, c'est-à-dire, derrière le chapeau du cocher s'il est grand, et derrière son épaule s'il est petit, de telle façon qu'il est entièrement impossible d'en faire usage.

Une proposition a été faite à la Chambre tendant à faire établir qu'une loi qui ne donnerait lieu à aucune réclamation serait dispensée de discussion et de scrutin. — La proposition n'a pas été prise en considération.

En effet, cela irait trop vite, — et ferait perdre à messieurs les avocats des occasions de discourir.

Madame de Girardin a bien voulu faire à ma dernière homélie sur les femmes une réponse que je voudrais bien avoir faite moi-même. — A la Chambre des députés, M. Abraham ayant cédé son tour et M. Delacroix ayant parlé, on a dit : nous avons eu le sacrifice d'Abraham et le supplice de la croix. — Un lycéen me conseille de parler un peu de son proviseur et de détacher une guêpe de confiance sur la maison de M... à l'heure où il fait servir le brouet à ses élèves.

Diverses circonstances qui se sont présentées depuis la publication de mes petits volumes, — des lettres anonymes que je reçois où on m'appelle diffamateur, — bretteur, etc., etc., m'obligent, une fois pour toutes, à faire une profession de foi nette et positive. Il y a onze ans que je me suis mêlé pour la première fois aux débats de la presse périodique — j'ai toujours admis la responsabilité de l'écrivain dans sa plus large acception. — Je n'ai jamais écrit une ligne sans la signer, au moins de mes initiales A. K. Je défie qui que ce soit de me reprocher, dans cette période de onze ans, d'avoir manqué une seule fois à la plus stricte loyauté. — Je ne crois pas avoir usé de l'arme que j'ai dans les mains, — arme dont je connais la puissance et le danger — autrement que dans l'intérêt de la vérité, du bon sens et du bien public. — La forme ironique que j'ai adoptée de préférence a pu blesser quelques personnes. — Mais c'est ainsi que je vois et que je suis, et le reproche que l'on me ferait à ce sujet équivaudrait à mes yeux à celui qu'on pourrait me faire d'avoir les cheveux bruns. — Il m'est arrivé bien rarement d'avoir l'intention d'offenser quelqu'un, et si, dans ce cas-là, j'ai cru devoir ne pas dissimuler cette intention ; si, dans d'autres circonstances, j'ai cru devoir admettre comme meilleurs juges que moi des personnes qui demandaient une réparation à une blessure qu'elles avaient sentie sans que je crusse l'avoir faite, et me mettre à leur disposition ; les personnes qui me connaissent me rendent la justice que, lorsqu'il m'est arrivé — et j'ai eu soin que cela arrivât rarement — d'avoir exprimé un fait inexact, — j'ai mis le plus grand empressement à reconnaître mon erreur quand elle m'a été prouvée.

Si l'on ne m'accuse pas d'avoir jamais reculé devant la responsabilité de mes écrits, on doit me rendre témoignage également que je n'ai, en aucune circonstance, pris des airs de matamore et de fanfaron, et que je n'ai jamais hésité à donner de franches et loyales explications, lorsqu'elles m'ont été convenablement demandées.

Quand arrivent les dernières représentations des Italiens, les habitués se croient en droit de se faire donner *bonne mesure*, comme disent les marchands, et, sous prétexte de bienveillance pour les chanteurs, ils crient *bis* à tous les morceaux, et se font chanter deux fois un opéra dans la même soirée. De plus, dans les entr'actes, ils jettent sur la scène des billets dans lesquels ils demandent différents morceaux à leur choix. Le dernier jour où on a joué la *Norma*, — comme on était encore tout ému des accents passionnés de mademoiselle Grisi, on a entendu des cris : « Le billet, le papier, ouvrez le papier, lisez le papier ! » Lablache s'est alors présenté en costume de druide, — a obéi à l'injonction du public, — et a dit qu'il était désolé de ne pas pouvoir se rendre au désir exprimé par le billet, mais que Tamburini était absent pour le *duo*, — et qu'il n'y avait pas de piano pour l'*air*. Or, le duo était un duo bouffe, celui du *Mariage Secret,* et l'air n'était autre que la *Tarentelle*, de Rossini, qu'on voulait faire chanter à Lablache en costume de druide, guirlande verte et manteau drapé.

Cela rappelle qu'en octobre 1830, Nourrit, sur l'ordre du parterre, chanta la *Parisienne* à la fin de *Moïse,* après le passage de la mer Rouge.

Les Égyptiens et les Israélites chantèrent le refrain en chœur. — M. de Lafayette était dans la salle, et, à son couplet, on fit lever tout le monde.

🐜 Chaque fois qu'il meurt une célébrité, une foule de gens, qui n'ont jamais vu ladite célébrité, s'intitulent ses amis intimes, et, sous ce prétexte frivole, la pleurent et prononcent sur *sa tombe* de longs discours que les véritables amis sont forcés d'entendre, — ce qui serait pour eux un raisonnable sujet de deuil. —Heureusement que, lorsque l'improvisation s'embrouille, lorsque l'orateur commence à patauger dans les phrases, *son émotion l'empêche de continuer.*

M. Bouilli prononce beaucoup de discours sur les tombes. Comme dernièrement il s'abstenait, au sujet d'un ami mort qu'il ne se souvenait pas d'avoir connu et dont il n'avait absolument rien à dire, un croque-mort s'approcha de lui, et lui touchant la manche : « Monsieur Bouilli, lui dit-il, est-ce que nous n'aurons rien de vous aujourd'hui? »

🐜 Les dames bienfaisantes répètent activement leur opéra au théâtre de la Renaissance. — A chaque répétition la chose va plus mal.

On parle de joindre un ballet à l'opéra, c'est-à-dire des jupes courtes et une exhibition publique de jambes, et on sait tout ce que les bienséances du langage appellent les jambes des danseuses. D'autres bruits qui circulent, et auxquels je n'ajoute pas foi, feraient croire que la bienfaisance de ces dames ne s'arrêtera pas en si beau chemin.

21 MARS.

> LE PRINTEMPS. — Cette saison commence le 20 mars à 0 heure 50 minutes du soir, — le soleil entrant dans le bélier.
>
> (Mathieu Lænsberg.)

Et comme tout cela m'aurait été égal, si le printemps était venu le 21 mars, comme il le devait.

Si une petite pluie douce, tiède et bénie, était venue sur la terre répandre la vie et l'amour, faire épanouir dans l'herbe les pâquerettes, — et fleurir dans l'âme les silencieuses rêveries et tous ces bonheurs dont le plus pauvre poëte est si riche.—Alors qu'on se sent heureux de vivre comme les fauvettes, qui chantent dans les bois, comme les abeilles qui bourdonnent dans les abricotiers en fleurs, comme les petits papillons bleus qui jouent dans la luzerne rose.

Mais le 21 mars est le jour de l'année où il est tombé le plus de neige ; — quelques pruniers en fleurs ont mêlé tristement à cette neige la neige de leurs pétales flétris.

> Réveillez-vous, petits génies,
> Petits gnomes, réveillez-vous ;
> Il est temps de rendre aux prairies
> Leurs belles robes reverdies
> Et leurs fleurs au parfum si doux.

> Paresseux ! les filles, penchées,
> Cherchent, depuis bientôt un mois,

AVRIL 1840.

Sous les vieilles feuilles séchées,
Les premières fleurs cachées
De la violette des bois.

A l'œuvre, cohortes pressées !
Venez déchirer les bourgeons
Où les feuilles embarrassées
Attendent, encore plissées,
Les premiers, les plus doux rayons

Fondez l'onde de la citerne
Où s'en vont boire les troupeaux ;
Otez aux prés leur couleur terne,
Et faites croître la luzerne
Pour cacher les nids des oiseaux.

Allons, gnomes, qu'on se dépêche !
Préparez les parfums amers !
Préparez la couleur si fraîche
Des premières fleurs de la pêche,
Roses sur leurs rameaux verts.

Au printemps, chaque année, alors que la nature
Revêt tout de parfum, de joie et de verdure,
    Quand tout aime et fleurit,

Dans les fleurs des lilas et des ébéniers jaunes,
De mes doux souvenirs, cachés comme des faunes,
    La troupe joue et rit.

De chaque fleur qui s'ouvre et de chaque corolle
S'exhale incessamment quelque douce parole
    Que j'entends dans le cœur.

Alors qu'au mois de juin fleurit la rose blanche,
Savez-vous bien pourquoi sur elle je me penche
    Avec un air rêveur ?

C'est qu'à ce mois de juin la rose me répète:
« Tenez, Jean, je n'ai point oublié votre fête, »
  Depuis plus de quinze ans.

Chaque fleur a son mot qu'elle dit à l'oreille,
Qui souvent fait pleurer et cependant réveille
  Des souvenirs charmants.

Vous savez celle-là qui se pend aux murailles,
Et, comme un réseau vert, entrelace ses mailles
De feuilles et de fleurs, — c'est le frais liseron.

C'est le volubilis aux clochettes sans nombre; —
Le soir et le matin, — ses cloches, d'un bleu sombre,
  Chantent une chanson.

Une chanson d'amour bien naïve et bien tendre
Que je fis certain jour que j'étais à l'attendre
  Sous un arbre touffu.

Voici là-bas fleurir la jaune giroflée. —
Rien n'est si babillard que sa fleur étoilée
  Qui dit : « Te souviens-tu ?

» Te souviens-tu des lieux où ta vie était douce,
De ce vieil escalier, — tout recouvert de mousse,
  Qui menait au jardin ?

Dans les fentes de pierre étaient des fleurs dorées—
D'un long vêtement blanc, en passant, effleurées
  Presque chaque matin.

. . . .
Et, dans un coin, s'il advient que je passe
Auprès de l'oranger en fleurs sur la terrasse,
  J'entends cet oranger

Qui dit : « Te souvient-il d'une belle soirée,
Tu te promenais seul, — et ton âme enivrée
  Évoquait l'avenir ;

Et tu me dis à moi : « De tes fleurs virginales
» Ouvre, bel oranger, les odorants pétales;
  » Sois heureux de fleurir.

» Sois heureux de fleurir pour la femme que j'aime
» Tes fleurs se mêleront au charmant diadème
  » De ses longs cheveux bruns. »

« Eh bien ! — depuis quinze ans, je réserve pour elle,
Chaque saison, en vain, ma parure nouvelle,
  Et je perds mes parfums. »

Mai 1840.

Condamnés à la vertu. — M. de Remilly. — M. Molé. — M. Soult. — M. Janin. — S. M. Louis-Philippe. — Le duc d'Orléans. — La carte à payer. — Les nouvelles recrues. — Les chevaux du roi. — M. Hope. — M. de Vigogne. — M. de Strada. — Napoléon, Louis XVIII, Charles X. — Les chevaux d'Abd-el-Kader. — Pacha. — M. de Montalivet. — Le duc d'Aumale. — M. Adolphe Barrot. — M. Gannal. — Les dames bienfaisantes. — M. Panel. — M. de Flottow. — Combien coûte sa musique aux Polonais. — M. de Castellane. — Les lions. — Règlement de la salle de danse de madame veuve Deleau. — Question du pain. — M. Bugeaud, protecteur de la viande française. — Petits cadeaux. — Les circonstances atténuantes. — Le numéro 1266. — M. de Rovigo. — M. de Saint-Pierre. — Me Dupin et le maréchal Clauzel. — Le soleil. — Un perruquier. — Folie de vieille femme. — M. Thiers. — M. de Rémusat. — M. Gisquet. — M. Pillet. — Mademoiselle R. — Les femmes laides. — M. Cousin, disciple de Platon. — M. Villemain. — Madame Collet, née Revoil. — M. Droz. — Un homme qui a froid. — Chansons de table. — M. Guizot. — M. Véron. — Le roi et M. Thiers dévoilés. — M. de Cormenin couronne des rosières. — Les initiales. — Longchamps. — M. de Feuillide. — M. Méville. — Babel. — M. Altaroche. — M. Desnoyers. — Sur la société des gens de lettres. — Un conseil de révision. — M. Listz. — Un monsieur très-méchant. — Histoire d'un peintre et de son tailleur. — Mémoires d'une jeune fille. — Les lovelaces du ministère. — Mesdames L....., E....., B....., etc. — Politique des femmes. — M. Thiers et Antinoüs. — M. de Balzac et Apollon. — Le fidèle Berger. — M. Vivien. — M. Pelet (de la Lozère). — L'Angleterre. — Commerce à main armée. — Le soufre et l'opium. — Embarras des journaux ministériels. — Les baisers de M. de Rambuteau. — M. Poisson. — Frayeur de l'auteur des *Guêpes*. — Une matinée chez madame W***. — Les vicomtes. — M. Sosthènes de la Rochefoucauld. — M. de Chateaubriand. — M. Ch. Delaunay. — M. d'Arlincourt. — Comment appeler les *auditeurs* quand ils n'écoutent pas ? — Dupré et M. Isabey. — Le chapeau à fresques. — Réjouissances à l'occasion du mariage du duc de Nemours. — Le char-à-bancs. — M. Fould. — M. Michel (de Bourges). — Madame de Plaisance. — M. Roussin n'ose pas s'accorder ses propres faveurs. — Un juré innocent. — Aux lecteurs des *Guêpes*. — M. Vivien. — M. Baude. — M. Villemain. — M. Hugo. — *Post-Scriptum*. — Amnistie.

AVRIL. — *Mercredi, premier avril.* — Lorsque le parti aujourd'hui au pouvoir était dans l'opposition, on se rappelle ses clameurs contre la corruption que le gouvernement exerçait sur les fonctionnaires publics. Les gens clairvoyants s'apercevaient bien qu'il y avait dans ces plaintes plus de jalousie que de vertueuse indignation ; — mais il était destiné au ministère Thiers de rendre la chose évidente à tout le monde.

Les amis du 15 avril et du 12 mai, c'est-à-dire de M. Molé et de M. Soult, dirent aux nouveaux arrivés : « Parbleu, messieurs, puisque vous voilà, vous allez, s'il vous plaît, nous édifier par la pratique de toutes les austérités que vous avez exigées de nous avec tant de bruit et de sévérité. »

Pour commencer, M. de Remilly déposa sur le bureau du président une proposition posant en principe et en loi qu'à l'avenir aucun fonctionnaire public ne pourrait obtenir d'avancement pendant le cours de son mandat législatif.

Je suis déterminé à ne pas prendre le gouvernement constitutionnel au sérieux, sans cela, je ferais remarquer ici, — que cette proposition est inutile. — Un député promu à de nouvelles fonctions est soumis à la réélection ; — c'est un hommage complet à la souveraineté des électeurs qui sont libres de lui retirer leur mandat. La proposition de M. de Remilly attaque cette souveraineté en exagérant les pouvoirs de la chambre basse. — Les députés doivent faire des lois et non des députés ; — mais cela m'est égal, — je trouve la plaisanterie excellente — de condamner ces pauvres honorables à l'exercice des vertus qu'ils ont préconisées, — et j'approuve fort en ce sens M. de Remilly.

Les incorruptibilités fatiguées — crient beaucoup.

En effet, que devient la politique constitutionnelle, dont un philosophe faisait cette définition : — *C'est l'art de faire payer à une nation la corruption de ses représentants.*

— Janin est allé un de ces jours passés aux Tuileries. — Le roi lui a dit : « Je ne vous vois pas souvent, mais je vous lis. » Le duc d'Orléans l'a ensuite pris par le bras et a causé avec lui. — Janin, qui était venu en habit de ville, a dit au duc d'Orléans : « Ma foi, puisqu'on me reçoit si bien ici, je vais me faire faire un habit. »

— Le quart d'heure de Rabelais, que nous avions signalé, est tout à fait arrivé. — On a présenté au nouveau ministère la *carte à payer* des dévouements, vertus et incorruptibilités qu'il a consommés. — Le Gargantua, trouvant le total supérieur au contenu de sa bourse, — refait l'addition dans l'espoir d'y trouver une erreur, et gagne un peu de temps.

Généralement on dit aux impatients : — Ce que je vous ai promis, je vous le promets encore. — Mais le parti conservateur observe ; attendons que les vendanges aient rappelé les députés chez eux.

Les plus pressés et les plus embarrassants sont les journaux, — nouvelles recrues ministérielles : — le *Constitutionnel*, — le *Courrier Français*, — le *Siècle*, — le *Messager*, — le *Nouvelliste*.

Pour le *Moniteur parisien* et les revues qui faisaient partie du mobilier précédent, ils se sont eux-mêmes installés et traités en amis de la maison.

Les seuls journaux *libéraux* qui soient restés dans l'opposition sont — le *Commerce* et le *National*.

Le *Journal des Débats*, — qui a appartenu successivement à tous les ministères, — tient rigueur à M. Thiers qui prétend le braver.

On dit que le *Journal des Débats* est encouragé dans son incorruptibilité par une subvention qu'il reçoit directement de la liste civile, — mais je n'ai pas à ce sujet de renseignements assez précis pour pouvoir l'affirmer.

2. — Comme je revenais hier de chez Gatayes qui demeure aux Champs-Élysées, — je vis passer de très-beaux équipages et de superbes chevaux appartenant à M. Hope.

Des piqueurs au galop annoncèrent la voiture du roi, et je fus alors saisi d'une émotion pénible en voyant ses chevaux; ils allaient un train médiocre, — sur les huit, deux seulement trottaient et les autres se livraient à un galop plus ou moins intempestif et irrégulier. Je me rappelai les beaux attelages de l'empereur Napoléon, — de Charles X — et de Louis XVIII, qui, mené avec la plus grande rapidité, disait à son cocher :

— Germain, tu me conduis comme un fiacre.

Quelque temps auparavant, j'avais rencontré la reine de France. Sa Majesté sort ordinairement en daumont, eh bien ! je ne lui ai jamais vu quatre chevaux bien ensemble.

Sous Charles X, M. de Vigogne allait tous les ans en Normandie remonter les écuries du roi. — On ne montrait pas un cheval avant que M. de Vigogne eût fait son choix. — Les chevaux achetés, on les plaçait à la réserve de Versailles, où on les entraînait et où on les gardait pendant un an avant de les admettre dans les écuries.

Aujourd'hui, M. de Strada, qui a la direction des écuries du roi Louis-Philippe, va acheter des chevaux en Allemagne, où il prend le reste des marchands, et ces chevaux, à peine arrivés sont mis à la voiture immédiatement.

Chez le roi, — un cocher est payé cent francs par mois, — c'est-à-dire vingt-cinq ou trente francs de moins que dans les bonnes maisons. — Quelques palefreniers n'ont que quarante-cinq francs. — J'en sais un qui a quitté la maison du roi pour entrer chez un marchand de chevaux.

Les meilleurs chevaux du roi proviennent de l'ancienne liste civile, et ceux qui existent encore sont très-vieux. Je ne compte pas les animaux envoyés par Abd-el-Kader, estimés un écu la pièce.

En 1830, le bey de Tunis envoya au duc d'Angoulême un cheval d'une grande beauté, appelé Pacha. — Ce cheval n'arriva à Paris que le 20 juillet 1830, et ne fut pas inscrit sur les contrôles des écuries. — Après la Révolution, M. de Guiche chargea Landormy père de le vendre pour le duc d'Angoulême. — Il fut acheté par le roi Louis-Philippe : s'il vit encore, c'est le seul beau cheval du roi. — Mais il n'a pas moins de dix-huit ou vingt ans.

Le roi Louis-Philippe, comme l'empereur Napoléon, ne monte que des chevaux connus en Normandie sous le nom de *bidets d'allure* et que l'on paye de mille à douze cents francs. — Mais l'empereur avait de magnifiques attelages.

Sous Charles X, — les chevaux de réforme se vendaient quinze cents francs. — Quand on vend les chevaux réformés des écuries de Louis-Philippe, jamais leur prix ne s'élève à cinq cents francs. On en vend soixante-dix, soixante francs, et quelquefois même quarante et trente francs. — De sorte que *la veille de la réforme le roi se trouve avoir été mené par des chevaux d'une valeur de trente francs.* — En 1834, — le marquis de Strada a acheté pour le roi, à la foire de Caen, un cheval qui avait été refusé en dépôt de remonte pour les dragons.

Il y a quelque temps, aux écuries du Roule, — M. de Montalivet remarqua un cheval taré dans les nouvelles acquisitions du marquis de Strada, — cheval dont un palefrenier disait à demi-voix : « En voilà un dont je ne donnerais pas un œuf dur. — Monsieur le comte, dit M. de Strada, — j'ai acheté ce cheval d'un pauvre paysan dont le sort m'a fait pitié. — Monsieur le marquis, répliqua M. de Montalivet, il fallait lui donner cinq cents francs de la part du roi et lui laisser son cheval. »

Les marchands de chevaux de Paris — ont fait présenter au roi, par le général Durosnel, une supplique contre M. de Strada, qui décourage les éleveurs de Normandie en n'achetant presque, pour les écuries royales, que des chevaux étrangers. — Elle paraît n'avoir pas été prise en considération ; car on n'a pas renvoyé l'*écuyer ordinaire* du roi à la barrière des Bons-Hommes, où il a été contrôleur entre deux fortunes.

La préfecture de police, très-sévère aujourd'hui à l'égard des voitures publiques, exige la réforme des chevaux dont l'âge, les forces ou l'apparence ne sont pas convenables. — Je ne sais comment les chevaux du roi soutiendraient un pareil contrôle.

Le duc d'Orléans a peu de chevaux, — trente ou quarante, — mais ils sont généralement assez beaux, et ses écuries sont parfaitement tenues.

Je ne compte pas parler aujourd'hui des haras, dont j'aurai un jour ou un autre d'assez curieuses choses à dire. — Je raconterai seulement qu'au mois d'octobre 1835 (je crois), comme on allait vendre au haras du Pin les chevaux de réforme, on apprit tout à coup que M. Thiers allait arriver. — On songea alors que les écuries ne contenaient pas le nombre de chevaux exigé par le règlement et par le budget, — et on fit rentrer deux des réformés, qui restèrent au haras. — L'un des deux était cornard, et l'autre n'avait jamais produit.

3. — Le duc d'Orléans et le duc d'Aumale sont partis pour l'Afrique. C'est la réalisation d'une promesse que le prince

avait faite à la fin d'un banquet, lors de son dernier voyage. — Une situation singulière est celle des princes de la famille royale en France ; quels que soient leurs goûts, leur tempérament, leur caractère, leurs penchants, il faut qu'ils soient militaires. Il y a un impôt pour le payement duquel tout citoyen un peu aisé se fait remplacer : — c'est l'impôt que la conscription lève tous les ans sur la population, c'est l'impôt du sang. — Les princes de la famille royale seuls le payent toujours *en nature*, et pendant toute la vie.

— M. Adolphe Barrot, consul général de France à Manille, est arrivé à son poste. M. Adolphe Barrot est le frère du chef des *incorruptibles*, et le septième ou huitième parent que la protection de M. Odilon Barrot a fait pourvoir d'un poste avantageux.

— On éprouvait généralement en France, depuis quelque temps, le besoin d'être empaillé. — La faveur d'être conservé après le trépas était exclusivement réservée aux autruches, — aux casoars, aux singes, aux canards, etc., etc. M. Gannal est arrivé, qui a mis l'embaumement à la portée de toutes les fortunes.

— Aussi, on raconte que, *dans un dîner*, comme on parlait de la modicité de ses prix, M*** s'écria devant son père : « Ma foi, je ferai embaumer papa ! »

Un enfant a été trouvé assassiné, de là déposé à la Morgue (remarquez que, depuis que les philanthropes ont supprimé les *tours* des hospices d'enfants trouvés — on dépose, il est vrai, moins d'enfants aux hospices, mais beaucoup plus au coin des bornes et dans les auges des pourceaux). Pour prolonger le plaisir que la population parisienne semblait éprouver à aller voir ce cadavre, on l'a fait embaumer par M. Gannal.

M. Gannal, dont les procédés sont fort ingénieux, à ce qu'on dit, — me paraît, en outre, fort habile à exploiter la publicité ; j'ai vu, dans les journaux, des lettres de lui très-curieuses dans lesquelles il prévenait les lecteurs contre les concurrents qui pourraient s'élever. — « On ira ailleurs, si l'on veut, dit-il ; on s'adressera à quelque autre, mais qu'arrivera-t-il? — On sera très-mal empaillé, voilà tout. » — M. Gannal n'y tient pas. — S'il vous avertit, c'est dans votre intérêt. — Voulez-vous être très-mal empaillé? — Allez ailleurs.

🐝 4. — Je ne vous parlerai que pour mémoire de la représentation des dames bienfaisantes, qui a eu lieu hier au théâtre de la Renaissance. M. Panel avait une extinction de voix. Le monsieur qui jouait le rôle de Saint-Mégrin s'est jeté à genoux avec une telle violence, qu'il a fait craquer le plancher. — Les chœurs ont été cahin-caha. — La musique de M. Flottow est pâle, incolore et ennuyeuse. — Il l'a vendue 2,000 francs aux Polonais; — charité bien ordonnée commence et finit par soi-même. — On a tant parlé de cette représentation, qu'il serait ennuyeux d'en faire un long récit. Je dirai seulement que je ne comprends pas qu'un mari permette à sa femme de se placer dans une position où il ne pourrait pas demander raison d'une insulte qu'on lui ferait.

— Après la représentation, cent cinquante personnes ont demandé sans façon à souper à M. de Castellane. — On s'est rendu à l'hôtel, quelques-uns en voiture, les autres à pied, — en costume de Henri III. — Les maris ont été exclus du souper comme des coulisses, — où, assure-t-on, il se serait passé des choses bizarres.

— Le ministère continue à faire des actions vertueuses. On a dernièrement imaginé d'envoyer une ambassade en Perse, uniquement pour y attacher divers *lions* qui encombraient les coulisses du théâtre de l'Opéra, et entravaient le répertoire par leur influence sur les premiers, seconds et troisièmes *sujets* de la danse et du chant. On n'avait pensé à se débarrasser que des grands *lions*, sans s'inquiéter des petits lions, des lions à la suite et des sous-lions; — mais ceux-ci, dans l'absence de leurs chefs d'emploi, se sont mis à rugir comme eux. Alors, une ordonnance du préfet de police est venue défendre « aux directeurs de spectacles d'admettre aucune personne étrangère au service du théâtre sur la scène et dans les coulisses.—L'Opéra est compris dans cette mesure, qui ne fait exception que pour les auteurs, compositeurs et maîtres de ballets des ouvrages composant la représentation du jour. »

Comme il n'est pas toujours facile de remplir ces conditions pour les pauvres lions, quelques-uns se sont engagés comme machinistes, lampistes, etc., etc. Il est bon de dire que ces lions sont au nombre de quatre ou cinq, que plusieurs n'ont ni dents, ni crinière, et que M. Valentin de la Pelouze en fait partie.

— Les départements suivent déjà l'exemple des vertus dont le nouveau ministère émerveille Paris. — Voici un extrait d'une affiche que l'on m'envoie de Rouen : —

RÈGLEMENT DE LA SALLE DE DANSE DE MADAME VEUVE DELEAU, À SAINT-ÉTIENNE DU ROUVRAY.

« Il est expressément défendu de chanter ni de fumer dans cette salle, et le silence doit régner pendant les quadrilles, pour l'agrément du danseur. »

« Tous propos grossiers et outrageants envers quelqu'un sont interdits,—ainsi que les danses indécentes que repoussent la bienséance et l'honneur. »

« Tous costumes malpropres, cannes et bâtons, sont défendus. »

5. — Dans plusieurs départements, des troubles et des émeutes amènent de graves désordres et de tristes accidents, au sujet du transport des grains. — Le pain est très-cher. — Il n'a pas été dit un mot de cela à la Chambre des députés.—Des hommes, qui se sont occupés des céréales, prétendent qu'il dépendrait d'une administration sage et éclairée de faire baisser le prix des grains, et de calmer les inquiétudes du peuple. — J'ai rencontré hier sur le boulevard M. de Balzac, qui m'a dit avoir

à ce sujet des notions fort complètes ; je lui ai donné le titre d'une brochure qui serait très-intéressante, — et que probablement il fait en ce moment : « *Question du pain.* »

— Grâce aux fictions du gouvernement constitutionnel et de la représentation nationale,— les intérêts des gros propriétaires sont soutenus avec véhémence à la Chambre des députés contre les intérêts des classes pauvres — (si, pour remédier à cet inconvénient, vous abaissez ou supprimez le cens, vous tombez dans l'inconvénient de la corruption, à laquelle vous donnez de grandes et nombreuses facilités). L'entrée libre des grains et des bestiaux étrangers diminuerait de la moitié le prix du pain et de la viande en France ;—mais les gros propriétaires ne veulent même pas qu'on en parle. M. Bugeaud s'est constitué le représentant de la viande privilégiée,—se disant nationale, et il a fait, à la Chambre, un discours dans lequel il déclare qu'il craindrait moins une invasion de Cosaques qu'une invasion de bœufs étrangers. — M. Bugeaud, agronome distingué et gros propriétaire, est loin d'être désintéressé dans la question. Les *amis des peuples* n'ont pas pris la peine d'étudier la question pour répondre à M. Bugeaud.

— La guerre d'Afrique paraît devoir glisser dans nos mœurs quelques habitudes nouvelles : un cheïk arabe, notre allié, attaqué par Abd-el-Kader, lui a tué cinq cents hommes, dont il a envoyé les oreilles au général Galbois, qui les a reçues avec plaisir. On ne sait pas si ces cinq cents paires d'oreilles vont être envoyées en France.

6. — Le jury continue à faire un excellent usage des circonstances atténuantes. Jouvin, aidé de Driot, a tué sa femme et l'a *enterrée* dans une mare. MM. les jurés les ont déclarés coupables avec des *circonstances atténuantes*. Un tribunal jugeant sans jurés a montré plus d'intelligence dans l'application. Madame Bochat, femme de quarante-cinq ans, est accusée par son mari d'adultère commis avec un jeune homme nommé Bouvet ;

le tribunal s'est ému en faveur du jeune Bouvet, qui, selon lui, n'avait pas dû trouver un grand plaisir dans le crime, et il ne l'a condamné qu'à un mois de prison, attendu les *circonstances atténuantes*.

— Je reçois une lettre de reproches fort vifs de la personne dont le portrait figure aux galeries du Louvre, sous le n° 1266.
— Ce n° 1266 est très-irrité contre moi de ce que j'ai appris au public que ledit n° 1266 a le visage d'un jaune jonquille très-prononcé. — Il me semble que la moitié de ce reproche revient au peintre, et l'autre moitié au n° 1266 lui-même, qui a permis, et peut-être demandé qu'on l'exposât.

7. — MM. de Rovigo, de Saint-Pierre, Bazancourt et deux ou trois autres, viennent d'être condamnés à plusieurs mois de prison pour avoir figuré dans un duel, les premiers comme acteurs, les autres comme témoins. On se rappelle peut-être que l'avocat Dupin, il y a deux ou trois ans, se permit, à la Chambre des députés, une sortie assez violente contre le maréchal Clauzel. Le maréchal fit demander à l'avocat une rétractation ou une réparation. — L'avocat était si déterminé... à ne pas se battre, que l'affaire s'arrangea; — mais il prit, de ce jour, une ferme résolution — de mettre le courage qu'il n'avait pas sous la surveillance de la police, de faire de l'insolence la seule majesté inviolable, et de la couardise une vertu.

A la première occasion, il fit un long réquisitoire dans lequel, en torturant le sens de plusieurs lois tombées en désuétude, il mettait la mort donnée en duel, c'est-à-dire à son corps défendant, au rang de l'assassinat. Cette théorie fut adoptée avec enthousiasme par tous ses noirs confrères, heureux de se faire un devoir de ne pas avoir à rendre ou à demander raison des soufflets qu'ils méritent ou qu'ils reçoivent.

Voici les résultats probables des poursuites que l'on exerce contre les combattants et contre leurs témoins.

Si les Français ont passé si longtemps pour le peuple le plus poli du monde, c'est parce qu'ils portaient l'épée et la sortaient facilement du fourreau.

C'est la faute de la loi, si elle n'est pas assez forte pour qu'on ait recours à elle dans certaines circonstances.

Avant de punir les duellistes, faites qu'on ne soit pas déshonoré en France pour ne s'être pas battu.

Osez affirmer que le magistrat qui prononce la peine contre le duelliste ne l'estime pas un peu plus que si le même homme était venu lui demander la protection de la loi pour venger sa sœur, sa femme ou sa mère outragée.

Les lois faites à l'encontre des mœurs ne servent qu'à faire des crimes et des criminels.

Les gens qui doivent et qui veulent se battre se battront malgré la loi. — Seulement, comme les témoins sont poursuivis aussi rigoureusement que les adversaires, — ils ne trouveront pas de témoins, — beaucoup de duels deviendront des assassinats.

8. — Oh! le soleil — le beau soleil
Qui fait dans le jardin tout riant et vermeil !

Le rouge est la couleur des roses,
Quand, au matin, jeunes écloses,
Elles rompent leur bouton vert.

Le vert est la couleur de l'épaisse feuillée,
Où la fauvette et sa famille ailée
Mettent leur retraite à couvert.

L'azur est la couleur du ciel pur de l'automne,
Ou des bluets que pour mettre en couronne
Les enfants vont chercher dans les jaunes guérets.

MAI 1840.

Mais, quand sur toute la nature,
Sur le sol, sur les eaux, sur la molle verdure,
Le beau soleil étend ses magiques reflets,

La couleur du soleil, c'est celle de la vie
Que l'hiver a semblé, six mois, nous dérober;
C'est un regard d'amour que Dieu laisse tomber;
C'est un signe qui dit que la terre est bénie!

Oh! le soleil, le beau soleil
Qui fait dans le jardin tout riant et vermeil!
Tout aime, — tout fleurit; les rossignols se perchent
Sur les lilas en fleurs — et chantent dans la nuit;
Les insectes se cherchent
Sous l'herbe qui grandit.

Aux fleurs des cerisiers l'abeille d'or bourdonne;
Les papillons d'azur voltigent par le pré;
Le pigeon amoureux baise de sa pigeonne
Le beau col diapré.

Et pourtant, au milieu de cette douce joie,
Qui remplit l'univers;
Je rêve tristement, et je me sens en proie
A des pensers amers.

Comme en ces vieux donjons où la grande herbe pousse
Sur les corps des barons et des preux endormis,
Il semble qu'en mon cœur, tombeau couvert de mousse,
Où j'avais renfermé tant de si chers débris,
Maison longtemps déserte — il revient des esprits.

9. — J'ai lu ce matin dans un journal : — « Un perruquier sans ouvrage s'est jeté à l'eau. — Voilà où conduit le manque de religion. » — Et le manque d'ouvrage, aurait pu ajouter l'écrivain.

10. — Madame *** a quelque soixante ans et se marie avec un jeune homme. — Un homme de sa famille, très-puissant à la Banque, est allé la voir et lui a fait de longs discours pour la détourner de son projet.

— Eh bien! a dit madame ***, il n'est plus temps, — il faut tout vous dire :... je me suis donnée... cet été, — aux eaux.

— Et lui aux os, — pensa le parent officieux.

Une femme, à laquelle on racontait cette démarche infructueuse, dit :

— Oh! le mariage n'est pas encore fait, — il y a un père qui ne donnera pas son consentement.

— Quel père?

— Le Père-Lachaise.

11. — Le ministère achète, dit-on, la propriété du *Messager*, journal du soir, — qui appartenait à M. Walewski, auteur de l'*École du monde*, homme d'esprit et de vie confortable, qui avait dans un journal, qui n'a jamais rapporté d'argent depuis sa création, une maîtresse trop chère pour sa fortune.

C'est sans doute en reconnaissance du dévouement récent de cette feuille que le ministère fait cette mauvaise affaire. — On ajoute qu'elle a été imposée à M. de Rémusat par M. Thiers. — M. de Rémusat trouve le marché si mauvais, qu'il ne se détermine au payement qu'à la charge de le faire notifier par la commission du budget.

C'est la suite des choses vertueuses du ministère ; le *Messager*, s'armant d'un rigorisme prodigieux, a immolé, l'année dernière, M. Gisquet, l'ancien préfet de police, à la vertu et à l'incorruptibilité.

M. Thiers a voulu, dans cette circonstance, oublier sa complicité politique avec M. Gisquet, pour récompenser son dénonciateur.

— Le *Nouvelliste* va être fondu dans le *Moniteur parisien*, — qui donnera une indemnité à M. Pillet, comme il en a déjà donné une au propriétaire de la *Charte de* 1830.

MAI 1840.

Comme M. Pillet ne serait pas ainsi suffisamment récompensé de sa bienveillance pour le ministère, il est question de lui donner le privilège de l'Opéra pour le moment de son expiration, c'est-à-dire dans trois ans. Si cette tentative réussissait, rien n'empêcherait M. Thiers de disposer de toutes les places et de toutes les positions dès aujourd'hui, pour jusqu'à la fin de la monarchie constitutionnelle.

12. — On parlait de la mort de M. de P., qui s'est brûlé la cervelle par amour pour une femme très-laide. — Une jolie femme dit à ce sujet : « Décidément je suis jalouse des laides, il n'y a qu'elles qui inspirent de telles passions. — Sans doute, répondit-on, leurs amants sont toujours si malheureux, — même d'être heureux. »

13. — Le philosophe Cousin sacrifie quelquefois aux grâces, selon le précepte de son maître. — Avant d'arriver au ministère, il avait exigé de M. Villemain une pension pour madame Colet, née Revoil, — qui a remporté dernièrement le prix de poésie à l'Académie française, et qui a eu tant de chagrin de ce qu'on ne lui a pas permis de lire elle-même ses vers.

Comme M. Villemain faisait des objections, le philosophe Cousin s'écria : « Elle est si belle ! »

Arrivé au ministère, il a augmenté la pension.

Pendant ce temps, M. Villemain, moins sensible aux charmes d'une beauté, — que, soit dit en passant, je ne reconnais pas, — donnait des preuves de la gratitude de son estomac; il accordait une pension à M. Droz, chez lequel il a l'habitude de faire de très-beaux et de très-bons dîners.

— Je ne puis trouver le courage de refuser un peu d'argent aux divers mendiants qui se présentent chez moi. — Je reçois une lettre d'un de ces messieurs, dans laquelle il me semble se moquer de moi au point de n'avoir pas changé dans sa circulaire, faite probablement l'hiver dernier, une phrase qui s'accorde peu avec les vingt degrés de chaleur qu'il fait aujourd'hui.

— Voici la lettre :

« Monsieur, daigné permétre au soussigné, qui, par cause de maladie, se trouve sans occupation, — ayant tout sacrifié, sans vêtemens ni linge sur le corps, — mourant de *frois* et de faim, attains présentement de fièvres, ne sachant vous sabrité cette nuit.

» Que l'humanité, frères de la vertu, pèr de la sagesse, puisse touché votres cœur bont et humain en faveur d'un pauvre malheureux honteux emproie à la plus afreuse misères, nayant pour partage que la morts, si il est abandonné par les personnes d'esprit ; qui peuve si il veut le secourir.

» Hélas ! qu'il est doux à un cœur bien né de secourir le vrai malheureux, en fesant une bonne action on posède la vrai paix du cœur et la jouissance pure de l'âme.

» En grâce que votres main bien fesante ne me repousse pas dans la tante de vos bienfait.

» Qu'une couronne de gloire soit le prix de la récompance bien mérité de votres humanité.

» Votre très soumit serviteur. »

14. — Comme le ministère n'a encore rien pu faire pour le *Constitutionnel*, il a voulu donner, du moins, une nouvelle sanction à ses promesses, il l'a fait manger plusieurs fois à sa table.

On parle d'un ravissant dîner, à la présidence du conseil, auquel ont assisté tous les propriétaires et une partie des rédacteurs de ladite feuille. — Sur la fin du dîner, un des propriétaires a chanté une chanson un peu gaillarde ; — madame Dosne était au supplice. On a renouvelé toutes les promesses déjà faites, en ajournant l'exécution jusqu'après la session. Provisoirement on donnera au *Constitutionnel* beaucoup d'articles gratis, — tels que statistique, tableaux, etc., etc. ; toutes choses que les journaux aiment à vendre quatre-vingts francs et à recevoir pour rien. La candidature de M. Véron sera chaudement appuyée; — on le présentera dans un pays moins arriéré et plus intelligent des principes constitutionnels que la Bretagne, où on n'a pu se figurer qu'un ex-directeur de l'Opéra, quelque habile et spirituel qu'il se soit montré dans sa gestion, puisse être un homme sérieux. — Quelques personnes du pays avaient conçu de M. Véron les idées les plus singulières ; elles semblaient s'attendre à le voir arriver en pantalon de tricot couleur de chair ; — et un électeur, en l'entendant annoncer, fit retirer ses deux filles qui brodaient dans le salon.

— Dans la traite des députés que fait M. Thiers, il se sert, tant qu'il peut, de M. Guizot — pour ramener les plus rebelles; — mais M. Guizot a perdu toute sa valeur, depuis qu'il s'est fait l'instrument subalterne de M. Thiers et qu'il reçoit des ordres de lui.

— Les journaux de la gauche sont fort embarrassés ; ils ne veulent pas perdre le fruit de leur dévouement, et cependant ils s'inquiètent des concessions que M. Thiers est obligé de faire aux conservateurs, concessions qui leur rendent chaque jour plus difficile de soutenir un ministère qui se met dans une situation déjà bien peu conforme aux principes rigoureux qu'ils ont mis si longtemps en avant.

Leur situation est telle, que beaucoup de personnes commencent à croire que M. Thiers, d'accord avec le roi, n'est entré aux affaires que pour faire faire au parti vertueux tant de fausses démarches et d'inconséquences, qu'il reste à jamais perdu dans l'opinion publique et n'ose lever la tête.

J'avouerai que je suis presque de l'avis de ces personnes, et que, si ce n'est l'intention, c'est du moins le résultat.

Il y a peu de choses qui aient été combinées d'avance, ce n'est qu'après l'événement qu'on se donne l'honneur de la prévision, — et les historiens ont pour état de constater et d'expliquer la préméditation des tuiles qui tombent par hasard.

15. — Il ne manquait plus au parti vertueux que de couronner des rosières, — M. le vicomte de Cormenin s'est chargé de ce soin. Il consacre le produit de la souscription faite pour lui offrir une médaille, — à la *dotation* de cinq villageoises.

— La somme est divisée, — comme celle demandée pour le duc de Nemours, en dot, douaire et épingles. — C'est une taquinerie un peu enfantine.

16. — Une comtesse italienne, fort connue dans le monde par ses capricieuses fantaisies, — a adopté une jeune fille et l'a fait élever avec la plus grande distinction, — non sans lui faire payer quelquefois ses bienfaits par des bizarreries capables de les lui faire regretter et maudire. Dernièrement la jeune personne accomplit sa dix-huitième année. — Madame... la fit venir et lui dit :

— Anna, tu vas te marier ; — ton trousseau est prêt.

— Mais, répondit la jeune fille, — je voudrais, etc., etc.; tout ce que répondent les filles en pareil cas.

— Ton mari est M. M...

Le futur était vieux et laid. — On le refusa par les larmes et par les supplications.

— Ma chère bienfaitrice, je vous en prie.

— Comment ! mademoiselle, vous refusez l'homme que j'ai choisi pour vous ?

— Mais, madame, c'est que vous avez choisi le seul peut-être que je refuse de recevoir de vous.

— On ne peut cependant pas démarquer le trousseau.

La comtesse sonne.

— Faites venir Michel.

Michel est le palefrenier. — Il arrive.

— Mademoiselle, puisque M. M... vous est si odieux, et que c'est le seul mari que vous ayez le courage de refuser de ma main, — vous allez épouser Michel. — Michel serait votre égal sans mes bienfaits; — il dépend de moi de ne pas admettre une distinction que j'ai créée.

Anna pleure, sanglote, se jette à genoux. Heureusement Michel, qui n'avait pas prévu la chose, s'était marié six ans auparavant : on le renvoie à l'écurie.

— Aimez-vous donc quelqu'un, mademoiselle?

Pas de réponse.

— J'en suis fâchée, si cela est, car vous épouserez M. M...

— Ah! Charles, Charles! s'écria Anna.

— Et comment s'appelle ce Charles?

— C'est un jeune homme de bonne famille.

— Ce n'est pas ce que je vous demande, c'est son nom.

— De M...

— Son nom commence par un M? Il fallait le dire; alors c'est tout simple; — on n'a pas besoin de démarquer le trousseau : — c'était ce qui m'avait fait penser à Michel. Vous épouserez M. Charles de M...

17. — Par un hasard singulier, il a fait beau pour la promenade de Longchamps; ce hasard n'était pas arrivé depuis plusieurs années, et je me souviens que l'année dernière j'écrivais à un de mes amis : « Les solennités du couvent de Longchamps ont été d'abord le but, puis le prétexte de cette promenade mondaine. — Aujourd'hui qu'on ne fait même pas semblant d'aller à Longchamps; qu'on se promène pour se promener, il me semble qu'on ne devrait plus s'imposer ce plaisir, qui consiste à promener des nez rouges, des oreilles bleues, des mains violettes, des traits tirés et flétris par le froid.

« Ne pourrait-on attendre un peu et commuer cette promenade en quelque autre dans une saison moins rigoureuse? »

Mais cette année il y avait grande affluence de promeneurs et de riches équipages; — des gendarmes à pied et à cheval, — et dans les contre-allées des marchands de pain d'épices; — sous des tentes, des femmes plus ou moins sauvages avec ou sans barbe, — des crocodiles non moins féroces qu'empaillés, — des mésanges savantes, — des femmes fortes auxquelles on était invité à marcher sur la gorge, — des messieurs se lavant les mains avec du plomb fondu, et se rinçant la bouche avec du cuivre en fusion, etc., etc.

18. — La politique est ce mois-ci fort aride. — Il ne s'agit que des exigences des journaux par la protection desquels M. Thiers est arrivé, et de ses efforts pour réaliser ou ne pas réaliser ses promesses. Le *Journal de Paris* n'existe guère plus. — M. de Feuillide est parti pour le nouveau monde ; M. Méville reste dans l'ancien pour faire fructifier le plus possible l'argent qui lui reste. — Pour le journal, il n'est pas à vendre, il est à donner. Son triste sort sert d'exemple à ceux qui comme lui ont osé résister au petit autocrate de la rue Saint-Georges.

Discite justitiam moniti et non temnere Divos.

19. — Voici un nouveau volume de *Babel*, publication de la société des gens de lettres.

Pendant que j'y suis, — je dirai deux mots sur la société des gens de lettres, — association ayant pour but d'imposer d'un droit toute reproduction d'un ouvrage ou d'une partie d'ouvrage, au bénéfice de l'auteur. On ne peut nier qu'il ne soit juste, incontestablement légitime, de faire entrer l'auteur d'un ouvrage littéraire dans le partage des bénéfices qui proviennent de son ouvrage.

Mais il y a quelque chose de triste et de mesquin à voir une assemblée de poëtes se jeter volontairement dans les discussions commerciales les plus minutieuses, apprécier eux-mêmes chacune de leurs pensées, chacun de leurs vers en argent, — n'en pas perdre un seul de vue dans leur vol capricieux, sur l'aile des vents ou sur celle de la renommée, et, chaque fois que quelque part il sera prononcé un vers ou lu une ligne, arriver avec leur quittance, et au besoin se faire assister d'un huissier.

Ce n'est plus le temps où Colletet, crotté jusqu'à l'échine, allait de cuisine en cuisine chercher un dîner qu'il payait en bassesses et en humiliations ; le temps où l'académicien Durier faisait des vers à quatre francs le cent. Plus d'un poëte aujourd'hui rêve sous des arbres dont l'ombre et la fraîcheur sont à lui. — Nous avons des hommes de lettres qui sont ministres, et d'autres qui empêchent les ministres de dormir, et les renversent de temps à autre.

La mansarde du poëte renferme en certains lieux pour trente mille francs de tableaux, et il n'est plus de bon goût de médire des lambris dorés. Il y a des hommes de lettres qui sont logés comme des princes, si toutefois il est encore des princes qui soient logés comme certains hommes de lettres.

Nous savons que le pouvoir ne comprend pas assez la presse ; qu'il n'ose ni l'attaquer de front ni s'allier franchement à elle ; nous savons que les gens de lettres sont en dehors de toutes les lois protectrices, sans être en dehors des lois oppressives ; qu'ils sont soumis aux charges sociales et qu'ils n'ont pas leur part dans les bénéfices. Mais qu'est-il arrivé de là ? c'est qu'on a forcé les poëtes à faire une bonne fois sur la terre et en ligne droite le chemin capricieux qu'ils faisaient au degré de leur fantaisie dans les espaces imaginaires, et qu'ils se sont trouvés dépasser les autres hommes ; qu'ils se sont rués dans la société comme en pays conquis, portant avec eux le désordre et la dévastation. C'est donc aujourd'hui à la société à leur faire leur part dans des intérêts qu'ils sauront défendre quand ils seront leurs, comme ils les ont renversés en ces temps-ci. Il n'est aucune carrière qui soit fermée à l'homme de lettres, aucun but qu'il ne puisse atteindre. La littérature est dans toute la force de l'âge et de la puissance, et il est triste de la voir déjà, comme une vieille femme décrépite, penser mesquinement à de petits intérêts, — entasser des liards, faire des épargnes d'esprit, — ramasser les miettes des festins qu'elle donne, et prétendre en remplir encore cinq paniers.

O poëtes, mes amis, poëtes que nous aimons ! après avoir montré que vous pouviez aussi être riches, — quand il vous arriverait par hasard de vous soucier des richesses, il est temps que quelques-uns déploient leurs ailes depuis longtemps fermées. Vous devez, ô poëtes, semblables à cette jeune fille des contes de fée, — laisser tomber les pierreries qui s'échappent de votre bouche, — vous devez, comme Buckingham, ne pas ramasser les aiguillettes de perles qui se défilent, s'égrènent et tombent sur le parquet.

Ne nous donnez pas, ô poëtes, — le déplorable spectacle du rossignol qui interromprait son chant, dans les nuits tièdes, pour faire payer les auditeurs et diviser en stalles numérotées les bancs de gazon et les ombrages attentifs.

Voici le printemps, les cerisiers se couvrent d'une neige odorante, les lilas secouent au vent les parfums de leurs thyrses embaumés, les fleurs ne prennent pas la peine de mettre elles-mêmes leurs parfums en petites fioles, et de les vendre étiquetées et parafées.

Il est beau pour le poëte de donner à tous un grand festin d'harmonie, une fête de pensées. Il est beau à l'écrivain de ne pas se montrer préoccupé de tirer tout le *parti possible* de son œuvre d'hier, parce que sa pensée et son amour sont à l'œuvre de demain ; parce qu'il ne faut pas être si humble que de ne pas se permettre d'être un peu prodigue, et de se refuser le plaisir de se laisser un peu voler ; parce qu'il faut laisser croire que l'on a *trop d'esprit* et ne pas compter ses mots et ses phrases, et les mettre dans un coffre par sacs de mille et de cinq cents, et chaque jour les recompter et les enfermer sous une triple serrure.

20. — Un homme aux épaules larges et carrées s'est présenté hier devant le conseil de révision de la garde nationale.

— Vous demandez, lui dit le président, à être exempté du service de la garde nationale !

— Oui, monsieur.

— Quels sont vos motifs d'exemption ?

— Monsieur, je suis atteint de la plus grave infirmité.

— Passez dans ce cabinet.

— Mais...

— Passez dans ce cabinet.

Notre homme entre dans une petite pièce voisine, où on le fait se déshabiller des pieds à la tête. Il reparaît bientôt devant le conseil vêtu comme notre premier père.

— Voulez-vous maintenant nous dire quelle est votre infirmité ?

— J'ai la vue basse.

🐝 — Hier dimanche, le concert de M. Listz a été remarquable d'abord en ceci, qu'on n'était admis que sur invitation et nullement en payant. — C'est une noble idée qu'un roi n'aurait pas ; il n'y a que les artistes et les pauvres pour de telles magnificences.

M. Listz a, comme de coutume, donné le spectacle d'un beau talent qui se perd souvent dans l'exagération. — C'est, du reste, un moyen d'influence sur certaines femmes, qui abusent de ce bruit pour en faire un peu de leur côté, — et il y en avait qui se tordaient. — Une princesse, fidèle aux pianistes en général, n'a pas voulu s'asseoir, par enthousiasme ; elle s'est tenue tout le temps debout, appuyée contre une colonne ; — une comtesse pleurait et criait : — ces dames sont des étrangères qui pensent, sans doute, que c'est ainsi qu'on a l'air de se connaître en musique.

🐝 — Un monsieur m'a apporté, un jour, des pensées à mettre dans les *Guêpes*. — L'*abondance des matières*, — comme disent les journaux, m'a empêché jusqu'ici d'obtempérer à ses désirs. — Mais il m'écrit des injures et des menaces. — Pour ne pas me faire une mauvaise affaire avec ce monsieur, qui me paraît fort méchant, — je vais transcrire ici la première pensée du recueil, — et, comme j'ai perdu son adresse, — je le préviens que je suis prêt à lui restituer les autres.

Voici la pensée :

« La vérité est un flambeau de lumière qui n'éclaire que ceux qui marchent à sa lueur. »

— On citait hier une femme de la société qui, pour se conformer au préjugé populaire qui veut qu'on ait quelque chose de neuf le jour de Pâques, n'a rien trouvé de mieux que de prendre un nouvel amant.

21. — Alfred M... est un peintre sans réputation et sans talent, qui se console parfois au cabaret des rigueurs de la fortune. Hier, on frappe chez lui de bonne heure, il ouvre et voit entrer son tailleur.

— Ah! c'est vous, monsieur Muller.

— Oui, monsieur, et voilà plus de dix fois que je viens ; c'est bien désagréable.

— Vous venez peut-être me demander de l'argent?

— Certainement, monsieur, pourquoi viendrais-je, sans cela?

— Je pensais que c'était pour me prendre mesure d'une redingote dont j'ai furieusement besoin.

— J'en suis désolé, monsieur ; mais je ne vous ferai rien que vous n'ayez payé l'*ancien*.

— Oh! mon Dieu! ce n'est pas que j'y tienne ; voilà le beau temps, et je serai bien mieux en manches de chemise chez moi, et dehors avec ma blouse.

— Comment, monsieur, vous ne me donnez pas encore d'argent cette fois-ci !

Le tailleur se fâche un peu ; Alfred M... l'apaise de son mieux par une promesse vague. — Le tailleur descend ; Alfred M... le suit et le fait entrer dans un café établi dans la maison qu'il habite. — Alfred *paye* un petit verre de rhum. — Le tailleur commande une *tournée* d'anisette et dit :

— Bah! tout cela ne vaut pas un petit vin blanc à quinze que je connais, à la barrière des Martyrs.

— C'est presque mon chemin.

— Venez avec moi jusque-là.

Alfred sort avec M. Muller. Arrivés à la barrière des Martyrs, le tailleur fait servir une bouteille de vin. — Alfred se croit obligé de faire comme M. Muller avait fait au café ; il en demande une seconde.

— Savez-vous, dit M. Muller, que je commence à avoir faim?

— Eh bien ! demandons un morceau à manger.

— Pas ici, on n'est pas bien ; montons sur la butte, je sais un endroit.

Alfred M... et M. Muller gravissent ensemble la colline.—On s'arrête à mi-côte pour se rafraîchir.—On arrive à l'endroit que connaît le tailleur. — On prend du petit salé aux choux et on boit. — On prend une salade avec des œufs durs et on boit. — Vers la quatrième bouteille, le tailleur ouvre son âme à Alfred et lui raconte les chagrins que lui cause une femme acariâtre. — A la cinquième, Alfred sent le besoin d'épancher la sienne,—et lui parle de l'intrigue et de la cabale qui l'empêchent d'*arriver*.

— Il cite tel et tel qui ont été à l'atelier de Gros avec lui, et qui ont réussi parce qu'ils ont fait des bassesses auprès de M. Coyeux.

— Il prend du charbon, dessine un bonhomme sur le mur et s'écrie : « Voyez-vous tous ces beaux messieurs-là, il n'y en a pas un fichu pour camper une figure comme ça. Eh bien ! ils ont de beaux habits et de riches appartements, et moi, je mourrai dans mon grenier. »

Le tailleur s'attendrit et lui dit: « Quand je viens vous demander de l'argent, ce n'est pas que je veuille vous tourmenter ; — vous m'en donnerez quand vous en aurez. »

Ils sortent du cabaret, après avoir bu de l'eau-de-vie pour faciliter la digestion, et se promènent.

— Écoutez, dit le tailleur, je sais qu'il faut qu'un jeune homme soit bien mis ; — je veux vous faire une redingote et un pantalon.

— Mais je ne sais quand je vous payerai.

— Vous ferez le portrait de ma femme et le portrait de son petit.

Et, comme on marchait toujours, le tailleur finit par lui prendre mesure d'un pantalon et d'une redingote dans les carrières.

Il commençait à faire chaud, ils retournent au cabaret et se font servir trois bouteilles de vin. — Mais, après avoir bu chacun une bouteille, ils s'aperçoivent avec douleur qu'ils ne peuvent contenir la dernière ; — ils appellent le marchand de vins.

— Tenez, dit Alfred, c'est dimanche aujourd'hui, — vous donnerez cette bouteille de vin au premier homme — ayant soif, — sans argent, que vous verrez.

— C'est une bonne idée, dit le tailleur, et une bonne action ; il fera furieusement soif tantôt.

Le tailleur reprend son foulard sous son bras, et les deux amis se séparent à la barrière des Martyrs.

En entrant chez lui, Alfred M... s'aperçoit qu'il est un peu ému, — il ne peut pendant longtemps trouver sa serrure, — puis ensuite il cherche à ouvrir sa porte du côté des gonds. — Enfin, il entre et se jette sur son lit ; — mais il lui semble que les chaises dansent, — et que la figure commencée de son *grand tableau* joue du violon. — Il s'endort un moment et se réveille le gosier en feu. « Parbleu, dit-il, je doute qu'il y ait aujourd'hui aucun homme qui ait aussi soif que moi et qui ait moins d'argent. — La bouteille que nous avons laissée chez le marchand de vins me revient de droit. » — Il redescend son escalier et remonte à Montmartre ; il faisait le soleil que vous savez. — Il gravit péniblement et arrive en sueur. — Il entre chez le marchand de vins pour demander la bouteille, et trouve le tailleur qui la buvait assis dans un coin.

22. — Une femme vient de faire paraître un livre inti-

tulé : *Mémoires d'une jeune fille*. Il serait vrai et spirituel que ce fût un cahier de papier blanc.

— On lit dans Mézerai que Catherine de Médicis s'entourait de filles d'honneur d'une grande beauté, au moyen desquelles elle détachait du parti de la Ligue les hommes les plus considérables. — M. Thiers, à cette époque où les femmes n'ont plus d'influence que sur leurs maris, a retourné assez spirituellement la politique de la mère de Henri III. — Il a des aides de camp beaux et distingués le plus possible, qui sont chargés de séduire et d'influencer les femmes de certains députés rebelles pour leur faire amener pavillon. Quelques-uns ont un ministère fort agréable, mais c'est le plus petit nombre ; — car beaucoup de députés se sont mariés pour avoir le cens, et ont rencontré des femmes ayant plus de *portes et fenêtres* que de beauté. — Nous citerons dans les exceptions mesdames L..., E... B..., etc., etc.

On assure que M. Thiers lui-même, sachant que, dans les grandes circonstances, un général doit savoir payer de sa personne comme un simple soldat, ne dédaigne pas de descendre dans la lice — et de donner l'exemple. — Si, d'une part, toutes les femmes à séduire ne sont pas belles, — d'un autre côté, quelques-uns des séducteurs sont fort laids ; et M. Thiers lui-même n'est pas un Antinoüs. Mais ces pauvres femmes, dont la royauté est fort amoindrie, — comme toutes les royautés de ce temps-ci, — croient ressaisir le sceptre qui leur échappe, — et appellent cela *faire de la politique*.

23. — Pendant que je croyais M. de Balzac occupé à écrire sur la *question du pain*, il laisse la théorie et la généralité pour l'application et la spécialité, — et il s'efforce de nourrir les acteurs de la Porte-Saint-Martin. Il dirige pour trois mois ce troupeau sans pasteur ; c'est le seul dédommagement qu'il ait demandé au ministère, qui a si brutalement défendu *Vautrin*.

— Je désire de bien bon cœur que ce soit un dédommagement. M. de Balzac, directeur de théâtre, ressemble tout à fait à Apollon se faisant berger et gardant les troupeaux d'Admète.

24. — M. Thiers a son *fidus Achates*, son fidèle *Berger*, qu'il a poussé au secrétariat de la Chambre. Il a été question de le nommer conseiller à la cour royale de Paris ; — mais M. Vivien, — M. Pelet (de la Lozère) et plusieurs autres collègues de l'autocrate — ont eu l'audace de s'y opposer. — Toute la magistrature de Paris eût regardé comme une insulte qu'on fit entrer dans son sein un homme qui a exercé les fonctions d'avoué dans son ressort, — les relations de la cour royale avec les avoués de son ressort consistant généralement en ceci, que la cour passe son temps à rogner les ongles à ces messieurs.

— On s'occupe beaucoup des guerres intentées par l'Angleterre. — Les journaux, aujourd'hui ministériels, qui l'appelaient autrefois « perfide Albion, » la nomment — le « berceau du gouvernement représentatif. »

Pendant ce temps, l'Angleterre fait la guerre aux Chinois, parce qu'ils ne veulent pas lui acheter son opium, et aux Siciliens, parce qu'ils ne veulent pas lui vendre leur soufre aux conditions qu'il lui plairait de faire.

25. — J'ai eu à parler l'autre jour à M. de Rambuteau, préfet de la Seine. — Il s'agissait de mettre la paix entre des mariniers. — M. de Rambuteau m'a reçu fort convenablement et m'a envoyé à M. Poisson, ingénieur, dont la réception a été un peu cavalière ; de sorte que je n'ai pas osé demander le chemin pour sortir à un huissier. — Je craignais que, la politesse diminuant toujours à proportion du grade des personnes, l'huissier ne jugeât convenable de me battre.

— M. de Rambuteau passe sa vie, depuis quelques jours, à baiser sur les deux joues les divers officiers récemment élus ou réélus dans la garde nationale.

— A une matinée chez madame W..., on pria un certain vicomte de lettres, qui n'est ni M. de Chateaubriand, ni M. Sosthène de la Rochefoucauld, ni M. Delaunay, de vouloir bien lire un chapitre d'un roman qu'il vient de terminer. On parlait très-haut — et plusieurs portes étaient ouvertes, — le vicomte demanda qu'elles fussent fermées ; on ne le comprit pas. — Il lu le titre, espérant calmer le bruit; impossible de captiver l'attention de ses — dirai-je *auditeurs!* — Alors le vicomte replia son manuscrit et le remit dans sa poche sans que personne eût l'air de s'en apercevoir. — A ce moment est entré M. Donizetti ; la musique a commencé, et le pauvre vicomte est resté *solitaire* sans la moindre consolation ni la moindre apparence de regret.

— Enfin a eu lieu, à la croix de Berny, — la course au clocher qui avait été annoncée il y a quinze jours. — Les coureurs étaient au nombre de cinq, et les paris importants. — Toutes les chances étaient pour Barca, — jument appartenant à lord Seymour. Les élégants qui montaient les chevaux avaient invité toutes les femmes de leur connaissance, et l'assistance était des plus nombreuses.

Il n'y a pas besoin d'être un écuyer bien habile pour savoir que, dans une course de ce genre, les chevaux et les hommes ont besoin d'être *entraînés*, c'est-à-dire animés et enivrés graduellement par la course et des obstacles légers d'abord, dont le plus grand est le dernier. — Cette fois, on avait jugé à propos de commencer par la fin. Aux courses précédentes, après plusieurs haies et barrières, on arrivait par un terrain en pente à la Bièvre, qu'il fallait franchir. Cette fois, on devait franchir la Bièvre de bas en haut; — aussi Barca, arrivée la première au ruisseau bourbeux, s'est frappé le poitrail sur le talus et a roulé dans l'eau avec son cavalier qui, — très-bon homme de cheval, n'a pas eu cependant le sang-froid nécessaire pour lui faire reprendre à temps son équilibre. — Les autres chevaux et cavaliers, qui arrivaient derrière elle, déjà intimidés, et sans l'impétuosité aveugle qui est nécessaire pour ce genre d'exercice, — sont tombés également dans la Bièvre. — Chevaux et cavaliers avaient l'air d'une matelotte gigantesque. — Barca était morte, son cavalier, peut-être sans le faire exprès, car il était difficile de s'y reconnaître, a pris un autre cheval, dont le maître pataugeait encore, et a continué la course, abandonnant les étriers, qui n'étaient pas à son point. — Les autres, noirs de boue, sont remontés sur leurs chevaux non moins noirs et non moins sales, et on s'est remis en route, à l'exception d'un, — qui, se trouvant sans cheval, est resté pour rendre les derniers honneurs à Barca.

Je doute que ces messieurs aient produit sur les diverses reines de beauté — l'effet qu'ils avaient espéré. — L'esprit des femmes est ainsi fait : — soyez brave, grand, généreux, honnête, si vous pouvez; — ce sont des qualités accessoires; — quand vous ne les auriez pas, — cela ne vous empêcherait pas tout à fait de réussir, pourvu que vous ne soyez pas ridicule; mais, si un seul instant vous êtes ridicule, vous êtes perdu.

Je suis sûr que, si une femme voyait son père (je n'ose pas dire son enfant) disparaître dans un marais fétide, — l'homme qui s'y précipiterait après lui, irait le chercher et reviendrait noir d'une boue infecte, inspirerait à la femme une vive reconnaissance, mais jamais d'amour. — Il vaudrait mieux laisser étouffer le père et se désoler avec elle sur le bord du cloaque, en phrases sonores et poétiques.

Les anciens tournois avaient cet avantage, que les cuirasses des chevaliers n'étaient exposées qu'à être couvertes de sang, — et, en France, en ce temps-là surtout, le sang ne tachait pas.

26. — J'ai des nouvelles d'Étretat : les habitants sont si malheureux, cette année, qu'on a ouvert au Havre une souscription en leur faveur. — Dussent les *vertueux* et les *farouches* me blâmer, je vais demander de l'argent au roi pour eux. On va également tirer une loterie à leur bénéfice. — MM. Hugo, Janin, plusieurs autres écrivains, ont donné des autographes pour la loterie; — Gatayes, une romance inédite. — Nous allons faire une souscription parmi nos amis de Paris pour nos amis d'Étretat.

Ensuite, quand les besoins seront satisfaits, — il faudra s'occuper de l'avenir. — La pêche au *châlut*, défendue ou circonscrite par les règlements de la pêche, — qui ne sont pas observés, détruit le poisson des côtes. — On doit envoyer, à ce sujet, une pétition à la Chambre des députés.

Mais que fait-on des pétitions à la Chambre?

Par la Charte, les Français ont le droit de pétition.

Voici en quoi consiste ce droit :

Vous êtes lésé par un ministre, qui ne fait pas ou ne fait pas faire ce qu'il doit, ou qui fait ou laisse faire plus qu'il ne doit faire.

Vous vous dites : « Cela m'est bien égal; — je suis Français et j'ai le droit de pétition. »

Vous adressez une pétition à la Chambre, et vous attendez.

Les pétitions se lisent à la Chambre le samedi; les députés ont fixé un jour pour les pétitions, parce que, ce jour-là, ils restent chez eux ou ils vont à la campagne.

On lit votre pétition au milieu des conversations particulières; on va aux voix, et elle a trois chances :

Première chance : — Ordre du jour. — Cela veut dire qu'elle est considérée comme non avenue, et que les garçons de la Chambre la vendent au kilogramme. — Sous la Restauration, on la vendait à la livre; — c'est la seule différence qu'ait amenée la Révolution de juillet.

Deuxième chance : — Elle est mise au dépôt des renseignements; — c'est à peu près la même chance, avec ces deux nuances : qu'elle est mise dans des cartons où on ne la regarde jamais, et que plus tard, quand on la vend, — elle est vendue, non par les garçons de la Chambre, — mais par ceux d'un ministère quelconque.

Troisième chance : — Votre pétition est renvoyée au ministre dont vous vous plaignez, lequel trouve généralement qu'elle n'a pas le sens commun.

Maintenant, Français, vous connaissez votre droit de pétition ; — vous avez comme cela pas mal d'autres droits dont je vous parlerai en temps et lieu.

27. — On m'envoie une brochure intitulée :— *Défi poétique,* — *la Province à Paris.* — J'allais parler de la chose et répondre à l'auteur, qui annonce qu'il va détruire Paris et battre ses poëtes en champ clos ; — mais à la lecture de ces vers :

« Ces géants (l'auteur parle des écrivains parisiens),
Sur leur *taille souvent* j'ai porté le *compas,*
Un instant m'a suffi pour trouver leur *mesure.* »

J'ai ajourné ma réponse, craignant que l'auteur ne fût un tailleur.

— Duprez, le chanteur, est allé hier chez M. Isabey ; — on lui a gardé son chapeau, et chacun des amis de M. Isabey a décoré le feutre noir d'une peinture à l'huile. — On y a mis une guirlande de roses, — un bateau, des canards, etc., etc.

— La princesse Victoire et le duc de Nemours ont été mariés hier ; voici les fêtes qui ont été données à cette occasion :

RÉJOUISSANCES PUBLIQUES A L'OCCASION DU MARIAGE DE MONSEIGNEUR LE DUC DE NEMOURS. — Le soleil s'est levé à l'orient vers cinq heures du matin ;

Les laitières se sont placées sous les portes cochères ;

Vers sept heures, — les portiers ont balayé le devant des maisons ;

Ce n'était rien encore : les boulangers ont fait une distribution de pain... à raison de quatre-vingt-sept centimes et demi les deux kilogrammes ;

Les orgues de Barbarie ont joué sous diverses fenêtres ;

Quelques lilas ont fleuri ;

Le thermomètre s'est élevé à vingt-quatre degrés centigrades ;

A huit heures, on a allumé les réverbères ;

A neuf heures, les étoiles ont paru au ciel ;

Les théâtres ont donné diverses pièces n'ayant aucun rapport à la circonstance. — Le prix des places n'était pas augmenté ;

Les journaux ministériels — ont tous raconté que le roi, la reine et la princesse Victoire (la duchesse de Nemours), sont sortis en CHAR-A-BANCS.

Voilà où en est la royauté.

Voici donc encore une princesse que l'on dit charmante, qui vient en France recevoir des avanies ; — dans cette France, autrefois si polie et si galante, où, aujourd'hui, deux députés, dont l'un est l'avocat Michel, se sont vantés de ne s'être pas levés à l'arrivée de la reine à la Chambre des députés.

Mais on a, dans le temps, élu M. Fould, pour que les Juifs fussent représentés à la Chambre.

Ces deux messieurs, pour que la représentation soit générale, — représentent les gens mal élevés.

— M. Roussin est fort embarrassé : — comme ministre, il faut qu'il présente une nomination d'amiral à la signature du roi. — Il voudrait bien être nommé, et il n'ose se désigner.

— Un juré, avocat de son état, a donné, un de ces jours passés, une représentation qui a obtenu quelque succès à l'audience de la deuxième section de la cour d'assises : il s'agissait d'un vol avec effraction, fausses clefs et escalade.

Le chef du jury, un peu troublé de tant d'horreurs, et tout entier au bonheur d'être honnête homme, rentre dans l'audience, et, posant la main sur sa poitrine, dit : « Sur mon âme et sur ma conscience, devant Dieu et devant les hommes, non le *jury* n'est pas coupable. »

A MES LECTEURS. — Il faut que je m'arrête ici. — Padocke et Grimalkin, — Astarté et Molock, — mes petits soldats ailés, rentrez au jardin, reposez-vous sur les fleurs roses des arbres de Judée, et sur les ombelles parfumées des sorbiers.

— Les deux jours qui restent appartiennent aux imprimeurs.

J'ai raconté, cette fois, le mois, jour par jour : mes lecteurs auront ainsi à la fin de l'année une histoire complète et très-curieuse des sottises, des ridicules et des escobarderies.

Mais, comme il y a des gaillards qui pourraient profiter des deux jours dont je ne peux parler, chaque mois, pour se permettre toutes sortes de choses qui échapperaient aux aiguillons des guêpes;

Et Dieu sait ce qu'il peut tenir de ces choses-là dans deux jours!

Le volume de juin et les autres volumes commenceront par un *report d'autre part*.

🐝 POST-SCRIPTUM. — *Ordonnance du Roi.* — Louis-Philippe, Roi des Français,

A tous présents et à venir, salut.

Nous avons ordonné et ordonnons ce qui suit:

Art. 1er. L'amnistie accordée par notre ordonnance du 8 mai 1837 est étendue à tous les individus condamnés avant ladite ordonnance, pour crimes et délits politiques, qu'ils soient ou non détenus dans les prisons de l'État.

Louis-Philippe.

🐝 On m'assure que les réfractaires de la garde nationale sont exceptés de l'amnistie. — Ce crime et celui de secouer les tapis par la fenêtre sont décidément les seuls pour lesquels il n'y a rien à espérer, ni des *circonstances atténuantes* du jury, ni de la clémence royale.

JUIN 1840.

Juin 1840.

Report d'autre part. — Le petit Martin. — M. Thomas. — Description du petit Martin. — M. Pelet de la Lozère. — L'oubli des injures. — Madame Dosne. — Les mariages. — M. d'Haubersaert — La machine impériale. — 1ᵉʳ MAI. Les discours au roi. — M. Pasquier. — M. Séguier. — M. Cousin. — M. de Lamartine. — Madame Dudevant. — Madame Dorval. — Madame Marliani. — M. de Balzac. — M. Françis Cornu. — M. Anicet Bourgeois. — Le mari de la reine d'Angleterre. — Les Chinois. — Encore M. Cousin. — M. de Pongerville. — Madame Collet née Revoil. — Les feuilles amies. — Deux cent mille francs. — Avantage qu'ont les rois morts sur les rois vivants. — M. Duchâtel. — Mademoiselle Rachel. — Madame de Noailles. — M. Spontini. — M. Duprez. — M. Manzoni. — Le père de la duchesse de Nemours. — Les injures anonymes. — Conseils à M. Jules ***. — M. de Montalivet. — M. Dumont. — M. Siméon. — Les restes de Napoléon. — M. Thiers. — M. de Rémusat. — M. Guizot. — M. Molé. — La caque sent toujours le hareng. — M. Taillandier. — La plume d'une *illustre épée*. — Le maréchal Clauzel. — Miei Prigioni. — Méditations. — Les lis et les violettes. — Madame Tastu. — Madame Laya. — M. Valée. — M. Cavaignac. — M. Fould. — M. Jacques Lefebvre. — M. Lebœuf. — M. Garnier-Pagès. — M. Thiers. — M. D'Argout. — M. Dosne. — M. de Rothschild et les juifs de Damas. — La quatrième page des journaux. — Les chemins de fer. — Trois cerfs. — Chasse courtoise. — Souscription pour les pêcheurs d'Etretat. — Rapport de M. Clauzel. — M. Frédéric Soulié. — M. Frédérick Lemaître. — Une représentation par ordre. — Mademoiselle Albertine. — M. Glais-Bizoin — M. Gauguier. — M. de Lamartine. — Apothéose peu convenable. — Les barbarismes de la Chambre. — Le *Journal des Débats* s'adoucit. — M. Janin. — M. de Bourqueney. — M. de Broglie. — M. Sébastiani. — M. Léon Pillet. — M. Duponchel. — M. Schikler. — Mademoiselle Fitz-James. — *Am Rauchen.*

Report d'autre part.

29 et 30 AVRIL. — Toujours relativement à la carte à payer des consciences et des dévouements désintéressés qui ont été servis devant MM. les membres du cabinet vertueux, et pour subvenir à l'insuffisance de ses ressources rémunératrices, M. le président du conseil a mis le petit Martin auprès de M. Thomas, chef du personnel du ministère des finances.

Mais vous me demanderez ce que c'est que le petit Martin?

🐝 DESCRIPTION DU PETIT MARTIN. — Le petit Martin, que l'on désigne ainsi familièrement dans les coulisses du pouvoir, a été le secrétaire de M. Thiers dans tous les postes qu'il a occupés, même celui de boudeur de la place Saint-Georges; — il est du même pays, de la même ville, que son patron, à peu près du même âge; — il a en hauteur un pouce de moins (le flatteur!) que son auguste maître (M. Thiers s'appelle Auguste).

Le petit Martin ne devait cependant pas, cette fois, occuper cette place de confiance auprès de M. Thiers, parce qu'à leur dernière sortie du pouvoir il avait été placé à la cour des comptes, qui exige un travail et une résidence de toute la journée. — M. Barthe, président de la cour des comptes, voyant les négligences du petit Martin, a essayé, les premiers jours, de le gronder; — mais, en voyant le ministère s'affermir, M. Barthe s'est adouci et a cessé de tourmenter son référendaire.

La position du petit Martin, près de M. Thomas, a pour but de savoir les nouvelles vacances dans l'administration avant l'honnête M. Pelet (de la Lozère), sorte de Lagingeole gouvernemental que M. Thiers s'est donné pour collègue. — M. le président du conseil, averti des places vacantes, peut faire main basse dessus en faveur de ses ennemis députés ou journalistes.

En outre, M. Thiers, avant sa rentrée au pouvoir, ayant promis la place de chef de son cabinet à quinze journalistes, à vingt-cinq auditeurs, à quarante fils ou neveux de députés, a été contraint de reprendre l'ancien pour avoir un prétexte à donner aux déçus.

Ainsi occupé, le malheureux Martin ne peut sortir qu'une demi-heure par jour, et dormir que trois heures par nuit. Il faut qu'il reçoive tous ceux que le ministre ne veut pas recevoir, — qu'il parle à tous ceux auxquels le président du conseil ne pourrait parler sans se compromettre. De toutes ces fonctions, la principale est de se transporter près des ministres pour leur porter les ordres du président du conseil, et présenter à leur signature les nominations aux emplois lucratifs de leurs départements.

On me demandera peut-être quelle sera la récompense de tant de zèle et d'un dévouement si robuste. Le petit Martin aura de l'avancement à la cour des comptes, et, de plus, madame Dosne a promis de le marier.

Car un des moyens de séduction que l'on emploie en ce moment, c'est celui de faire des mariages. — Madame Dosne tient bureau ouvert et *agence matrimoniale*. Comme elle a eu la main heureuse, il n'est pas une mère qui ne soit prête à accepter un gendre de sa main. Plus généreuse que MM. *Willaume, de Foy*, et autres agents spéciaux pour les mariages, — madame Dosne n'exige, pour prix de ses bons offices, — que l'engagement, pour les maris, pères ou frères, qui arriveraient à la Chambre, de voter pour M. Thiers. — Elle a promis, — assure-t-on, — de trouver une femme avec dot et beauté, pour le jeune conseiller d'État, M. d'Haubersaert, que son nez rouge a jusqu'ici fait refuser par plusieurs héritières.

A voir, dans les luttes ministérielles, — les places et l'argent pour but unique et l'administration abandonnée aux commis, — on s'étonne que les choses n'aillent pas encore plus mal qu'elles ne vont.

En effet, un ministre ne s'occupe que de rester au ministère, — et il est renversé avant d'avoir pu prendre la moindre connaissance de son département : — ce qui fait que les affaires réelles vont encore à peu près, c'est que la vieille machine administrative de l'Empire était très-solidement construite et qu'elle subsiste encore. — Les ministres sont comme des chiens dans un tourne-broche, il suffit qu'ils remuent les pattes pour que tout aille bien : — que le chien soit beau ou laid, — qu'il ait ou n'ait pas d'intelligence, — la broche tourne et le dîner est à peu près mangeable.

Mais la machine se rouille fort et ne peut tarder à se détraquer, c'est alors que nous serons en plein gâchis.

1ᵉʳ MAI. — La fête du roi a été ce qu'elle est tous les ans. — Le bourgeois de Paris, qui nomme des députés pour qu'ils exigent des économies, a trouvé le feu d'artifice mesquin ; — le bourgeois de Paris veut à la fois la plus stricte économie et la plus grande magnificence. Les chefs des différents corps de l'État ont fait au roi le même discours qu'ils font depuis dix ans, et que beaucoup d'entre eux ont fait à l'empereur Napoléon et aux deux monarques de la Restauration. Il est impossible de voir des phrases plus creuses par le fond et plus ridicules par la forme que celles adressées à Louis-Philippe par ces honorables personnages. — Nous dirons en passant à M. Pasquier, président de la Chambre des pairs, qu'il n'est d'aucune langue de dire, — *qu'une source se puise*, ainsi qu'il lui est arrivé de le dire dans son discours au roi.

Nous dirons à M. Séguier — qu'il est un peu trop bucolique, pour un premier président de cour royale, de montrer les princesses « préparant des festons pour les princes, » et que « *des princes* ÉMULES *des* TROPHÉES *de Mazagran* » vaudraient des pensums à des écoliers de sixième.

Mais il y a quelque chose de plus triste : M. Cousin, ex-philosophe, — traducteur d'ouvrages allemands, traducteur dont on a dit : « Pour traduire, il ne suffit pas d'ôter un ouvrage de la langue dans laquelle il a été écrit, il faut encore le mettre dans une autre langue. » — M. Cousin, aujourd'hui ministre de l'instruction publique, — grand maître de l'Université, — a dit dans son discours au roi :

« Portez un moment les yeux sur les œuvres de votre sagesse qui est aussi leur gloire ; » c'est un exemple d'amphigouri, — et non pas un *exemplaire*, comme a dit le même M. Cousin dans un ridicule discours fait la même semaine à propos de M. Poisson, que la mort a enlevé à la science : — « M. Poisson était *l'exemplaire vivant de cette maxime.* » On a remarqué dans le discours au roi de M. Cousin cette appréciation politique dont la justesse et l'audace ont paru à la hauteur des aphorismes du célèbre M. de Lapalisse : — *Les citoyens un peu divisés, comme il arrive presque toujours dans les révolutions.*

Ce bon M. Cousin est un assez réjouissant ministre de l'instruction publique ; à la dernière séance de la Chambre des députés, voyant M. de Lamartine monter à la tribune, — il a dit : « Ah ! c'est M. de Lamartine ; je ne le connaissais pas. — On a rapporté le mot à M. de Lamartine qui a répondu : — « Je ne le connaîtrai pas. »

— La première représentation de *Cosima*, drame de madame George Sand, avait attiré une nombreuse affluence ; — la pièce n'a eu aucun succès.

Il y a eu après la pièce un souper chez madame Marliani, — souper dans lequel il ne s'est pas dit un mot de l'ouvrage tombé.

La chute de M. de Balzac et celle de madame Dudevant ont été un beau triomphe pour les fabricants de mélodrames du boulevard, — MM. *Francis Cornu* et *Anicet Bourgeois, grands écrivains de même force*, dont l'un nie le style et l'autre l'orthographe. — Je suis, pour ma part, enchanté de voir ainsi punis les gens d'un talent réel et distingué qui descendent dans l'arène avec les industriels de la littérature.

Dans un théâtre, il y a au moins quinze bottiers, autant de tailleurs, trois cents marchands, quelques domestiques ; — jamais il ne vous viendrait à l'esprit de lire à votre tailleur ou à votre bottier un seul de vos vers, encore moins de lui demander son avis, encore moins de le suivre en la moindre des choses.

Eh bien ! quand tous ces gens sont réunis, vous tombez à genoux devant eux, vous attendez avec une anxiété mortelle ce qu'ils vont décider de votre œuvre.

Aussi, que de succès dus à la vulgarité des situations, du sentiment et du langage ; — que de chutes qui n'ont pour cause

que des beautés inusitées ou de nobles hardiesses ! Hélas ! —
il faut le dire, c'est pour gagner un peu plus d'argent, — que
les écrivains qui s'étaient jusqu'ici abstenus du théâtre viennent
s'y compromettre aujourd'hui et y prostituer à la foule leur talent et leur réputation. Au théâtre, où tout ce qui n'est pas
aussi faux que le soleil d'huile et les arbres de carton fait disparate et choque l'assemblée ; — au théâtre, où la pensée, après
avoir revêtu déjà la forme de l'expression qui l'amoindrit, —
doit encore subir l'incarnation d'un acteur, — adopter sa figure,
son geste, sa voix, — ses façons d'être et de comprendre ou
de ne pas comprendre.

Si deux personnes causent avec un peu d'abandon, — une
troisième qui survient fera changer la conversation. Elle deviendra immédiatement d'un tacite et commun accord, plus vulgaire
et moins intime.

Chaque fois que j'ai fait un livre, il m'a toujours semblé que
je le racontais à une personne, — à une seule, — que je connaissais ou que je rêvais ; l'un a été fait pour Gatayes, — un
autre pour l'habitante, que je n'ai jamais vue, d'une petite
fenêtre fleurie que j'apercevais de la mienne ; — presque tous
pour C... S..., — aucun pour ce qu'on appelle le public.

Si le poëte savait bien ce qu'il fait la première fois qu'il donne
son ouvrage à l'impression, — il y a en lui une sainte pudeur
qui se révolterait en songeant que cette pensée qui sort de son
âme et de ses veines, — il la livre et l'abandonne à tous, — et
il jetterait au feu son manuscrit révélateur; il n'oserait mettre
son cœur à nu devant le public. — Il y a des sentiments si délicats et si pudiques, qu'ils meurent de froid ou de honte aussitôt
qu'ils sortent du cœur autrement que pour entrer dans un autre
cœur qui les cache et les réchauffe.

2. — On place sur la colonne de Juillet le génie de la
liberté ; — c'est la consécration d'un genre d'actes glorifiés il
y a dix ans, et criminels et punis aujourd'hui. — C'est le défaut

des monuments : — grâce aux lenteurs du bronze, — ce qu'on avait commandé contre la branche aînée semble presque s'exécuter aujourd'hui contre celle qui lui succède.

🐜 3. — Le mari de la reine d'Angleterre exécute fidèlement ses promesses, — le parlement est content de lui. — La reine est grosse ; — on a donné au prince de Cobourg un régiment, — à titre d'encouragement et de récompense.

— Voici la guerre commencée entre les Chinois et les Anglais. — J'avouerai que, jusqu'ici, les Chinois m'avaient paru un peuple aussi fantastique que les Lilliputiens de Gulliver. — Que les gens de bonne foi s'interrogent, et il s'en trouvera plusieurs qui ont partagé mes impressions. — Nous ne connaissons les Chinois que par les portraits qu'ils nous envoient sur des boîtes bizarres ; — portraits ridicules, invraisemblables et hideux, qu'on ne fait pas ordinairement de soi-même. — J'avais cru qu'il n'existait de Chinois que ceux qui sont peints sur les porcelaines, sur les paravents et sur les boîtes de laque ; — aussi, quand j'ai lu que l'empereur avait fait un appel à tous ses sujets, — j'ai été saisi de frayeur et je me suis hâté d'entrer dans mon cabinet pour voir si ces bonnes grosses figures ne s'étaient pas détachées de mes pots bleus et de mes boîtes dorées, et n'avaient pas disparu subitement pour aller obéir aux injonctions de leur souverain.

🐜 4. — Voyez cependant comme on est quelquefois trompé : — il n'y a sorte de chose que je ne me sois laissé dire sur M. Cousin. — On m'avait raconté que, malgré les frais de représentation qui lui sont alloués au ministère, il n'y donne pas de dîners, — ou les donne si mauvais, que personne ne s'y laisse prendre deux fois ; — que la vieille gouvernante qu'il avait à la Sorbonne l'a suivi au ministère, où elle continue à tenir sa maison dans des idées d'ordre auxquelles la malveillance se plaît à donner un autre nom.

On m'avait raconté que M. Cousin, qui est assez mal élevé,

avait manifesté une arrogance de mauvais ton à l'égard des hommes de lettres et des académiciens; — qu'on lui avait demandé, sur les sommes affectées à cet emploi, un secours pour un écrivain malheureux et qu'il avait répondu brutalement : « *Je ne donnerai rien; ces gens-là m'ennuient;* » —que, rencontrant M. de Pongerville, l'académicien, sur le pont des Arts, — il lui avait dit : — « Il n'y a que vous, monsieur, dont je n'aie pas reçue la visite. — Cela vient, monsieur, aurait répondu M. de Pongerville, de ce que j'attends la vôtre. »

Eh bien! toutes ces choses et une foule d'autres qu'on m'avait racontées, — toutes ces choses, après des informations scrupuleusement prises, se sont trouvées être parfaitement vraies; mais ce qu'on ne m'avait pas raconté d'abord et ce que le hasard m'a fait découvrir depuis, c'est la touchante sollicitude de M. Cousin pour la littérature. — La chose, il est vrai, ne s'applique qu'à une seule personne; — mais il n'y a aucun doute à former que M. Cousin ne soit prêt à se conduire de même à l'égard de tout autre personnage littéraire qui se trouverait dans le même cas. *Ab uno disce omnes.*

Il s'agit de madame C***, née R***, qui a obtenu un prix de poésie à l'Académie, et qui, ne se trouvant pas assez en évidence—par la lecture de ses vers, — sa présence dans l'assemblée, et la proclamation de son nom, — demanda avec tant d'instances à lire elle-même la pièce victorieuse.

Mademoiselle R***, après une union de plusieurs années avec M. C***, a vu enfin le ciel bénir son mariage; — elle est près de mettre au monde autre chose qu'un alexandrin. — Quand le vénérable ministre de l'instruction publique a appris cette circonstance, — il a noblement compris ses devoirs à l'égard de la littérature. — Il a fait pour madame C*** ce qu'il fera sans aucun doute pour toute autre femme de lettres à son tour. — Il l'a entourée de soins et d'attentions; — il ne permet pas qu'elle sorte autrement que dans sa voiture. A un dîner chez M. de

Pongerville, qui suivit de près la rencontre sur le pont des Arts, — tout fatigué, et désireux de se retirer, il attendit l'heure de l'intéressante poëte pour la reconduire dans son carrosse. — Il est allé lui-même chercher à Nanterre une nourrice pour l'enfant de lettres qui va bientôt voir le jour, — et on espère qu'il ne refusera pas d'en être le parrain. — Eh bien ! voilà de ces choses que la presse, — qui devrait être pénétrée de reconnaissance, — affecte d'ignorer et de condamner à l'oubli.

5. — Pendant que les journaux amis de M. Thiers attendent plus ou moins patiemment la récompense de leur concours désintéressé, — je ne sais qui s'est amusé à jeter au milieu d'eux une pomme ou plutôt un os de discorde. On a répandu le bruit que deux cent mille francs avaient été donnés par M. le président du conseil à une des feuilles qui se sont rangées sous sa bannière. — Chacune, persuadée de n'avoir pas reçu les deux cent mille francs en question, se sentit fort irritée de cette injuste préférence, — et commença à jeter un œil investigateur et dangereux sur les autres feuilles ralliées, — et à lancer au ministère quelques mots à double entente et quelques demi-menaces. — On eut beaucoup de peine à faire comprendre à ces estimables carrés de papier qu'ils avaient été mystifiés.

— Pour l'anniversaire de la mort de l'empereur Napoléon, l'enceinte qui entoure la colonne a été jonchée de couronnes d'immortelles. — Les rois morts ont, entre autres avantages sur les rois vivants, celui qu'on ne leur fait pas de discours.

6. — Au précédent ministère de l'intérieur, on n'était occupé que de mademoiselle Rachel. — M. Duchâtel lui envoyait des livres et tous les commis lui faisaient des vers. — Il est douteux que Corneille ou Racine, s'ils revenaient au monde, fussent aussi bien traités par ces messieurs. — Mademoiselle Rachel appelle mademoiselle de Noailles sa meilleure amie. — Le règne des avocats en politique a pour pendant le règne des comédiens en littérature. — J'ai vu une lettre de Spontini à

M. Duprez. — Il appelle M. Duprez à son nouvel Orphée ; il implore son appui et sa protection, et *prend la liberté* de le prier de vouloir bien accepter sa visite (la visite de Spontini chez M. Duprez !) et lui indiquer un jour et une heure qui lui conviennent (qui conviennent à M. Duprez !) pour le recevoir (recevoir Spontini !).

7. — À propos de la Saint-Philippe, on a donné des croix d'honneur dans l'armée et dans la magistrature; et aussi à des professeurs : — le seul écrivain que M. Cousin ait jugé digne de cette distinction est M. Manzoni, poëte italien. — Je n'aime pas beaucoup qu'on ait donné je ne sais quel grade dans l'ordre au père de la nouvelle duchesse de Nemours : — la croix d'honneur, que beaucoup de gens ont payée d'un bras, d'une jambe, ou d'un œil, — d'une vie entière de travaux et de privations, ne doit pas être donnée à si bon marché, que de devenir la récompense du bonheur qu'ils ont d'avoir une très-belle fille et de la bien marier. — La croix d'honneur ne doit pas devenir un petit cadeau pour entretenir l'amitié, et suppléer économiquement l'ancienne tabatière à portrait, *enrichie de diamants*, qui était la formule la plus ordinaire des libéralités royales. — On regarde plus à donner des diamants que des rubans, dont il se fait par jour trois cent cinquante mille aunes dans les manufactures de Saint-Étienne.

8. — Quelques messieurs continuent à m'adresser des lettres injurieuses et anonymes; — j'en ai reçu deux aujourd'hui. — L'auteur de la première, après quatre pages où il met du latin, du grec, peu de français et beaucoup de grossièretés, — me défie, en me tutoyant, de mettre sa lettre dans mes petits livres ; — cependant je m'engage sur l'honneur à satisfaire au désir de ce monsieur et à faire imprimer sa lettre dans le prochain numéro des *Guêpes*, s'il veut prendre la peine de la venir signer chez moi ; — je joindrai en *post-scriptum* le récit de la correction que je lui aurai infligée ; — car, comme le dit Cham-

fort, — quand on porte d'une main la lanterne de Diogène, — il faut tenir son bâton de l'autre main.

— Un autre, qui signe *Jules*, m'adresse des injures et des menaces : — Hélas ! mon pauvre monsieur Jules, — quand on veut faire peur aux gens, il ne faut pas commencer par leur avouer qu'on est un lâche, en ne signant pas une lettre du genre de la vôtre : — j'entends par signer, — mettre au bas de sa lettre son nom, — son adresse, — et l'heure à laquelle on est chez soi ; — c'est une chose que peut demander un homme qui met son nom au commencement et à la fin de tout ce qu'il écrit.

Quand j'étais plus jeune, — quand je demandais encore à l'existence plus qu'elle ne peut donner, — quand je me déchirais les mains à vouloir cueillir des fleurs et des fruits sur les ronces stériles des routes de la vie, — ces injures anonymes m'ont fait quelquefois pleurer de rage et de désespoir : — pendant une semaine je cherchais si quelque mouvement instinctif ne me ferait pas reconnaître dans la foule mon lâche provocateur.

Aujourd'hui, — j'ai pris mon parti sur tout cela ; — je sais que l'homme qui se fait connaître par quelque talent et par un caractère indépendant, — que l'homme qui marche dans la vie d'un pas ferme et droit, — se dénonce à la bienveillance inactive de quelques honnêtes gens, — et à la haine passionnée des imbéciles et des fripons de tout genre ; — j'ai compté les deux partis, et je ne crois pas manquer de courage en faisant ce que je fais. C'est un ennemi public que l'homme qui, au milieu des mensonges des hommes et des choses, dit à chaque homme et à chaque chose : « Tu ne me tromperas pas, » et qui les poursuit par le ridicule, — seule arme qui puisse les atteindre aujourd'hui que tant de gens n'ont plus d'honneur que l'on puisse attaquer sérieusement, — et qu'il ne leur reste que la vanité.

9. — M. le comte de Montalivet s'est fait nommer dans le même mois colonel de cavalerie et membre libre de l'Académie des beaux-arts. — Ce dernier choix a été plus critiqué

que le premier : — on n'a pu découvrir d'autres titres à l'intendant de la liste civile que l'intérêt qu'ont MM. de l'Institut à avoir pour collègue et pour ami l'homme duquel dépendent souverainement les *commandes*. C'est au même titre qu'avaient été élus précédemment — MM. Dumont et Siméon, chefs de division au département des beaux-arts.

10. — M. Hugo vient de m'envoyer son livre — *Ombres et Rayons*. — Il a écrit sur la première page : « A M. A. Karr, son ami, Victor Hugo. » — J'en ai été fier en lisant certaines pièces remplies de grandes et nobles pensées. — J'en ai été heureux en lisant certaines autres, où il y a tant de cœur et de sensibilité.

— Le même jour j'ai découvert de la prose de M. Flourens, — celui qui l'a emporté sur M. Hugo à l'Académie française.

« Nous ne pouvons qu'applaudir aux efforts que fait M. Leroy d'Étiolles pour le perfectionnement de la lithotritie.

« Signé FLOURENS. »

Qu'est-ce qu'on disait donc que M. Flourens n'écrivait pas ?

11. — Une démarche officieuse, qu'a faite auprès de moi un de mes amis, qui est aussi l'ami d'un autre, me donne occasion de traiter en peu de mots une question assez grave.

La vie privée doit être murée.

Cette muraille tant réclamée pour la vie privée, chacun la demande pour soi, et personne ne la souffre pour les autres.

On s'en sert comme le chien de Montargis de son tonneau où il se réfugiait après avoir mordu.

Pour l'homme qui cache sa vie dans l'herbe, qui est heureux tout bas, pour l'homme qui vit solitaire, dont le bonheur est le soleil, dont l'ambition est l'ombre des arbres et le parfum des fleurs, l'homme dont toute la vie est un amour pour une idée, pour une pensée, pour une fleur, pour une manie, celui-là a droit à la vie privée ; mais l'homme qui fait tout pour rendre sa vie publique, l'homme qui fait du bruit pour se faire entendre, l'homme qui monte sur tout pour se faire voir, — je ne sais pas ce que celui-là appelle sa vie privée.

Un député, par exemple, a-t-il une vie privée? un homme qui, pour satisfaire ses passions, peut vendre tous les intérêts d'un pays. — N'a-t-on pas le droit de surveiller ses passions ?

🦋 12. — Comme on reprenait la discussion sur les deux sucres, et que la betterave attendait dans l'anxiété une décision qui allait la déclarer sucre ou salade, — M. de Rémusat a demandé la parole et a présenté à la Chambre un projet de loi qui ordonne la translation des restes mortels de Napoléon à Paris.

Cette proposition a été accueillie avec enthousiasme. Le bon M. Gauguier a déclaré la Chambre tellement émue, qu'il allait remettre la discussion au lendemain. — On a cependant voté sur la loi des sucres, et on a pris un parti qui n'en est pas un. — On a laissé, par une augmentation de droits, aux fabricants de sucre de betteraves la faculté de continuer à faire du sucre et des faillites. La canne triomphe, mais sans générosité ; elle ne veut pas que la betterave meure tout à coup, elle la condamne à une mort lente, à une agonie convulsive.

Pardon, — si pour suivre la Chambre je suis obligé de mêler ainsi le sucre et l'empereur. — Dans l'hommage rendu à la mémoire de Napoléon, — il faut distinguer deux choses. — Je ne veux pas, par enthousiasme, tomber avec la foule des étourneaux dans les filets de M. Thiers. — Je ne veux pas, par défiance de M. Thiers, me montrer trop froid pour un acte qui ne manque ni de grandeur ni de majesté.

Comme poëte et comme philosophe, j'aimais voir le tombeau de Napoléon à Sainte-Hélène ; — ce tombeau solitaire, sur un roc battu par les vents et la mer, avait une grandeur qu'on ne pourra lui donner à Paris. — Toute poésie est un regret ou un désir ; le regret de cet exil après la mort, la pitié pour un homme d'un si grand caractère et d'une si grande fortune, mêlait quelque chose de tendre et d'affectueux à son souvenir. — Napoléon à Sainte-Hélène était aussi loin de nous et aussi déifié que s'il eût été dans le ciel. — C'est à la Mecque que l'on va révérer la tombe de Mahomet. — C'est à Jérusalem, sur le lieu témoin de son supplice infâme, que les chrétiens, — quand il y avait des chrétiens, — allaient adorer le Christ.

Mais, au point de vue de la nation française, — je comprends qu'elle tienne à honneur de ne pas laisser le corps de son empereur au pouvoir de ses ennemis.

Ce sera une grande et belle fête que le corps de Napoléon traversant la France en triomphe.

Mais, pour qui connaît M. Thiers, tout cela n'est qu'un moyen. — Depuis un mois, il cherchait une idée et un prétexte à l'existence de son ministère; — le *conservateur* ne donnait pas, — on ne pouvait pas se donner assez à la gauche; — en un mot, — selon une expression familière de M. Thiers lui-même, « ça n'allait pas, » lorsque M. Guizot écrivit de Londres qu'on pouvait faire le coup des *cendres* de Napoléon.

L'ambassadeur ayant tendu cette perche salutaire, M. Thiers s'en est saisi et a parlé au roi.

Le roi était d'autant mieux disposé, que cette négociation avait été sur le point de s'ouvrir sous le ministère de M. Molé. — M. Thiers écrivit à M. Guizot de hâter la conclusion de l'affaire, « *de peur qu'un revirement parlementaire ne vînt donner à d'autres cette bonne fortune de scrutin.*

Ç'a été l'affaire d'un conseil, — la réponse de M. Guizot est arrivée aussitôt : — ce qu'il y a de plus merveilleux, c'est que la chose a été conduite mystérieusement jusqu'au bout; — que M. Thiers, le plus bavard de tous les hommes, — qui fuit de tous côtés dans la conversation, l'a cachée même à madame Dosne et à M. Véron, et le coup de théâtre a été complet.

Mais — il y a dans le projet des restrictions qui trahissent des craintes puériles et honteuses.

On a discuté le lieu de la sépulture : — l'arc de l'Étoile, —

JUIN 1840.

la colonne de la place Vendôme, — la Madeleine, — les Invalides ont été mis en question; le gouvernement s'est prononcé pour les Invalides.

C'est encore un exil, c'est encore une lâcheté; on a craint de mécontenter le parti légitimiste : — Napoléon devait être enterré à Saint-Denis ; parmi les rois et les gloires de la France : — à Saint-Denis, où j'ai vu, il y a quelques années, le caveau qu'il se destinait à lui-même, et deux énormes portes de bronze exécutées par ses ordres pour le fermer.

Mettre Napoléon à Saint-Denis, c'était clore entièrement la parenthèse impériale, c'était placer à tout jamais Napoléon dans l'histoire, et enlever même à son nom toute action sur le présent et l'avenir. Mais ce cher petit homme de M. Thiers, — semblable aux femmes qui vont, tremblantes, demander aux tireuses de cartes de leur faire voir le diable, — a invoqué l'ombre de l'empereur pour se faire protéger par elle, et il en a eu peur le premier.

15. — Tantôt, — vers trois heures de l'après-midi, on vit un rassemblement se former tout à coup au guichet du Louvre, — du côté de Saint-Germain-l'Auxerrois. — Une femme s'agitait et se débattait contre le garde national de faction, qui la tenait par son châle et refusait de la laisser passer. — D'abord on crut que, fidèle à sa consigne, le soldat citoyen découvrait un paquet clandestin ou un chien non tenu en laisse; — on s'approche, on écoute, et on ne tarde pas à comprendre que le garde national, — marchand de quelque chose, — a reconnu dans la femme susdite une de ses pratiques, — une mauvaise pratique qui lui doit de l'argent, et le gardien et le symbole de l'ordre public lui fait une scène scandaleuse.

L'affaire s'échauffait et ne se termina que sur la menace que fit au garde national le soldat de la ligne placé au même guichet, — et qui, jusque-là, était resté spectateur silencieux du débat, — d'appeler la garde et de faire arrêter son camarade de faction.

🐝 14. — On a discuté encore sur Alger ; — **M.** Thiers a beau dire, — il est évident que le gouvernement n'a pas de système et que la guerre d'Alger se fait au hasard.

M. Valée continue à se servir de la recette qui lui a réussi à Mazagran, d'exposer une poignée de braves gens à une mort à laquelle ils ne peuvent échapper que par des prodiges ; il a laissé à Cherchel, sous le commandement de M. Cavaignac, trois cent cinquante hommes qui ont eu à se défendre pendant cinq jours contre trois mille Arabes ; — c'est la première fois, je crois, depuis la guerre d'Afrique, qu'une garnison se défend hors de ses murs ; — les gens de Cherchel sont venus combattre dans la plaine les Arabes qui leur ont tué ou blessé cinquante hommes, mais se sont retirés après une perte très-considérable.

— On parle beaucoup de renvoyer M. Clauzel en Afrique ; — on oublie vite en France. Si M. Clauzel n'a rien ajouté à sa réputation militaire dans l'expédition de Constantine, — il a jeté les fondements d'une incontestable réputation littéraire. Je me rappelle, moi, en quel style fleuri M. Clauzel racontait son désastre, et quelle délicieuse amplification des églogues de Virgile nous a value cette campagne si coûteuse en hommes et en argent.

Après son rappel, — M. Clauzel publia une brochure pour justifier sa conduite. — Achille devint son propre Homère.

La brochure de M. Clauzel souleva plusieurs récriminations ; — le maréchal répondit assez mal aux accusations du ministère, qui, par ses organes, répondit à peu près aussi mal aux accusations de M. Clauzel ; — de sorte que chacun parut avoir tort comme accusé et raison comme accusateur.

— Le gouvernement a des journaux officiels, des organes avoués ; — tout le monde sait que ces journaux sont écrits par les ministres eux-mêmes ou sur des notes données par eux. — Ne serait-il pas alors décent de ménager les éloges emphatiques de soi-même?

🐝 15. — Il ne s'agit plus aujourd'hui de m'occuper des

JUIN 1840.

affaires des autres, — les miennes vont fort mal; — en butte à la haine de mes concitoyens, — proscrit, — fugitif, — c'est à Saint-Germain que j'écris ces lignes. — Hier soir, en rentrant chez moi, une lettre officieuse m'a appris que j'allais décidément être arrêté pour un mois de prison que je dois à la garde nationale : « Parbleu! me dis-je, je ne vais pas les attendre; — je vais aller me constituer prisonnier. — J'aime mieux cela que de frissonner au moindre bruit, — de prendre dans la rue les plus honnêtes gens pour des mouchards, et je finirai là les volumes qu'attend l'honorable libraire Dumont. »

En effet, dès le jour, — je me suis mis en route, — me réservant de n'emménager que demain, après qu'un séjour d'une douzaine d'heures m'aurait éclairé sur les besoins de la localité; — j'ai dit tristement adieu à mon jardin, — à mes acacias en fleurs et à mes rosiers qui vont fleurir.

Je me suis mis en route à pied, — j'ai traversé plusieurs quartiers qui m'étaient inconnus, j'ai flâné devant les marchands de bric-à-brac; — puis, passant auprès de Notre-Dame, — j'ai monté sur la tour. — Là, je me suis occupé à regarder en bas des myriades de petites gens agitant de petits bras et de petites jambes, se pressant, se croisant, se heurtant dans de petites rues pour aller à leurs petites affaires ou à leurs petits plaisirs.

Quand on gravit une montagne, il semble qu'on laisse en bas les passions, les chagrins terrestres; — il semble qu'il n'y a que la partie céleste de l'homme qui peut subsister dans cet air raréfié des hautes montagnes, et l'on contemple d'en haut tous les intérêts qui vous garrottaient il n'y a qu'un instant. — Nous vous avouerons que, d'en haut, — la douleur et l'humiliation de la prison nous ont paru fort petites, — et surtout en voyant en bas de petits points rouges qui nous ont semblé de petits gardes nationaux, — peut-être ceux-là mêmes dont la petite colère nous a condamné.

En descendant, nous avons repris nos soucis, — comme le paysan reprend ses sabots à la porte d'un salon dont il n'a osé salir ou égratigner le riche tapis.

Arrivé au quai d'Austerlitz, — je me suis arrêté un moment et je me suis laissé aller à de profondes méditations.

PREMIÈRE MÉDITATION. — Il me semble, ai-je dit, — que dans les impôts que nous payons, il y a une partie destinée à l'entretien d'une armée de quatre cent mille hommes, vrais soldats, bien plus capables que nous de garder la ville.

Pourquoi, puisqu'on nous force de garder nous-mêmes la ville ou plutôt les guérites de la ville, — pourquoi ne nous force-t-on pas à la paver et à allumer les réverbères ? — Patience, encore quelques années de liberté, et cela viendra !

DEUXIÈME MÉDITATION. — Cet emprisonnement est immoral et illégal : — immoral, en cela que c'est la *réhabilitation de la prison*; que, dans un temps donné, les plus honnêtes gens de Paris seront allés en prison comme les voleurs, — et que ce ne sera plus un déshonneur.

Illégal, en ce que j'ai été condamné une fois à un jour, — une fois à deux jours, — plusieurs fois à cinq jours, — mais non pas à un mois de suite ; — l'intervalle qui existerait entre l'exécution comme entre les condamnations me permettrait de donner quelque temps à mes affaires et à mes plaisirs ; — un mois de suite, — un malade peut prendre sans danger, par petites doses, une quantité d'opium qui le tuerait infailliblement en une seule dose.

TROISIÈME MÉDITATION. — Un rayon de soleil tombe des nuages pour me narguer; — d'ici, les pieds dans l'herbe, — la tête dans le soleil, je vois les barreaux noirs des fenêtres; — ces portes vont s'ouvrir et se refermer sur moi, — je vais être prisonnier !

QUATRIÈME MÉDITATION. — Il y a quelque chose d'effrayant dans l'entrée d'une prison ; une fois que l'on me tient là-dedans, il me semble que l'on peut faire de moi ce que l'on veut; que la voix et les plaintes sont prisonnières aussi derrière les grilles, — et que rien n'empêche le geôlier de me hacher, de faire de moi un pâté que l'on mangera dans un festin patriotique, en portant des toasts à la garde nationale.

CINQUIÈME MÉDITATION. — Voici qui est sinistre, — le soleil se cache : — quelles sont les horreurs qu'il refuse d'éclairer ?

Pourquoi cette prison est-elle si loin ? — les bruits n'ont rien des bruits que je suis accoutumé à entendre. — Ce ne sont ni les voitures, ni les cris des quartiers que j'habite ; — rien ne me prouve que suis encore en France.

A-t-on, par un raffinement de barbarie, voulu joindre aux tourments de la prison les tortures de l'exil ?

SIXIÈME MÉDITATION. — C'est que j'ai déjà pourri sur la paille humide des cachots de la garde nationale ; — j'ai subi une fois six heures de prison, et je me rappelle toutes mes angoisses ; — j'avais le numéro 12 ; — mon cachot avait quatre pas de long et autant de large. Il était peint en badigeon jaunâtre, — le bas en *chocolat*, jusqu'à la hauteur d'une plinthe absente ; — la fenêtre avait six carreaux. Il y avait un lit en fer, une table et un coffre en sapin, — une chaise en merisier.

SEPTIÈME MÉDITATION. — Pfff...

HUITIÈME MÉDITATION. — C'était l'hiver ; — le numéro 12 est au nord.

Belle parole du guichetier. — Guichetier, lui dis-je, — comment chauffe-t-on ici ?

— Monsieur, répondit le guichetier, il y a un calorifère.

— Mais, guichetier, repris-je, y a-t-il du feu dans le calorifère ?

— Non, monsieur, répondit le guichetier.

NUEVIÈME MÉDITATION. — Sans compter que j'ai horreur de cette couleur chocolat dont est peinte une partie des cachots.

L'aspect de certaines couleurs me réjouit ou m'attriste, m'élève ou m'écrase l'esprit.

Il y a des couleurs mélancoliques, des couleurs gaies, des couleurs jeunes, des couleurs ridées, des couleurs bruyantes.

Le *lilas*, — c'est une douce et poétique mélancolie ; — le *rose*, c'est la jeunesse, la gaieté, — l'insouciance ; le *bleu*, c'est la sérénité, le calme, le bonheur ; — le *vert*, c'est la pensée ; — le *bleu pâle*, la rêverie.

Mais le *chocolat* est une couleur bête ; le chocolat — c'est l'ennui.

L'ennui est l'ennemi de l'homme. — La guerre, le désespoir, la faim, la fièvre, ne tuent pas autant d'hommes d'esprit que l'ennui ; et, pour comble de mal, il ne tue pas les sots.

DIXIÈME MÉDITATION. — Pendant un mois passé hors de chez moi, — un mois pendant lequel mon domestique et mes amis sont sûrs que je ne puis pas rentrer, — il est horrible de penser tout ce qu'on peut tramer contre moi.

Mes belles roses auront presque fini de fleurir ; — celle que les jardiniers m'ont prié de baptiser, à laquelle j'ai donné le nom de C... S..., était près d'épanouir ses pétales d'un jaune si riche ; — dans un mois il n'en restera plus rien ; — il y a un an que je l'attends, — il faudra l'attendre encore un an. On aura fumé ce qui me reste de mon tabac du Levant. — On aura rendu mes pigeons savants, — ils sauront faire l'exercice et jouer aux dominos. — On aura pêché les poissons qui habitent le bassin du jardin.

Un mois sans courir au soleil — quand les prairies sont en fleurs ; — un mois sans me laisser dériver entre les saules dans ma chaloupe ; — un mois sans nager avec Gatayes. — L'été passe si vite, et il y a si peu d'étés dans la vie, — et il n'y a que ceux de la jeunesse qui comptent.

ONZIÈME MÉDITATION. — O sainte liberté ! — c'est sur la mousse des bois, — sous les tentes vertes, formées par le feuillage des chênes, que tu as placé ton empire.

Il passait alors un cabriolet. — Cocher ! — je monte ; — au

JUIN 1840.

chemin de fer, — et je me suis enfui à Saint-Germain, — où je me suis installé. — J'irai quelquefois clandestinement voir mes roses, — odalisques gardées par les hideux eunuques de la police, dont j'aurai à tromper la surveillance.

J'ai quelquefois parlé légèrement des cousins ; — j'en ai un ici qui me donne une excellente hospitalité ; la forêt est magnifique ; je monte à cheval. — J'ai un appétit terrible ; je crains bien d'engraisser dans l'exil.

16. — Au commencement du ministère Thiers, — il y avait cent vingt conservateurs — qui, sous le nom de deux cent vingt et un, s'étaient juré fidélité. — On les a pris un à un, et les plus fougueux ont déjà cédé. — Les *Chasseloup*, *Chegaray*, — ont consenti à dîner chez le président du conseil.

Bientôt on verra le général Bugeaud appelé à un commandement supérieur. On compte beaucoup, pour rallier le plus grand nombre des derniers récalcitrants, sur une fournée de préfets que l'on médite ; et, ce qui est bien plus rare et bien plus beau, sur une fournée de receveurs généraux. — Dans cette fournée, on saura intercaler certaines gens de la presse et de la tribune, — sans les faire paraître sur la liste des copartageants. — C'est une bien indirecte et bien certaine manière de rétablir les grandes subventions à la plus accréditée des feuilles quotidiennes.

— Voilà les concerts à peu près finis. — Mon Dieu ! si je n'étais pas fils d'un pianiste distingué, — quelle sortie je ferais contre les pianistes ! — Mon père, et quelques anciens pianistes qui n'ont fait que bien peu d'élèves qui aient conservé leurs traditions, faisaient et font encore sortir de cet instrument, où tout est en bois, — des sons vibrants et pleins.

Les pianistes modernes, — presque tous, ont plus d'agilité que de sentiment, remplaçant les sons par des bruits, — délayent et noient, — sous le nom de variations, — une pauvre petite mélodie dans les flots de gammes et de notes frappées, coulées, saccadées, — et, si je les applaudis quelquefois quand ils ont fini, je les prie bien de croire que c'est seulement pour les récompenser de ce qu'ils finissent.

— On a donné, à la Chambre des députés, communication des pétitions ayant pour objet la réforme électorale. — Le rapport, très-consciencieux, a été fait par un savant magistrat, — M. de Golbéry. — Nous n'avons pas besoin de répéter ici notre opinion, déjà exprimée à plusieurs reprises, sur l'extension du droit de suffrage et sur le suffrage universel. — La discussion a eu lieu entre MM. Thiers, Garnier-Pagès et Arago.

M. Garnier-Pagès — a fait, il faut le dire, de notables progrès comme homme politique ; — il étudie sérieusement les questions, et les traite en logicien. — Pour M. Arago, il a fait reparaître de vieux arguments vermoulus, — qui ne répondaient qu'à des attaques que personne ne songeait à faire. M. Thiers a été extrêmement faible. — Mais la Chambre a senti que, dans un cas aussi grave, elle devait le soutenir, pour ajourner indéfiniment la prise en considération de la réforme électorale.

— M. Bugeaud a cité un toast récent porté par M. Garnier-Pagès dans un de ces banquets ridicules — que j'ai, il y a bien longtemps, appelés gueuletons politiques, — où des gens se disent : « La patrie est en danger, — mangeons du veau et portons des toasts. » — Ce toast — de M. Pagès — répond à un argument que j'ai mis en circulation il y a trois ou quatre ans. — Je disais : « L'égalité que demande le parti républicain est plus qu'un rêve, plus qu'une bêtise ; — c'est une bêtise odieuse, parce qu'elle tend, non pas à ajouter des pans aux vestes, — mais à couper les pans aux habits. »

« Nous ne couperons pas les pans des habits, a dit M. Garnier-Pagès, — mais nous en mettrons aux vestes. »

— Dans cette séance, — le même M. Pagès a adressé aux ministres une interpellation un peu brutale peut-être, mais dont la franchise ne me déplaît pas. — Il s'agissait de MM. Capo de Feuillide et Granier de Cassagnac. — M. Thiers, qui a perdu la tête, a horriblement pataugé. — Il aurait été le plus ridicule des hommes sans M. Cousin, qui a eu la bonté de l'être plus que lui. — A propos de M. de Feuillide, M. Thiers *ne connaît pas cet homme;* — cependant je crois savoir que M. Thiers lui a dit, — parlant à lui-même : « Eh bien! monsieur, avouez qu'il n'y a que les gens du Midi pour être aujourd'hui ce que nous sommes l'un pour l'autre, après avoir été ce que nous étions hier. » La réponse de M. Cousin : « *Cette personne* est venue me demander des passe-ports, » rappelle celle d'un enfant qui avait reçu un coup sur l'œil en jouant avec des camarades que ses parents avaient proscrits, et qui, ne voulant pas avouer sa désobéissance, répondit à la question qu'on lui faisait sur sa blessure : « *Maman, c'est moi qui m'a mordu l'œil.* »

Le mot est resté proverbe, — et *donner des passe-ports* se dit aujourd'hui pour exprimer honnêtement une chose qui n'est pas honnête.

— Dans la discussion sur la réforme électorale, — M. Thiers s'est rendu coupable d'une phrase que nous dénonçons aux femmes : « Il faut exclure de cette prétention un certain nombre d'hommes qui, comme LES FEMMES *et les enfants*, n'ont pas la *raison nécessaire*. »

🌺 17. — Il y a trois ou quatre ans, — l'hiver a tué presque tous les lis des jardins (ceux des Tuileries n'ont pas été plus heureux que les miens de la rue de la Tour-d'Auvergne). — Un journal légitimiste a prétendu qu'on avait répandu sur ceux du château une substance corrosive ; ce que je ne crois pas, par cette raison que je viens de dire, que les miens sont morts comme les autres. Toujours est-il que je ne me suis pas aperçu qu'on les ait remplacés. — C'est un tort : le lis est une fleur splendide et magnifique, et sa proscription serait une petite et ridicule pensée.

Pauvres fleurs! — ce n'était pas assez de leur prêter parfois un ridicule langage ; de les faire servir à exprimer les plus sottes idées du monde ; de les lier à toutes les fadeurs des troubadours, des poëtes élégiaques et des fabulistes ; on les a jetées dans les luttes politiques. — On se rappelle la rose rouge et la rose blanche d'York et de Lancastre.

Si le lis est proscrit aujourd'hui, — en 1815, les libéraux firent entrer une pauvre innocente fleur dans la politique et dans l'opposition avancée. — Les violettes, qui, jusque-là, avaient caché si soigneusement sous l'herbe leurs améthystes parfumées, — hantèrent les clubs et les estaminets, et résolurent, — égarées qu'elles étaient, de chasser un gouvernement *imposé par les baïonnettes étrangères*. La Restauration lança ses procureurs généraux, qui étaient des gaillards à en remontrer aux plus forts d'aujourd'hui, contre les pauvres violettes ; elles furent déclarées suspectes et ennemies de l'État, — et mises sous la surveillance de la haute police ; ordre fut donné aux agents de la force publique, et notamment à la gendarmerie royale, de saisir et d'appréhender au corps toute violette qui oserait se montrer dans les lieux publics, — et on vit la gendarmerie d'alors s'empresser, à la seule odeur de la violette, de cerner une maison et de faire une visite domiciliaire. — C'est à cette époque que le jardinier Tripet père crut devoir *guillotiner* les *impériales* de son jardin.

18. — Le prix de l'Académie, qui était l'éloge de madame de Sévigné, a été donné à madame... Tastu, je crois. — L'accessit à madame Laya. — La littérature tombe en quenouille, sous le ministère de ce cher M. Cousin ; — les femmes de lettres, qui, en général, ne brillent, — j'en excepte une, — ni par l'élégance, ni par le bon goût, ont exigé de lui qu'il se lavât les mains ; — il a cédé ; — c'est ce qu'il appelle, selon le précepte d'un philosophe plus ancien et plus philosophe, — sacrifier aux grâces.

On se rappelle — l'horreur avec laquelle M. Cousin repoussa, sous le ministère de M. Villemain, ce qu'il appelait un *titre vain*, — c'est-à-dire sans produit.

JUIN 1840.

Le disciple de Platon — entend la doctrine de son maître comme l'entendait une mère de danseuse, qui, se plaignant de l'amour de sa fille pour un homme pauvre, appelait cela « *son ridicule amour platonique.* »

Du reste, il est parfaitement constaté maintenant au ministère de l'instruction publique — que, pour avoir une pension d'homme de lettres, il faut être jolie femme.

La discussion s'est entamée à la Chambre sur la prolongation du privilége de la Banque de France. La Chambre a montré d'une manière évidente son ignorance, son indifférence, son insuffisance et tout ce que vous voudrez de plus monstrueux. — Beaucoup de membres étaient absents ; — les autres ne se mêlaient pas de la question, qui fut discutée au milieu de tout entre M. Thiers et M. Garnier-Pagès.

M. Garnier-Pagès a, sur ce sujet, abandonné ses théories républicaines, — et étudié la question depuis plusieurs années ; le joli Vert-Vert universel, M. Thiers, qui la *piochait* depuis quinze jours, se sentait plus fort qu'il ne l'est d'ordinaire ; il avait fait de nombreuses descentes chez son ami, M. d'Argout, pour lui chipper des renseignements, — pour défendre, en même temps que les intérêts de la Banque, ceux du papa beau-père Dosne, qui est régent de l'établissement, — et qui a donné en dot à son gendre tout ce qu'il possède de lumières sur la question. — M. Pagès, tout en reconnaissant les services rendus par la Banque de France, qui a, depuis sa création, fait baisser énormément l'intérêt de l'argent, a émis l'opinion fort juste qu'elle pouvait en rendre de nouveaux, au lieu de se renfermer dans les limites de ceux qu'elle a déjà rendus. Au résumé, le privilége est prolongé jusqu'au 31 décembre 1867.

Dans cette discussion, les hommes du métier, — M. Fould, par exemple, qui a été élu, — si on se le rappelle, parce que, disaient les voltairiens, *il fallait bien qu'il y eût un juif à la Chambre,* — comme s'il n'y avait pas déjà assez de chrétiens raisonnablement juifs, comme MM. Jacques Lefebvre, Lebœuf, etc., etc., etc., — M. Fould, qui représente un principe, n'a fait qu'un discours insignifiant. A quoi servent donc alors ces manieurs de gros sous ?

— Du reste, nous allons voir la Chambre montrer la même incapacité et la même indifférence pour les questions d'intérêt matériel qui vont s'y présenter, — questions qui exigent des connaissances spéciales que MM. les avocats ne pourront pas remplacer par des aunes de phrases.

La navigation intérieure, — les céréales, les paquebots — et surtout les chemins de fer, question où personne ne pourra mettre le holà de l'intérêt général sur les pétitions des intérêts particuliers.

Les anciens orateurs avocassiers de la Chambre ne brillent que dans les vieilles questions grotesquement exhumées par eux, de la réforme électorale, des envahissements du clergé, — du cumul, etc., etc.

— On répétait à un théâtre... je ne sais lequel, — une pièce de MM. Vanderburch et Laurencin. — Au milieu de la répétition, la jeune première s'arrête et dit :

— Quel est l'air de ce couplet ?

— Monsieur Laurencin, dit le directeur, — quel est l'air de ce couplet ?

— Ma foi, je n'en sais rien, répondit M. Laurencin ; — c'est Vanderburch qui l'a fait, — il faut le lui demander.

— Il est à son château à Orléans.

— Comment faire ?

— J'y vais.

M. Laurencin va aux messageries.

— Avez-vous une place pour Orléans ?

— Oui.

— Pour quand ?

— Pour tout de suite ; on attelle.

JUIN 1840. 259

— Où?

— Sur l'impériale.

— Il pleut.

— J'en suis désolé.

— Alors prêtez-moi un parapluie ; — je ne fais qu'aller et venir.

On part, on passe la nuit en voiture, on arrive à Orléans.

— La chapelle Saint-Mesmin?

M. Laurencin s'égare, arrive crotté, mouillé, hors d'haleine. — Il sonne, arrive au cabinet de M. Vanderburch.

Celui-ci, qui est un homme très-hospitalier, s'écrie :

— Oh! te voilà ; tant mieux. — Tu restes quelques jours?

— Il ne s'agit pas de cela ; sur quel air as-tu fait le couplet de la jeune première?

— Nous causerons de ça ; déjeunons.

— Je ne déjeune pas ; sur quel air le couplet?

— Mais quel couplet?

— Celui de la jeune première de notre pièce.

— Oh! eh bien ! le voilà : — Tra la la la.

M. Vanderburch chante l'air ; — M. Laurencin se sauve ; — on veut en vain l'arrêter. — Il regagne Orléans, monte en voiture et revient à Paris avec son air.

19. — A propos des banquiers ou autres orateurs plus ou moins israélites et barbares qui veulent parler à la Chambre, — nous leur donnerons l'exemple de M. de Rothschild, leur maître à tous. — On se rappelle le cri d'exécration qui s'est élevé dernièrement contre les juifs de Damas. M. de Rothschild, pour l'honneur du nom juif, — pour prévenir le contre-coup dans l'opinion de l'Europe, a voulu plaider publiquement l'innocence de ses coreligionnaires. — Il a d'abord recueilli des pièces émanées d'autorités respectables, il les a fait mettre en ordre sous ses yeux par une main habile ; — puis il a fait rédiger un récit qui a été plus tard signé de Me Crémieux, avocat

juif, teinturier ordinaire de MM. les juifs qui ont le besoin et le moyen d'être éloquents ; — et ensuite il a fait insérer le tout, le même jour à la fois, dans tous les journaux de Paris et de Londres, et on a vu toutes les feuilles, même les plus catholiques, mordre à l'appât de l'annonce et proclamer la défense des juifs. Il y aurait un beau chapitre à faire sur la quatrième page des journaux. — Le ministère l'a senti, mais il n'a pas su le faire spirituellement ; au lieu d'*acheter des organes* aux uns, de *donner des passe-ports* aux autres, il n'avait qu'à acheter aux courtiers d'annonces la quatrième page de tous les journaux. — Par ce moyen, au lieu de s'élogier dans ses propres journaux, qu'on ne lit pas, — il se faisait donner, dans les journaux de ses adversaires, — tous les éloges qu'on y donne quotidiennement et sans mesure — aux pâtes de Nafé, — au Kaïfa, — aux toiles métalliques, aux biberons artificiels, aux allumettes chimiques, etc.

Les conseils et les exemples de M. Véron ont pu être en cela fort utiles au ministère actuel — qui, sauf le peu d'économie de ses opérations et les moyens employés, arrive pour les résultats à gouverner par les réclames, comme on vend la pâte Regnault, et se confond tellement dans les esprits, avec ce vénérable béchique, qu'il obtiendra peut-être dans l'avenir le titre de gouvernement pectoral ou ministère Regnault.

20. — Pendant que je suis à Saint-Germain, — je dois constater la manière dont on va, — ou plutôt dont on ne va pas sur le chemin de fer, à cause de la concurrence dont la compagnie est menacée sur la route de Versailles, — concurrence qu'elle n'a pas à redouter pour le chemin de Saint-Germain. — Elle a transporté sur celui de Versailles toutes ses meilleures machines. Le Parisien, qui est si fier avec les rois, est sans cesse sous la tyrannie des cochers de fiacres, des conducteurs d'omnibus et des ouvreuses de loges de théâtres, qui ne se gênent pas avec lui et le maltraitent jour et nuit pour son

argent, sans qu'il ose jamais se rebiffer ni se plaindre. — Il est presque ordinaire qu'on mette une heure pour aller de Paris à Saint-Germain, un peu plus du double du temps nécessaire ; — il n'est pas déjà si amusant d'être en chemin de fer entre des talus de terre crayeuse, — procédé par lequel, comme me le disait un jour Armand Malitourne : *on va, mais on ne voyage pas.*

— La forêt, admirablement coupée pour la chasse, est pleine de chevreuils. — On m'assure qu'elle ne renferme que trois cerfs. — Quel que soit le nombre de ces victimes ordinaires des chasses vraiment royales, — ils sont l'objet d'une triste économie. — Quand il doit y avoir une chasse à Rambouillet ou à Versailles, on en prend un dans des filets, on le garrotte, on le conduit en voiture au rendez-vous de chasse ; — là on le poursuit, on le force, mais courtoisement, sans lui faire de mal ; — ensuite on le prend, on le remet en voiture et on le reporte chez lui. — Cela a l'air d'une chasse de théâtre, et le cerf d'un comparse chargé du rôle de cerf — qui *a ses feux* et qui peut recommencer le lendemain les mêmes exercices ; — peut-être, pour prêter davantage à l'illusion, devrait-on les instruire *à faire le mort.*

Madame de Feuchères possède un grand nombre de cerfs à Morte-Fontaine ; elle avait fait offrir d'en céder quelques-uns au prix de trois cent cinquante francs chaque. — On les a trouvés trop chers.

— J'ai à constater avec une grande reconnaissance l'empressement et la bonne grâce que les personnes de la famille royale, auxquelles je me suis adressé pour les pauvres marins d'Étretat, ont mis à répondre à mon appel.

Voici la liste de nos souscripteurs. — Nous avions annoncé que nous ne recevrions pas plus d'un louis de chaque personne, — pour ne pas ruiner nos amis de Paris, et ne pas avoir à faire plus tard une souscription en leur faveur parmi nos amis d'Etretat. — Deux n'ont pas tenu compte de l'injonction ; — nous n'avons pas osé priver nos pauvres compagnons de l'excédant. Gatayes et moi nous nous sommes d'abord adressés à nos amis, puis à cinq ou six de ceux que nous voudrions qu'ils le fussent.

J'avais écrit à MM. Garnier-Pagès et Laffitte, *amis du peuple* ; ces messieurs ne m'ont pas répondu.

Il ne s'agissait de rien moins que de secourir trente-six familles — de marins blessés et malades, — ou de veuves de marins noyés, — formant un total de *cent quatre vingt-sept* enfants sans pain. — Nous vous envoyons, mes bons amis, avec cet argent si utile, les noms — de ceux qui ont pensé à vous.

SOUSCRIPTION POUR LES PÊCHEURS D'ÉTRETAT. — S. M. Louis-Philippe, 500 francs ; S. A. R. madame Adélaïde, 200 ; LL. AA. RR le duc et la duchesse d'Orléans, 300 ; S. A. R. le prince de Joinville, 100 ; mesdames d'A..., 5 ; Beaudrant, 20 ; MM. Bourdois (Ach.), 5 ; Bottier, 5 ; le comte de Brève, 5 ; madame Carmouche, 20 ; MM. Curmer (Léon), 20 ; Cler (Albert), 5 ; Contzen (Alex.), 20 ; de Cormenin, 25 ; madame la comtesse de Cubières, 20 ; MM. le baron de Curnieu, 20 ; le marquis de Custine, 20 ; Delisle, 10 ; Duvelleroy, 5 ; Érard (Pierre), 20 ; Ernouf (A.), 5 ; Gatayes (Léon), 20 ; Gaussen, 5 ; Grangier de la Marinière, 20 ; Gros, 5 ; Halévy (F.), 10 ; Hugo (Victor), 20 ; Janin (Jules), 20 ; Karr (Alphonse), 20 ; madame L... B..., 10 ; MM. Lainé, 5 ; Lamaille (aîné), 5 ; de Lamartine, 20 ; Langlois (Charles), 10 ; Larrieu (A.), 5 ; Larrieu (E.), 5 ; le marquis de Miremont, 5 ; madame Mollart (Clara-Francia), 20 ; le comte de Montalivet, 20 ; Osmont, 5 ; Pape, 15 ; Pellier et Baucher, 20 ; Pihan (Louis), 15 ; Rul, 5 ; R..., 20 ; de Salvandy, 20 ; de Saulty (Alb.), 15 ; Servais, 5 ; lord Seymour, 50 ; MM. Véron, 20 ; Villart, 5. — Total, 1,750 francs.

21. — M. Clauzel a fait à la Chambre des députés le rapport de la commission relativement au transport et à la sépulture

des restes de Napoléon. Ce rapport n'a eu qu'un médiocre succès, quoiqu'on en attribue la rédaction à M. Frédéric Soulié, — les autres discours du maréchal ayant généralement été attribués à Frédérick Lemaître. La commission offre deux millions, au lieu d'un, qu'on lui demandait pour la translation et le monument.

23. — Hier, à l'Opéra, on donnait une représentation par ordre; — le duc et la duchesse de Nemours y assistaient. — En face d'eux, — dans une loge d'avant-scène, on remarquait avec étonnement mademoiselle Albertine, — ex-danseuse dudit théâtre, que de grands personnages avaient le droit de croire à Londres. (Voir les *Guêpes* d'avril.)

24. — La Chambre a parlé, discuté et voté, avec un tumulte qui ressemblait à un vacarme dans l'école, — sur le transport du cercueil de Napoléon. — M. Glais-Bizoin — a fait entendre des paroles d'avocat rancunier et mesquin. — Napoléon les détestait, — et j'aurais voté le second million pour cela seul.

M. Gauguier, — a répété, avec un attendrissement qui a nui à la clarté de son discours, plusieurs refrains de M. de Béranger. M. de Lemartine a prononcé un discours plein d'élévation, de poésie et de raison. — Que de perles! — M. Odilon Barrot a fait de ces grandes phrases sonores à proportion qu'elles sont creuses, si familières aux avocats. — Beaucoup de membres de la Chambre ont saisi ce prétexte de se rallier au ministère; c'est un passe-avant pour les consciences à livrer. Le ministère s'est réuni à la commission et a demandé deux millions. — On a marchandé; l'apothéose a été un peu mélangée d'avanie. — On n'a accordé qu'un million et les Invalides.

— Il ne peut décidément se traiter à la Chambre une question un peu importante sans que MM. les avocats en profitent pour créer un barbarisme.

On a, ce mois-ci, — parlé pendant trois jours de l'*industrie* BETTERAVIÈRE.

Et pendant quinze jours des cendres de Napoléon, qui n'a pas été brûlé, que je sache.

MM. les avocats parlent tant, que les mots de la langue française ne suffisent plus à leur consommation.

25. — Le *Journal des Débats* n'est plus déjà si méchant contre le jeune Vert-Vert, président du conseil; — il le tolère aujourd'hui, — il l'honorera demain; — il communique déjà, pour les choses frivoles, par mon ami Janin, — dont l'esprit et la gaieté font pour le ministère des affaires étrangères le plus charmant abbé de cour; — et pour les grosses choses, les choses dites sérieuses, par M. de Bourqueney, secrétaire d'ambassade en disponibilité, — rédacteur-pigeon-voyageur de la feuille, — protégé par MM. de Broglie et Sébastiani, et aspirant pour compte à l'ambassade de Bruxelles.

— M. Léon Pillet est officiellement directeur de l'Opéra. C'est une manière pour M. Thiers de compléter sa reconnaissance, et de mettre en mains sûres l'Opéra, qui a plus d'importance politique que ne le croit le vulgaire, — par les loges, stalles, etc., que l'on envoie aux députés; — par les influences plus intimes du chant et de la danse.

J'ai dit que l'ambassade en Perse n'avait eu pour but que d'ôter certaines entraves au répertoire.

On connaît l'histoire d'une estafette envoyée à franc-étrier sous le ministère du 15 avril, à Rambouillet, pour ramener à Paris M. Duponchel qui chassait chez M. Schikler. M. Duponchel prit la poste à six francs de guides et arriva au *ministère* où il s'agissait de rengager mademoiselle Fitz-James.

C'est, d'ailleurs, le complément de la politique un peu Médicis, de M. Thiers, que j'ai dénoncée le mois dernier.

AM RAUCHEN. — LES FEMMES. — L'opinion attache du déshonneur, pour le mari, aux fautes de la femme. — Le pauvre mari est comme cet enfant que l'on avait donné pour camarade à un prince, et que l'on fustigeait quand le prince ne savait pas sa leçon.

❦ Il y a cela de particulier dans la mauvaise humeur des femmes, qu'il faut nécessairement qu'elle ait son cours; les meilleurs arguments, les raisons les plus évidentes, les preuves les plus convaincantes, ne font à ce cours que ce que les cailloux font au cours d'un ruisseau : le ruisseau murmure un peu plus fort et continue son chemin.

❦ Il y a, dans l'amour, deux phases séparées par une crise difficile. — Le premier attrait de l'amour est la nouveauté. Ce serait si joli une autre femme, s'il y en avait plusieurs. Presque toujours, l'amour meurt, quand la nouveauté s'en va, car alors il n'y a plus rien, la nouveauté n'est plus, l'habitude n'est pas encore ; mais, si l'amour survit à cette crise et devient une habitude, il ne meurt plus.

❦ L'amour, d'ordinaire, ne dure que jusqu'au moment où il allait devenir raisonnable et fondé sur quelque chose.

❦ Avec de l'imagination et des obstacles, on peut toujours adorer une femme ; il n'est pas aussi facile de l'aimer.

❦ C'est une triste chose pour une femme de s'apercevoir que l'homme qu'elle préfère n'est pas le premier des hommes, et que tout le monde ne partage pas son amour et son admiration pour lui. L'estime des autres pour celui qu'elle aime est pour beaucoup dans l'amour d'une femme, parce que, dans son amant, elle cherche un appui et un protecteur; parce qu'elle sent qu'elle s'identifie à lui, qu'elle ne devient plus qu'une partie de lui-même, et s'absorbe en lui et n'aura plus d'autre considération, d'autre gloire que la sienne.

❦ Une femme aime moins son amant pour l'esprit qu'il a que pour l'esprit qu'on lui trouve.

❦ Il n'y a rien d'embarrassant comme d'être trop familier avec une femme dont on est amoureux ; on perd tous ces indices si importants. — Vous ne pouvez comprendre ni vous faire comprendre. Une pression de main n'a plus aucun sens. Si vous voulez, on vous laissera donner un baiser. Vous pressez le bras, on n'y fait pas attention. — Pour faire comprendre que vous êtes amoureux, il ne suffit pas de faire naître un sentiment, — il faut en détruire un autre, il faut dire ouvertement. Je vous aime, — et peut-être, — je vous aime d'*amour*.

🐝 L'ami d'une femme peut, à la faveur d'un moment et d'une occasion, devenir son amant; mais l'homme qu'elle n'a jamais vu a mille fois plus de chances que lui.

🐝 C'est surtout quand il n'est pas là, qu'une femme aime l'amant auquel elle ne s'est pas donnée, parce qu'alors elle n'a rien à craindre de lui, elle s'abandonne sans restriction à l'ineffable douceur d'aimer.

En effet, c'est un bonheur d'aimer tel, qu'il nous semble étonnant de voir des femmes demander de la reconnaissance pour l'amour qu'elles donnent, comme si elles n'étaient pas assez récompensées, non-seulement par l'amour qu'elles inspirent, mais aussi par celui qu'elles éprouvent.

🐝 La femme qui se voit vaincue sent un mouvement de haine contre son vainqueur, quelque adoré qu'il soit.

🐝 Chaque femme se croit assez honnête femme, et trouve excessif en ce sens, ce qu'une autre femme a de plus qu'elle. — Un peu moins c'est une courtisane, un peu plus c'est une prude.

🐝 On doit juger de la beauté, non par les proportions mathématiques du corps et du visage, mais par l'effet qu'elle produit.

🐝 Entre les femmes, il ne peut y avoir d'inégalité réelle que celle de la beauté.

🐝 Toutes les femmes sont *la même*; il n'y a de vérité que dans les circonstances.

🐝 La véritable pudeur doit se cacher elle-même avec autant de soins que le reste. — La main qui ramène un pli de la robe fait plus rêver à ce qu'elle veut cacher qu'à la honte vertueuse qui le lui fait cacher.

❦ Si la vertu est une négation, elle devrait consister à ne pas faire, et non à faire un peu plus tard.

❦ Les vertus, comme les douleurs, comme la tendresse, doivent avoir de la pudeur, et ne pas être si pressées de se montrer toutes nues, comme des courtisanes.

❦ La coquetterie des femmes n'est un crime aux yeux des autres femmes que parce qu'elle gêne la leur.

❦ Toute femme se croit volée de l'amour qu'on a pour une autre.

❦ Les femmes n'ont qu'un culte, une croyance, c'est *ce qui leur plaît. Ce qui leur plaît* est sacré; elles lui sacrifient tout avec le plus touchant héroïsme.

❦ Il y a deux choses que les femmes ne pardonnent pas, le sommeil et les affaires.

❦ Les amoureux ont ceci de ravissant, que, lorsqu'ils se croient en présence d'un rival redoutable, au lieu d'entamer avec lui une lutte d'agréments, d'esprit et de flatteries, ils se hâtent de pâlir, de froncer le sourcil, de se retirer dans un coin, muets et refrognés, ou de dire des duretés ou des impertinences à la femme dont ils réclament la préférence.

Juillet 1840.

Report d'autre part. — Les médailles des peintres. — M. Jaubert, — M. de Rémusat décorés malgré eux. — Un ex-dieu. — M. Cousin. — M. Jouffroy. — Il n'y a pas de savants. — M. Arago. — M. G. de Pontécoulant. — M. Mathieu de la Redorte. — MM. Étienne. — Véron, — Jay. — M. Neveu. — M. Ganneron. — M. Lherbette. — MM. Baudoin, — Duprez et Eliçabide. — Mme Lafarge et Mlle Déjazet. — Hommage que l'auteur se plaît à rendre à sa propre sagesse. — M. Fauvel, maire d'Étretat. — M. Meyer-Beer. — M. Lemercier. — M. Hugo. — Les tribuns du peuple. — Léon Gatayes. — J. Janin. — Théodose Burette. — Mme Francia

Mollard. — M. le vicomte d'Aure. — M. Baucher. — M. Malpertuis. — La revue. — Le puff du gouvernement. — L'empereur de Russie. — M. Ernest Leroy. — Le cheval de Tata. — *Attentat* du 15 juin. — Portrait du couteau. — Gueuletons. — Convoi, service et enterrement de la proposition Remilly. — Libations. — M. Waleski. — Ordre du jour. — Témérité de M. Roussel, chef de bataillon de la garde nationale de Montreuil. — La Fête-Dieu. — Un monsieur découvre que je suis un *mouchard*. — Adresse. — Dernières séances de la Chambre des députés. — Mort de Redouté. — Bohain's french newspaper. — Le satrape Valée. — M. Bugeaud. — Les pianos et les voisines. — La curée. — M. Pariset. — La Chambre des pairs. — M. Pasquier. — Divers Pasquiers. — M. Decaze. — M. de Saint-Aulaire. — M. Auguis. — M. Jouffroy. — M. Chambolle. — M. Gouin. — M. Vincent. — M. Blanqui ainé. — M. de Bourgoin. — M. de Fontenay. — M. Deffaudis. — Gaillardises d'icelui. — On donne une place à M. Drouin parce qu'il a un mauvais caractère. — MM. Laffitte et Arago, aristocrates. — M. de Balzac. — Amende honorable. — *Am Rauchen*.

Report d'autre part.

Mai. — Comme on demandait à M. Thiers si quelques écrivains feraient partie de l'expédition de Sainte-Hélène? « Non pas, a-t-il répondu; — je veux lui laisser toute sa gravité. »

Après l'exposition publique des tableaux, on a distribué les récompenses clandestines.

Autrefois, c'était dans une séance solennelle que le roi donnait lui-même aux peintres et aux sculpteurs les médailles qu'ils avaient méritées. — Depuis quelques années, — ils les reçoivent à domicile — par un garde municipal; — on ne leur demande pas tout à fait le secret, mais bien peu s'en faut. On attribue ce changement à quelques protestations grossières faites par de jeunes peintres, ayant plus de barbe que de talent, à la dernière séance royale. Mais il fallait faire mettre les peintres barbus à la porte ou au violon, — et ne pas répondre à un reproche d'injustice dans la distribution des récompenses par une clandestinité qui, entre autres inconvénients, a celui de diminuer singulièrement le prix qu'on attache aux récompenses.

Il y avait dix ans que MM. Jaubert et de Rémusat mettaient une sorte d'orgueil à ne pas avoir la croix; — il y a en effet tant de gens dont on dit : « Pourquoi ont-ils la croix ? » — que ce n'est pas une très-mauvaise chose que de faire demander pourquoi on ne l'a pas. MM. Casimir Périer, — Guizot — et plusieurs autres ministres successifs avaient en vain offert la croix à ces deux réfractaires.

M. Thiers leur a joué le tour de faire signer leur nomination au roi sans les prévenir, — de sorte que, comme ministres du roi, ils ont été obligés de l'accepter et de la porter.

En recevant sa croix, — M. Jaubert a dit : « Thiers me payera cela. »

JUIN. — 1. — Je reçois en ce moment des nouvelles d'un dieu chevalier de la Légion d'honneur, qui ne laissait pas de m'inquiéter un peu ; — je veux parler de M. Enfantin, ex-dieu des saint-simoniens. Je m'étais demandé souvent : — Que diable peut-on faire quand on a été dieu ?

Voici ce que je lis dans une lettre écrite par M. Bory de Saint-Vincent, chef de l'expédition scientifique envoyée à Alger : — « *Nous avons recueilli deux crapauds, dont un assez gros, marqué de taches variant du brunâtre au verdâtre, trouvé pour la première fois par M. Enfantin.* »

M. Enfantin, après avoir lutté deux ans contre Dieu, — l'autre dieu, vous savez, — l'ancien, celui qui a créé le soleil et les mondes, une foule de vieilleries ; — après l'avoir traité plus que légèrement et avoir essayé d'en faire un dieu de la branche aînée, — M. Enfantin, — homme fait dieu contrairement au Christ dieu fait homme, avait donné sa démission. — M. Enfantin était, il est vrai, de première force au billard et avait inventé un *bleu* nouveau pour les *effets;* — mais ce n'était pas là un avenir ni même un présent, — il s'est fait savant ; — c'est bien humble. — Qu'est-ce en effet que d'être *savant* et surtout relativement à l'histoire naturelle ? — c'est simplement passer sa vie à admirer les créations infinies de Dieu et épuiser son intelligence à les comprendre. Il est triste de jouer ce rôle vis-à-vis d'un rival.

Mais, — M. Enfantin est-il de bonne foi ? s'il avait découvert quelque animal beau et noble comme le cheval, — ou riche, léger, féerique comme le colibri, ou terrible comme le lion, ou utile comme le chameau, je croirais à son humilité et à sa résignation, — comme je crois à celle de ses fils les sous-dieux Michel Chevalier et quelques autres qui se sont résignés à la domination des Bertin, propriétaires du *Journal des Débats*, — et marchent d'un fort bon pas à la fortune et à ce qu'on appelle les honneurs. Mais aller découvrir un hideux *crapaud*, — assez *gros*, — *brunâtre* et *verdâtre*, — un crapaud dont Dieu l'*ancien* était honteux, qu'il avait caché dans quelque mauvaise flaque d'eau de l'Afrique, — espérant qu'on ne l'y trouverait pas ; — à la façon d'un poëte qui froisse et met au feu des vers dont il est mécontent ; — d'un sculpteur qui jette avec colère dans un coin la terre glaise rebelle sous ses doigts. — N'est-ce pas plutôt une dénonciation qu'une découverte : — cela au point de vue de M. Enfantin, à la fois dieu et apôtre de la forme. Ne veut-il pas dire : « Tenez, voilà ce qu'il fait votre dieu, — le dieu que vous m'avez préféré ; — c'est joli, — n'est-ce pas ? vous devez être bien content d'avoir un dieu qui fait des choses comme cela. »

Il est probable qu'on amènera en France les découvertes de M. Enfantin, — pour améliorer, par le croisement des *races*, l'espèce des crapauds dans notre belle patrie.

2. — La guerre que l'on fait en Afrique finira par nous paraître très-singulière. — En France, toutes les idées tournent au commerce, — à l'industrie, — aux affaires, — et la guerre entraîne de ces actes auxquels on a besoin d'être accoutumé pour ne pas s'effaroucher un peu. — Un journal, intitulé le *Siècle*, écrit dans le même numéro : « *Le maréchal Valée s'est dirigé sur la plaine du Chétif, — détruisant les tribus et incendiant les récoltes sur pied ; — nos troupes ont fait beaucoup de mal à l'ennemi.*

Et à la page suivante : « *Abd-el-Kader a mis le feu à la plaine; — la guerre qu'il nous fait est celle d'un brigand et celle d'un vandale.* »

— J'ai vu également le même jour, dans un seul journal, — deux faits différents, — dans lesquels on trouve ces mots : — « *Il a tué deux hommes.* » Dans le premier cas, — l'auteur du meurtre a un pantalon garance, son action est glorifiée; — l'autre a un pantalon noir, il est appelé en cour d'assises. Le premier est un brave soldat qui aura de l'avancement, — le second un lâche assassin qui sera guillotiné.

3. — Les philosophes ont peu de succès en ce moment. Tandis que M. Cousin, membre de la Légion d'honneur, *sacrifie aux grâces*, — M. Jouffroy, membre de la Légion d'honneur, se laisse convaincre de s'être fait donner de l'argent sous divers prétextes, dont la plupart paraissent insuffisants. Les mêmes gens qui ont crié le plus haut contre les turpitudes qu'on a dévoilées, ont voté ensuite contre une mesure qui tendait à les rendre impossibles à l'avenir. — Ce qui montre qu'il y avait plus d'envie que de vertu dans leur bruyante indignation.

Du reste, en prononçant la publicité des secours donnés aux hommes de lettres, on se serait mis dans une position difficile. — Du jour où, pour éviter que les fonds du ministère de l'instruction publique soient livrés à des appétits indignes, — on en aura abandonné la répartition à la publicité, — les hommes auxquels on veut les conserver ne les accepteront plus, et de ce moment même il ne se trouvera pour les *consommer* que ceux-là précisément auxquels on veut les dérober, c'est-à-dire des gens sans talent et sans pudeur.

Il faut prendre garde qu'il n'en soit de cet argent comme des hospices d'enfants trouvés, — où, comme nous l'avons déjà fait remarquer depuis la suppression des *tours*, c'est-à-dire du secret, — on a déposé beaucoup moins d'enfants aux hospices, mais pour en déposer beaucoup plus au coin des bornes et dans les auges des pourceaux. Deux enfants nouveau-nés ont été, hier, trouvés, dans deux quartiers différents, sur des tas d'ordures.

Le ministère de l'instruction publique est, en France, une des niaiseries les plus graves. — Le ministère n'exerce aucune influence littéraire d'aucun genre ; — il n'a aucun rapport avec les hommes qui écrivent ; — il ne les connait pas. Il change les heures des classes et des récréations dans les colléges ; — il fixe le *maximum* des *pensums* ; — il modifie la forme des concours. Mais, pour la littérature vivante, — pour celle qui a tant de pouvoir sur les cœurs, — sur les esprits, — sur les mœurs, — il ne sait pas ce que cela veut dire.

4. — M. Arago et M. G. de Pontécoulant, tous deux chevaliers de la Légion d'honneur, savants illustres dans le monde entier, ont écrit l'un contre l'autre une brochure, — dans laquelle chacun des deux prouve clair comme le jour que l'autre est un ignorant.

5. — M. Mathieu de la Redorte, — membre de la Chambre des députés, — chevalier de la Légion d'honneur, est nommé ambassadeur en Espagne à la place de M. de Rumigny, membre de la Légion d'honneur. M. Mathieu de la Redorte est un homme fort distingué sous plusieurs rapports, et contre la nomination duquel je n'aurais rien à dire, s'il s'agissait d'une autre ambassade ; mais sa qualité de parent de Joseph Bonaparte, — et la religion réformée à laquelle il appartient, rendent peu convenable sa mission auprès de Sa Majesté Catholique.

Ce témoignage de reconnaissance a fait dire de M. Thiers : — Décidément ce n'est pas un *Fesse-Mathieu*.

En outre, M. de la Redorte devait acheter une action du *Constitutionnel*, et c'était une chose assez importante.

La propriété du *Constitutionnel* est divisée entre MM. Étienne, chevalier de la Légion d'honneur ; — Véron, chevalier de la Lé-

JUILLET 1840.

gion d'honneur; — Jay, chevalier de la Légion d'honneur; — et quelques marchands de vin et de bois retirés, et chevaliers de la Légion d'honneur: — ç'a été de tout temps un gouvernement fort agité, et, avant l'entrée de M. Véron — dans les conseils, la discussion s'y animait parfois au point qu'on y échangeait des coups de chaise. — M. de Saint-Albin, le père, chevalier de la Légion d'honneur, — y faisait des 18 brumaire presque périodiques.

M. Véron n'y a donc qu'une puissance très-disputée, — et qui peut à chaque instant lui échapper. M. Mathieu de la Redorte devait acheter l'action de M. Roussel, chevalier de la Légion d'honneur, et adversaire de M. Véron dans le conseil, — et par ce moyen, ranger ce vieux carré de papier d'une manière immuable, sous les ordres de M. Thiers; — mais, la nomination signée, — M. de la Redorte a changé d'avis, — et M. Roussel, voyant qu'on ne voulait plus acheter son action, a commencé à dire qu'il ne voulait plus la vendre.

6. — Voici des remaniements de préfectures, — comme je l'avais prédit dans un volume précédent. — Mais, que n'ai-je pas prédit dans mes volumes précédents?

Entre autre choses, — l'élévation du petit Martin, — chevalier de la Légion d'honneur.

— Il y a à Versailles une chapelle très-sombre. — Le roi la visitait, et on avait laissé ouverte la porte d'entrée pour donner un peu de lumière. — Sa Majesté demande une lettre à un des chevaliers de la Légion d'honneur qui l'accompagnaient, et dit : « Je peux à peu près y lire; — mais la reine ne le pourra pas. »

M. Neveu, l'architecte, chevalier de la Légion d'honneur, s'approche du roi, et lui dit : « Sire, j'ai trouvé un moyen.

— Ah ! tant mieux !

— Un moyen d'une simplicité incroyable. — Il s'agit de remplacer la porte d'entrée qui est pleine, par une porte vitrée. » — Le roi eut beaucoup de peine à faire comprendre à M. Neveu qu'une porte qui ne donne pas assez de jour quand elle est ouverte, n'en donnera pas davantage quand elle sera vitrée.

7. — Quand ce volume paraîtra, — M. Ganneron, — député, et chevalier de la Légion d'honneur, — se rappellera-t-il avoir dit dans une maison, hier soir : — *Nous venons de bâcler quinze lois.*

8. — M. Lherbette, chevalier de la Légion d'honneur, a adressé des interpellations au ministère relativement aux deux journaux ministériels du soir, le *Moniteur parisien* et le *Messager*. — Voici le secret de cette petite comédie. M. Baudoin, gérant du *Moniteur*, — et chevalier de la Légion d'honneur, — voudrait anéantir M. Brindeau, gérant du *Messager*, lequel voudrait absorber M. Baudoin.

Le petit *Moniteur*, qui est imprimé à sept mille exemplaires, est préféré par le ministère au *Messager*, qui n'en vend que onze cents, et on lui donne les dépêches les plus fraîches et les meilleures. Le *Messager*, d'après un contrat, est assuré de deux années d'existence. — M. Brindeau, menacé de les passer dans l'abaissement et l'humiliation, — a songé à M. Lherbette, à côté duquel il dîne tous les jours au café de Paris, — et il l'a prié de forcer le ministère à s'expliquer clairement à son sujet ; — de sorte que les attaques formulées par M. Lherbette contre le ministère — étaient réellement faites par M. Brindeau, gérant du *Messager*, journal acheté par le même ministère.

9. — Les moralistes et philanthropes ayant de tout temps attribué les crimes des hommes à l'ignorance, — il est devenu fort à la mode, parmi les assassins et les voleurs, — d'avoir un peu de littérature. — On se rappelle les tragédies et les chansons de Lacenaire ; — l'homme à la mode en ce moment est Éliçabide. — Clément Boulanger, qui est un homme de talent et de tact, a eu raison d'écrire aux journaux qui l'avaient annoncé qu'il n'était pas vrai qu'il eût fait le portrait de cet assassin pour le publier.

JUILLET 1840.

Voici, au sujet d'Éliçabide, une petite anecdote que le chanteur Duprez a racontée lui-même avec beaucoup de gaieté et d'esprit :

« Il y a eu, — il y a quelque temps, une fièvre de plâtre incroyable. — On a publié la statuette de tout le monde. — Un marchand, qui n'avait pu placer tous les exemplaires de celle de Duprez, — a imaginé d'envoyer ce qui lui restait en province et de les faire vendre comme représentant Éliçabide. A Bordeaux, le peuple s'est indigné en voyant le scélérat et a brisé plusieurs statuettes. »

Le commerce ne peut manquer de s'emparer évidemment de ce débouché pour les *illustres* qui lui restent en magasin. — On a déjà envoyé trois cent cinquante Déjazet dans les départements, — pour être vendues sous le nom de madame *Laffarge*, accusée d'avoir empoisonné son mari.

Je me réjouis fort d'avoir résisté à l'honneur du plâtre.

Lettre de M. Fauvel, maire d'Étretat, m'annonçant la réception des 1,750 francs que nous lui avons envoyés.

10. — M. Népomucène Lemercier, membre de la Légion d'honneur, est mort. C'était un assez beau talent et un très-beau caractère. — Voici à l'Académie un fauteuil vacant. — Voyons comment on fera pour ne pas le donner à M. Hugo, membre de la Légion d'honneur.

— Je me trouvais à la campagne hier, — et je voyais des gens du peuple; — des ouvriers, mangeant, buvant, dansant à faire envie.

Et je me rappelais nos modernes tribuns et les phrases qu'ils font à la Chambre sur le peuple et sur le bonheur du peuple.

Et je me dis, — les Gracques, — ces colosses républicains, — aux jarrets et aux bras d'acier, — au front élevé, — aux cheveux drus et serrés, aux yeux assurés et étincelants, à la voix puissante assez pour remplir le Forum, — ont aujourd'hui pour successeurs de jeunes valétudinaires chauves et en lunettes ou de vieux avocats asthmatiques.

Comment ces hommes peuvent-ils comprendre le peuple, — ses malheurs et ses besoins ?

Aussi, écoutez-les. — Ce n'est pas la sécurité et la meilleure organisation d'un travail suffisamment rétribué qu'ils demandent pour le peuple.

Non, c'est le droit d'aller voter dans les colléges électoraux, c'est le droit d'aller de temps à autre mettre dans une urne un morceau de papier en faveur d'un avocat ou d'un marchand de bœufs ambitieux, qu'il ne connaît pas.

A voir ces pauvres tribuns, — tristes, moroses, pâles, — étiques, — somnolents, mornes, ennuyés,

A voir le pauvre peuple, — buvant, mangeant, faisant l'amour avec ses puissantes facultés,

On se demande si les premiers ne sont pas un peu plaisants dans leur pitié pour les seconds; et on s'attriste de voir le bonheur que les phthisiques amis du peuple veulent lui faire à leur taille.

11. — Gatayes est allé voir Janin, membre de la Légion d'honneur, et il l'a trouvé fort embarrassé. — Il y a quelques années, il s'est intéressé à une vieille femme qu'il a rencontrée dans la rue. — Il l'a fait entrer dans un hospice, où elle se trouve fort heureuse. La veille, elle avait été malade, — et, ce jour-là, se trouvant mieux, elle s'était dit : « Il ne faut pas que je meure sans avoir vu M. Janin. » Elle s'était fait accompagner par une femme de la maison, — et, à petits pas chancelants, — elle était arrivée à la rue de Vaugirard. — Là, je ne sais comment, — elle avait réussi à monter les étages, — peut-être a-t-elle mis deux heures ; — mais enfin elle est arrivée. — Janin l'a reçue de son mieux, — il a déjeuné avec elle et avec Théodose Burette, — Théodose Burette, savant et homme d'esprit, est le Gatayes de Janin, — il a glissé de l'argent dans sa poche, — il a été simple et bon, — il lui a parlé du régime de l'hospice, — il l'a écoutée avec intérêt, — il a retrouvé, pour

accueillir cette pauvre femme, — tous ces soins affectueux qu'il garde au fond du cœur depuis qu'il a perdu sa chère vieille tante.

« Allons, — ma bonne, — lui dit-il, — Théodose et moi nous irons vous voir ; — il ne faut pas vous fatiguer ainsi à venir ; je suis jeune, moi, j'irai là-bas. »

Tout cela était fort bien ; — mais la bonne vieille avait épuisé tout le reste de ses forces pour arriver à l'aire du farouche critique. — Quand il fallut descendre l'escalier, ses pauvres vieux genoux fléchirent ; en vain Janin, d'un côté, — Théodose Burette, de l'autre, voulurent la soutenir, — impossible de descendre. — A ce moment, Gatayes arriva ; — et on lui expliqua la situation. « Parbleu ! dit-il, — il faut descendre la vieille sur un fauteuil que nous porterons. »

L'idée est adoptée : — on place la vieille sur un fauteuil, — Gatayes prend les pieds de devant, — Janin et Burette le dossier, et on descend un peu haletant. « Allez, — allez. — la bonne, — disait Burette, il n'y a pas beaucoup de reines qui aient un attelage comme le vôtre. »

12. — Aujourd'hui a eu lieu la grande revue de la garde nationale. — Vers l'heure du dîner, les rues étaient remplies de citoyens violets et apoplectiques ; — les malheureux étaient depuis le matin exposés à un soleil ardent, — empaquetés, serrés, ficelés, — comme vous savez ; — plusieurs en mourront. O saints martyrs, — priez pour nous.

On s'était beaucoup occupé de cette revue : — dans son humilité, le gouvernement n'avait pas cru devoir compter sur la *sympathie* de la garde nationale. — Fidèle à son système d'annonces et de réclames, — il avait imaginé un puff, devant lequel auraient reculé les marchands de pommade mélaïnocôme et d'allumettes pyrogènes.

On avait fait courir le bruit que l'*Empereur de toutes les Russies* assisterait à la revue. — Le *Siècle*, feuille de M. Barrot, l'avait annoncé dans *le corps du journal*. — Le bruit avait grossi, et de braves gens de mon quartier disaient : « *Il paraît* que l'empereur de Russie sera dans les rangs de la garde nationale. »

Beaucoup s'étaient rendus sur la place de la Concorde — par curiosité, et aussi pour humilier l'autocrate par l'aspect de la tenue d'un peuple libre. — Quelques-uns voulaient crier : « Vive la Pologne ! »

On fut extrêmement désappointé — en ne voyant pas le despote, — ceux qui voulaient crier : « Vive la Pologne ! » surtout, — et comme ils voulaient crier : Vive quelque chose, ils crièrent : « Vive la réforme ! »

Il y avait cependant là un spectacle plus curieux que ne pouvait l'être l'empereur de Russie. — M. Thiers s'était mis en grande sollicitude du cheval qu'il monterait. — Il s'agissait de trouver un cheval qui eût une belle apparence, mais qui cependant ne lui fît aucune avanie. Enfin, il avait emprunté à M. Ernest Leroy — un petit cheval arabe que monte ordinairement un enfant de quatorze ans, hardi cavalier, que les amis de M. Leroy appellent ordinairement Tata.

Quand on demandait à M. Thiers ce que c'était que ce joli cheval, — il répondait : « C'est Leroy qui me l'a prêté. — Ah ! c'est le roi ? — Oui, c'est Leroy. »

Les amateurs de chevaux et les habitués du bois de Boulogne disaient : « Tiens, c'est le cheval de Tata. »

On n'a pas assassiné le roi : — décidément la mode en est passée.

M. de Pahlen s'est plaint aux Tuileries, — et a dit hautement que l'empereur de Russie n'était pas et ne devait pas être un canard.

13. — Comme, hier, je sortais de la maison que j'habite, rue de la Tour-d'Auvergne, une femme m'aborde et me dit :

— Êtes-vous monsieur Karr ? — je voudrais vous parler un moment.

JUILLET 1840.

Je m'incline en lui désignant de la main la porte de la maison.

— Non, me dit-elle, passez devant pour me montrer le chemin.

Je la salue et j'obéis. Mon domestique était sorti, je m'adresse à la portière pour avoir la clef de mon logis ; à ce moment l'inconnue tire un long couteau qu'elle tenait caché dans son ombrelle et m'en porte un coup dans le dos. La portière jette un cri ; — moi, d'un seul mouvement, j'avais paré le coup et saisi le couteau.

— Marie, dis-je à la portière, vous laisserez sortir librement madame, — et vous, madame, vous me permettrez de ne pas prolonger cette petite conversation.

Je la saluai et rentrai chez moi, tandis qu'elle disait : « C'est impossible, il faut qu'il ait une cuirasse. »

— Parbleu, — dis-je à Léon Gatayes, — qui arriva quelques instants après, en lui montrant le couteau : — j'ai bien raison de dire que ces femmes de lettres sont de bien mauvaises femmes de ménage ; en voilà une qui vient de dépareiller une douzaine de couteaux !

— Tu te trompes, me dit Gatayes, celui-ci est le couteau à dépecer.

Puis nous allâmes dîner à Saint-Ouen, et passer le reste de la journée sur la rivière.

Ce matin, j'apprends que l'accident a donné lieu, dans le quartier, à de singulières appréciations — Quelques journaux ont présenté le fait avec des circonstances bizarres. — Quelques récits me donnent un air de Don Juan puni, dont je ne veux pas accepter le ridicule ; — d'autres pensent que c'est une anecdote inventée à plaisir par quelque feuille facétieuse, — ce qui me rendrait complice d'un mensonge que je n'aurais pas démenti ; c'est ce qui me détermine à en parler ici.

Mon ami le docteur Lebâtard, qui est venu voir *s'il y avait de l'ouvrage*, m'affirme que la blessure pouvait être fort dangereuse, et certes j'aurais été atteint si on m'avait porté le coup tout droit au lieu de lever le bras au-dessus de la tête, comme font les tragédiens, sans aucun doute dans la prévision de la lithographie qui pourrait être faite de la chose.

Les honnêtes dimensions du couteau sont de trente-huit centimètres de longueur. — La largeur de la lame est de deux centimètres et demi.

Il est aujourd'hui accroché dans mon cabinet au milieu de mes tableaux et de mes statuettes, avec cette inscription :

DONNÉ PAR MADAME *** (*dans le dos*).

Maintenant que tout le monde a pu émettre son opinion sur cette aventure, je vais donner aussi la mienne.

L'auteur de cette exagération — est une femme que j'ai désignée trop clairement dans un volume précédent. — C'est la seule fois, depuis que je publie les *Guêpes*, qu'il me soit arrivé de désigner ainsi une femme à propos de choses dépassant la plaisanterie. — J'ai fait un acte de mauvais goût; je ne suis pas fâché de l'avoir expié. Et, en y réfléchissant, je ne trouve réellement pas qu'elle ait tout à fait tort; — il faut le dire, il y a dans cette manière de ressentir et de venger une injure, — soi-même, — seule, — en plein jour, — quelque chose qui ne manque ni d'énergie ni de courage, et ne manquerait pas de noblesse, — si le couteau n'était pas un couteau de cuisine.

Je le répète, — j'ai fait un acte de mauvais goût, et j'en demande humblement pardon à toutes les femmes.

— Sur la proposition de M. de Sainte-Beuve, la guêpe Padocke est mise *à pieds* pour deux mois.

14. — Voici deux phrases que je trouve dans un livre que j'ai publié il y a fort longtemps :

« Il vient parfois des époques difficiles — où les hommes sérieux, — les grands politiques, — *amis du trône* ou *amis du peuple*, se disent : — Les circonstances sont graves, — le pays est en danger; — c'est le moment de dîner ensemble et de manger du veau.

» On mange, — on boit, — on parle : — bientôt arrive l'instant où tout le monde parle à la fois et où personne n'écoute ; — puis, enfin, — quand on est suffisamment ivre, — on commence à traiter les questions politiques et à discuter le sort des peuples et des rois.

» On appelle ces gueuletons — banquets politiques. »

Ces phrases ont été répétées depuis par plusieurs journalistes qui n'ont pas cité l'endroit où ils les avaient prises — ce qui m'est parfaitement égal, — et, loin de me contrarier, m'a procuré le plaisir de porter ainsi à ces ripailles patriotiques un coup dont elles ne se relèveront pas.

La proposition Remilly était *enterrée* par la *gauche*, livrée à M. Thiers par M. Barrot.

Rappelons-nous que la proposition Remilly n'avait pour but que d'établir par une loi ce que ladite gauche demandait depuis si longtemps avec tant de clameurs, — c'est-à-dire d'enlever aux ministres la possibilité de payer les *dévouments intéressés*. Le coup porté m'avait paru à moi-même difficile à parer. « Parbleu, messieurs, disait la proposition, voilà dix ans que vous criez contre la corruption qu'exercent les ministres; puisque vous êtes la majorité, puisque vos amis sont aux affaires, c'est le vrai moment de la rendre à jamais impossible. »

Je ne voyais rien absolument à répondre.

Mais je n'avais pas prévu l'argument que voici :

« Chère proposition, — répondirent ces messieurs, — il s'agissait alors de ministres corrupteurs et de dévouements mercenaires ; — mais aujourd'hui que nous avons des ministres vertueux et des dévouements désintéressés, — c'est bien différent. Fi des dévouements mercenaires! on ne doit rien leur donner; mais le désintéressement, vive Dieu! — proposition ma mie, — le désintéressement est rare ; — le désintéressement est fort cher, et on ne saurait trop payer le désintéressement. »

Pour la galerie cependant il fallait faire bonne contenance ; le ministère eut l'air d'approuver la proposition Remilly ; mais M. Jaubert, — membre de la Légion d'honneur, — envoya à ses amis, et par mégarde à un de ceux qui n'en étaient pas, — une invitation à venir *enterrer* la proposition Remilly. Cette lettre de *faire part*, — tombée ainsi en mauvaises mains, fut rendue publique

Cela devait tuer un ministre et un ministère ; — mais dans ce temps-ci — on en voit tant d'autres — que l'on n'y fit presque pas d'attention, et que la proposition Remilly fut enterrée dans l'urne du scrutin.

Les fossoyeurs furent en conséquence conviés à un convoi de quatre-vingts couverts chez Véry ; — mais, comme ce parti manque d'homogénéité, — comme on l'a péniblement formé d'éléments bizarres, — que c'est une sorte de julienne, de parti-Gibou, — les chefs défendirent qu'on parlât politique dans la crainte que dans la chaleur du banquet on oubliât son rôle, et que l'on s'aperçût que l'on n'était réuni que par l'intérêt.

On remplaça la politique par divers exercices bachiques, — tels que la charge en douze temps — et l'ingurgitation de rhum ou d'eau-de-vie dans le gosier d'un seul coup, sans qu'il touche au palais. L'ingurgitation est la charge en douze temps appliquée au vin de Champagne.

L'ingurgitation est susceptible de divers degrés. — Un des représentants de la France, membre de la Légion d'honneur, dans ce mémorable gueuleton, — réussit à boire d'un seul trait une bouteille entière de vin de Champagne. — Quelques autres convives tentèrent de l'imiter, mais ils versèrent les bouteilles, et répandirent des flots de vin sur leurs cravates et leurs jabots, et les habits de leurs voisins.

Les toasts furent remplacés par des chansons bachiques et érotiques.

15. — Il y a plusieurs mois que j'ai annoncé, en signa-

JUILLET 1840. 283

lant l'appui que le *Messager* donnait à M. Thiers, — que M. le comte Waleski serait récompensé de ce dévouement par une ambassade. Voici qu'on va l'envoyer, en effet, auprès de l'empereur du Maroc, — pour lui demander des explications au sujet des secours qu'Abd-el-Kader a reçus de lui.

Pendant que je suis en train de rendre moi-même hommage à la sagesse de mes prévisions, — je ferai remarquer le soin avec lequel j'ai cessé de parler de M. Waleski depuis qu'il s'est réfugié dans la vie privée. J'ai, dès aujourd'hui, le droit de le mettre sous la surveillance d'un de mes insectes ailés.

16. — Holà ! mes guêpes, à moi ! — partez, *Mammone*, — *Astarté* — et *Grimalkin* ; — je vous confie mes plus intrépides escadrons ; — volez à tire-d'aile — sur un mauvais petit village qu'on appelle *Montreuil*, près Vincennes, — un hameau célèbre par la grosseur de ses pêches ; — livrez les habitants à la fureur de vos soldats ; n'épargnez ni le sexe, ni l'âge ; passez le pays au fil de vos aiguillons, — et, si je vous désigne de préférence, — *Mammone*, — *Astarté* — et *Grimalkin*, — c'est que je connais votre férocité — et que vous avez pris votre déjeuner dans les fleurs de mes lauriers-roses, — déjeuner d'acide prussique, qui ne peut manquer d'envenimer vos piqûres d'une agréable manière.

Voici ce que je lis dans un journal de l'opinion *avancée* : « Les élections municipales seront vivement disputées dans la commune de *Montreuil*, près *Vincennes*.

« Un fait récent est venu donner une *grande importance* au choix des électeurs.

« Le jour de la Fête-Dieu, le maire de cette commune commanda la garde nationale pour assister à une procession ; mais le chef de bataillon, M. Roussel, *résista* à cette injonction, et ne donna aucun ordre à son bataillon, qui ne parut pas à la *fête religieuse*. Les habitants se sont hautement prononcés en faveur de M. Roussel, et ils veulent lui donner un *éclatant témoignage de leur approbation* en excluant le maire du conseil municipal. »

M. Roussel, — *Mammone,* — vous entendez.

Comment ! *monsieur le chef de bataillon,* — vous faites de l'opposition contre Dieu ? — vous ne le reconnaissez pas ? Laissez-le donc être Dieu, — lui qui vous laisse si bien être chef de bataillon de la garde nationale de Montreuil ; laissez-lui donc sa fête, — monsieur Roussel, — lui qui vous donne, en ce moment, une si belle fête de quatre mois, qu'on appelle l'été ; — donnez-lui quelques fleurs, lui qui vous en donne tant, — lui qui pare tous vos pêchers de tant de belles fleurs roses qui deviennent plus tard ces belles pêches que vous nous vendez si bien et si cher. Et vous, honnêtes habitants de Montreuil, pourquoi traiter Dieu si mal ? Donnez-lui, dans votre respect, le rang de chef de bataillon de la garde nationale ; — ne le placez pas trop au-dessous de M. Roussel ; — ne l'humiliez pas trop ; — il a peut-être encore là-haut un vieux restant de grêle, — et les pêches ne tiendraient pas plus aux arbres que les hommes à la vie. Mais soyez tranquilles, n'ayez pas peur de l'offenser, ce serait trop d'orgueil ; — il n'éteindra pas pour cela son soleil, — et vos pêches mûriront, — et aussi le raisin pour le vin que vous boirez dans le banquet que vous allez sans doute offrir à votre audacieux chef de bataillon.

Audacieux est le mot. En effet, le téméraire, — tout le monde est pour lui ; eh bien ! cela ne l'intimide pas ; il n'en suivra pas moins la route périlleuse qu'il a osé entreprendre.

Et vous, journaliste, — mon bon ami, — comme vous vous sentez heureux ! — Ce n'était pas assez d'avoir un roi constitutionnel, il fallait encore un Dieu constitutionnel, un Dieu condamné à une réclusion perpétuelle dans ses églises. — Comme Montreuil doit envier Paris ! — Paris, où Dieu est sous la surveillance de la haute police ; — où, s'il se montrait dans la rue, il serait appréhendé au corps comme perturbateur ; Paris, qui supprime ce jour de la Fête-Dieu, — où le peuple et les rues étaient propres ; — Paris, qui chicane les fleurs à Dieu, — dans la crainte de n'en plus avoir assez pour jeter à des danseuses en sueur.

🙢 Mais cette fête dont vous refusez à Dieu sa part, ne voyez-vous pas que c'est à lui que toute la nature la donne ? — tous ces parfums qui montent au ciel, toutes ces voix joyeuses d'oiseaux qui chantent ; croyez-vous que ces voix et ces parfums ne vont pas plus haut que vous, et qu'après que vous les avez entendues et respirés, — elles s'éteignent et s'évanouissent ?

>   A l'heure sainte où l'on sonne à l'église
>   La dernière prière, — au loin silencieux,
>   Du sol on voit monter comme une vapeur grise
>   Sortant de l'herbe et s'élevant aux cieux.
>   C'est l'encens qu'exhale la terre,
>   C'est la solennelle prière
>   De la création entière au Créateur ;
>   Chaque fleur, chaque plante, y mêle son odeur :
>   La *campanule* bleue en fleurs dans nos prairies,
>   L'*alpen-rose* le pied dans la neige des monts,
>   Et le grand *cactus* rouge, hôte des Arabies,
>   Et les *algues* des mers dans les gouffres sans fonds,
>   L'oiseau son dernier chant dans sa verte demeure,
>   Et l'homme, des pensers qu'il ne sait qu'à cette heure.
>   Ce nuage divin, formé de tant d'amours,
>   Monte au trône de Dieu ; — dîme reconnaissante
>   De ce que doit la terre à sa bonté puissante,
>   S'étend..... et c'est ainsi que finissent les jours.

🙢 17. — On m'envoie une sorte de journal qui s'imprime à cent vingt lieues de Paris, hors de France, — où on donne simplement à entendre que je suis un *mouchard*.

Je n'ai absolument rien à répondre à cela, — l'endroit d'où le journal est daté se trouvant précisément à quatre cent quatre-vingt mille longueurs de canne de celui où je demeure.

— Je reçois une lettre qui commence ainsi :

« Mon cher Alphonse, l'usage étant généralement adopté de présenter une adresse aux victimes bien portantes d'un crime non réussi, — permettez-moi de recueillir ma signature...

» Je vous conseille fort de changer votre paletot de velours contre une cuirasse ; — et d'élever à la dignité de janissaire le père Michel, sur la fidélité duquel vous pouvez compter.

» Comte RAPHAEL DE GRICOURT. »

18. — Les députés s'en vont, les dernières séances se passent — comme toutes les dernières séances.

Quand il s'agit de se faire élire, — le candidat ne recule devant aucune promesse, quelque fallacieuse qu'elle soit. — Il n'est si haute montagne qui n'obtienne la promesse d'un port de mer, s'il lui en prend la fantaisie. — Vous leur demanderiez une rivière de café à la crème qu'ils n'hésiteraient pas à la promettre.

Ausi, nous divisons les candidatures en candidatures — à l'américaine, — au bonjour, — à la tire, — au renfoncement, — à courre, — au tir, — au miroir, — à la pipée, — au collet, — à la ligne, — au filet, — à l'asticot, — à la mouche artificielle.

On promet comme s'il en pleuvait — des ponts, des fleuves, des chemins de fer, des écoles primaires, des églises, des routes, des chemins, des étalons.

Chemins de fer. — La surface de la France ne suffirait pas tout à fait aux deux tiers des chemins de fer promis par les candidats.

Canaux. — Si l'on exécutait tous les canaux promis, il ne resterait pas de place pour les chemins de halage, et à plus forte raison pas pour un seul chemin de fer ; — de même que, si l'on exécute les chemins de fer, il faut renoncer à tout canal. Les canaux promis couvriraient, non-seulement l'espace promis aux chemins de fer, mais encore celui réservé aux routes, aux terres

labourables, aux bois, aux prairies, aux rues et aux maisons.
— Ce serait une inondation, un déluge.

Ponts. — Si l'on exécute seulement la moitié des ponts *jurés* par les éligibles, il ne coulera plus un pouce d'eau à découvert.

Routes et chemins. — Il n'y aurait de pavés et de silex que pour un quart des routes et des chemins ferrés sur lesquels comptent les diverses communes de France.

Autant les députés, à la Chambre, ont horreur des questions d'intérêt matériel et d'intérêt local qui ne prêtent ni aux longs discours, ni aux théories; autant les gens qui les envoient ont à cœur ces questions, seul but de la peine qu'ils se donnent pour élire des députés et se faire représenter par eux.

Il n'y a pas un de nos honorables qui n'ait promis un petit pont ou une grande route, suivant les localités; quand ils se présentent aux élections, ils promettent tout ce qu'on veut, ils sont envoyés par vous pour prendre vos intérêts, ils ne l'oublieront pas. Les femmes et les enfants des électeurs les chargent de leurs commissions, ils n'en refusent aucune; ils mettent sur leur agenda:

— Des réparations à l'église;
— Un chapeau pour la femme de M. F.;
— Un polichinelle pour le fils de M. R.;
— Un pont sur la rivière.
— Des pralines à la vanille pour la sœur de M. B. — Pas trop cuites.
— Être extrêmement indépendant.

Une fois à Paris, les uns passent le temps à dire: « Très-bien! »

Les autres à faire de longs discours sur les questions les plus oiseuses, ou à demander des bureaux de tabac pour leurs parents et amis.

La clôture finit par arriver, — et on se dit généralement:

« Je ne suis pas ici pour m'amuser; — il me faut des réparations à l'église, un chapeau vert, des pralines, un pont, un polichinelle et une extrême indépendance.

« Je vais reparaître devant mes commettants, ils vont me demander compte de la manière dont je me suis acquitté de leur mandat. Aurai-je une sérénade ou un charivari? — Illuminera-t-on? me réélira-t-on? ai-je tenu mon pont? me suis-je acquitté de mon chemin? »

Alors les députés les plus muets demandent la parole; ils interrompent les discussions les plus animées pour monter à la tribune et dire :

« Messieurs, je profite de l'attention portée sur la question d'Espagne pour rappeler à la Chambre que la commune de *** (Ardèche) a besoin d'un pont. »

Ou bien :

« Oui, messieurs, comme vient de le dire l'honorable préopinant, la liberté tombe en ruine; mais, ce qui ne tombe pas moins en ruine, c'est notre église et les bâtiments y attenant, à tel point que le curé est forcé d'habiter une maison suspecte. »

Sur la fin de la session, ils perdent la tête; leurs diverses commissions se confondent; ils s'écrient: « Député de la France, je serai fidèle à mon mandat; j'ai promis un polichinelle (hilarité), je veux dire une grande route à la ville de ***. »

C'est surtout l'*indépendance* qui se montre par bouffées; le député le plus ministériel pendant la session devient du jacobinisme le plus effréné; il appelle le ministère antinational; il demande incessamment la parole *contre le projet du gouvernement*; il arrive à la Chambre à la fin d'une discussion dont il n'a pas entendu un mot; — il a acheté le chapeau vert et les pralines; il monte à la tribune, et il dit : « Je ne suis pas de l'avis du ministère. »

Il parle cinq heures pour retrancher trois francs du budget.

JUILLET 1840.

Il ne rend plus le salut au ministre dont il assiégeait autrefois l'hôtel.

☙ 19. — Redouté, le peintre de roses, vient de mourir; — son âme s'est exhalée avec le parfum des dernières roses, à la fin de ce beau mois de juin, où les roses de toute la terre ouvrent leurs encensoirs de pourpre et exhalent toutes à la fois leurs parfums, tellement qu'il semble que le ciel de juin soit tout formé du parfum des roses.

Redouté, qui n'avait rien perdu de son magnifique talent, avait demandé qu'un dernier tableau lui fût commandé; — M. de Rémusat le lui avait promis; mais, en même temps, dans les bureaux du ministère, — on formulait un refus sec et brutal que M. de Rémusat signa sans s'en apercevoir. — A la lecture de cette réponse, Redouté fut si frappé de surprise et d'indignation — qu'il se trouva mal et mourut deux jours après.

☙ 20. — On a reçu, — sinon au ministère des affaires étrangères, — du moins à l'Opéra, — des nouvelles de l'ambassade en Perse. — Ces messieurs ont si bien fait les affaires là-bas, qu'on a envoyé un bateau à vapeur, — d'une marche très-rapide, — pour leur porter l'ordre de revenir : ils seront à Paris dans le courant du mois d'août. — On sait que cette ambassade n'avait pour but que d'enlever au répertoire certaines entraves. M. Pillet, le nouveau directeur, — membre de la Légion d'honneur, — s'alarme fort de son retour; aussi se met-il en état de défense, et se prépare-t-il à soutenir un siége dans toutes les formes.

Déjà défense a été faite aux danseuses et aux figurantes de paraître sur la scène pendant les entr'actes et dans les moments où leur service ne les y appelle pas.

— En Afrique, le maréchal Valée, membre de la Légion d'honneur, — continue son système d'imprévoyance : — il a défendu sévèrement aux soldats et aux officiers toute correspondance avec l'Europe, — et lui-même ne juge presque jamais à propos d'envoyer des nouvelles au ministère. — A chaque instant, on est dans la plus grande inquiétude au sujet de l'armée d'Afrique.

Il y a un nom bien impopulaire que je vais prononcer, — un nom qui fera froncer le sourcil peut-être à mes lecteurs les plus bienveillants : c'est celui du général Bugeaud, membre de la Légion d'honneur. — Eh bien! s'il y a un homme qui soit capable de faire prendre aux affaires d'Afrique — une face nouvelle, c'est le général Bugeaud. — M. Thiers l'avait senti lors de son avénement au ministère, et la nomination de M. Bugeaud était prête; — mais M. *Chambolle* et M. *Léon Faucher* s'y sont opposés, — et on maintient le maréchal.

21. — J'habite un logement retiré dans un assez beau jardin planté de grands sycomores, d'acacias et de rosiers, — où, réunissant en moi deux personnages d'une fable de la Fontaine, — je suis tout à la fois *l'ours et l'amateur de jardins*. Autour de mon jardin, — il y a sept pianos. Malédiction sur les quartiers tranquilles!

Je connais bon nombre de gens de talent qui vivent dans les quartiers les plus bruyants et les plus populeux de Paris. — Eh bien! de temps en temps, sortent d'une de ces rues un beau livre, — de beaux vers, un beau tableau; — mais, au contraire, les fabulistes, les gens qui font des distiques pour l'arc de triomphe de l'Étoile, — des comédies *non destinées à la représentation*, après avoir été refusées à tous les théâtres, — des charades pour l'*Almanach des muses*, — des essais sur les mœurs et la philosophie des crapauds, tous ces gens-là sentent le besoin de la retraite, de la retraite mère de la méditation, — de la méditation, père des chefs-d'œuvre.

Je suis tombé dans l'erreur des faiseurs de distiques. En effet, dans les quartiers bruyants tous les sons se confondent en un son inarticulé, — vague, monotone, — continu, — semblable au bruit du vent qui souffle dans les feuilles, — ou de la mer qui brise sur la plage. —Nul son n'arrive assez distinct aux oreilles pour occuper l'esprit, — mais, au contraire, dans un quartier tranquille, chaque son apporte une idée, et chaque idée une distraction.

Un marchand vient-il à crier dans la rue,—partout ailleurs ce bruit se perdrait dans le bruit général, dans le brouhaha; mais ici vous l'entendez et vous suivez l'idée qu'il vous apporte.

Travaillez donc quand chaque son de la rue vous apporte pour deux jours de souvenirs, de regrets, — d'espoir, — de crainte ; — suivez donc une idée !

On est toujours un peu le mari de ses voisines ; — sous ce rapport seulement, — je me hâte de le dire,—que, comme avec leurs maris, ces dames ne se gênent pas avec leurs voisins ; elles se montrent à la fenêtre dans toutes sortes d'appareils avec lesquels elles aimeraient mieux mourir que de se laisser voir dans la rue — avec de hideuses papillotes de toutes les couleurs, — avec des yeux bouffis de sommeil.

Elles vous condamnent à entendre épeler et balbutier pendant un mois la fantaisie brillante qu'elles joueront plus tard avec tant de succès dans une autre maison... Dès l'aube,—nos sept pianos entraient en jeu, hésitant, cherchant, — recommençant, — me narguant. — C'est le matin que je travaille d'ordinaire et je ne pouvais plus travailler. — Des représentations eussent été inutiles, j'imaginai un autre expédient : — je mandai M. Leroux, professeur de trompe de chasse, et je le priai de me donner quelques leçons.—Au bout d'une semaine, j'étais en état de répondre aux grincements du piano par les rugissements nasillards de la trompe. On ne dit rien d'abord,— mais il me prit deux ou trois fois fantaisie de jouer quelques fanfares au milieu de la nuit; — alors s'éleva une clameur universelle. Après de longs pourparlers, il fut convenu que je ne sonnerais de la trompe que le moins possible, et que je n'en sonnerais ni avant neuf heures du matin, ni après neuf heures du soir,—moyennant quoi les pianos s'engageaient, de leur côté, à ne pas commencer leurs clapotements avant neuf heures du matin.

Mais maintenant—j'ai acquis sur le redoutable instrument une sorte de talent, — et je m'aperçois que mes voisins, — qui autrefois fermaient leur fenêtre avec fureur quand je prenais ma trompe, — semblent m'écouter aujourd'hui avec une sorte de complaisance.

Aussi — comme on ne me redoute plus, — on recommence à ne plus se gêner avec moi.—J'ai entendu ce matin un piano qui couvrait le chant dont les fauvettes saluent le lever du soleil. — Un voisin prétend que mes pigeons mangent sa moisson, — et profère contre eux les plus terribles menaces. — Un autre jette dans mon jardin les débris de tout ce qu'on casse chez lui, — etc., etc. — Il faut mettre un terme à cette oppression, — et, puisque ma trompe n'est plus assez désagréable à mes voisins, — j'annonce publiquement que je suis décidé à prendre des élèves.

22. — Le chef du cabinet particulier d'un ministre, M. L***, donnait audience à M. Lannier, député, et tout en causant avec lui, décachetait une foule de lettres adressées au ministre, — ce qui est à peu près sa véritable besogne. — « Mon Dieu! dit-il d'un air nonchalant, — que c'est fatigant! — on devrait bien inventer une machine à décacheter les lettres. — Oui; — mais que feriez-vous alors ? » répond avec naïveté M. Lannier.

— Les promeneurs s'arrêtent pour admirer les nouvelles maisons construites par M. Lemaire à l'angle de la rue Laffitte et du boulevard. On a dit : « Ce sont des maisons d'or, avec quelques ornements en pierre. »

Les bronzes, — les marbres, — les dorures, — rien n'a été épargné. —La frise, sculptée en pierre par les frères Lechesne, représentant des animaux et des scènes de chasses, est presque aussi belle que ce que nous avons de plus beau de Jean Goujon.

JUILLET 1840. 293

— Il y a là sept maisons d'un style et d'un goût différents ; — et toutes d'une magnificence ! — c'est une œuvre de goût et d'art, après laquelle on n'osera plus appeler de belles maisons — ces énormes masses carrées — percées de plus ou moins de fenêtres.

23. — On parle beaucoup du rôle singulier que l'on fait jouer à la Chambre des pairs : — on ne lui a présenté les lois votées par la Chambre des députés qu'après la clôture de fait de la session de cette Chambre, — de telle façon que son veto devient une sorte de formule dont il est bien convenu qu'elle ne se servira pas. — Il est remarquable qu'un ministère qui est arrivé aux affaires sous prétexte d'être *enfin* un gouvernement parlementaire, — ait commencé par annuler un des trois pouvoirs, en forçant, au moyen de la coalition, le roi à nommer M. Thiers malgré ses répugnances personnelles, — annule ensuite le deuxième pouvoir, qui est la Chambre des pairs, par l'apport tardif des lois qu'elle a à voter ; — le tout en s'appuyant sur le troisième pouvoir, la Chambre des députés, annulé par la corruption. — De sorte que quatre mois ont suffi à l'absorption des trois pouvoirs, — au profit d'une dictature mesquine, il est vrai, mais qui n'en est pas moins une dictature.

La Chambre des pairs manifeste un mécontentement assez prononcé, — mécontentement qui se trouve encore exploité par le grand chancelier, M. Pasquier, et le grand référendaire, M. Decaze, — qui trafiquent de ce mécontentement avec le ministère.

Ces messieurs, qui, par leurs parents, amis et alliés, — disposent à la Chambre de la majorité, font, l'un maintenir tous les Pasquier dans les rangs de la magistrature et des finances qu'ils encombrent, l'autre conserver à M. de Saint-Aulaire l'ambassade de Vienne.

24. — On s'agite de toutes parts pour créer des places et des vacances, et pouvoir donner la curée si promise et si attendue.

Ainsi la place de M. Daunou, vivement disputée par tous les députés de la gauche, après avoir été promise à plusieurs, — tels que MM. *Auguis, Jouffroy, Chambolle,* etc., sera définitivement donnée à M. *Taschereau* pour remplacer la division des communes qu'on lui avait promise ; — c'est un commencement de liquidation avec le *Siècle.*

— M. Léon Faucher sera nommé maître des requêtes au conseil d'État, et chef de la division des prisons à l'intérieur.

— M. Blanqui aîné, frère de l'auteur de l'attentat, — ne sera pas, comme on le lui avait promis, directeur de la direction du commerce aux affaires étrangères, mais directeur du commerce sous M. *Gouin,* à la place de M. Vincent.

Ces deux nominations, — celle de M. *Léon Faucher* et celle de M. *Blanqui,* sont deux à-compte pour le *Courrier Français.*

— Il est question d'envoyer M. Jacques Coste, ancien directeur du *Temps,* à Constantinople. — On ne sait pas plus le sujet de cette mission que celle de M. Waleski à Mascate : — le plus probable est que cela n'a pour but que de donner des missions à ces messieurs, — et qu'une fois qu'ils sont nommés le but est atteint.

🐝 Nous voici, comme vous voyez, en pleine curée.

🐝 25. — Il va y avoir, malgré les dénégations, un assez grand mouvement dans le corps diplomatique. — On va mettre à la retraite le baron de *Bourgoin,* ministre à *Munich,* — le vicomte de *Fontenay,* ministre à *Stuttgard,* — et le baron *Deffaudis,* ministre à *Francfort.*

M. *Drouin,* — premier secrétaire d'ambassade à Madrid, sera rappelé pour remplacer, à la direction du commerce aux affaires étrangères, M. *Désaugiers.*

Ce déplacement n'a pas pour objet une aptitude spéciale de M. *Drouin* : la véritable raison est que c'est un homme entier, — impérieux, — obstiné, — et que M. *de la Redorte,* le nouvel ambassadeur, ayant lui-même le caractère roide et un peu piniâtre, il leur eût été à tous les deux difficile et désagréable de vivre ensemble.

Pour M. *Deffaudis*, — la raison qu'on donne de sa disgrâce égaye beaucoup les personnes qui connaissent M. Thiers, un peu collet-monté de sa nature. — On l'accuse de mêler dans ses dépêches des anecdotes un peu grivoises. — M. de Fontenay et M. Bourgoin sont accusés de carlisme.

Voici les prétextes : — la véritable raison est qu'il faut faire des places aux très-peu nombreux membres de la Chambre des pairs qui sont partisans du ministère.

Continuation de la curée.

26. — M. *Véron* va être, selon les uns, receveur général, selon les autres sous-préfet à Sceaux.

M. Perrier fils, nommé ambassadeur en Russie, ne veut pas y aller. — Sa position de fortune, — qui rend ses services presque désintéressés, semble lui donner le droit de choisir.

— Il y aura le 14 juillet, à Belleville, un grand banquet radical à deux francs par tête. — MM. Laffitte et Arago en sont exclus comme modérés et aristocrates.

— C'est par erreur que, dans le volume précédent, — j'ai parlé de la chute du *Vautrin* de M. de Balzac. La représentation, interrompue par une brutalité ministérielle, n'a même pas été terminée.

27. — A l'Académie, les Hugophobes — ont fait ajourner l'élection au mois de novembre prochain, — pour avoir le temps de trouver jusque-là quelque génie qui aurait par hasard échappé jusqu'ici à l'attention. — S'ils ne trouvent rien dans la littérature, ils sont décidés à se rabattre sur M. Pariset, médecin de la Salpêtrière.

AM RAUCHEN. — Ceux-là se vantent d'être sobres, qui ne digèrent plus; ceux-ci d'être chastes, dont le sang est mort et stagnant; les autres d'avoir appris à se taire, qui n'ont plus rien à dire; en un mot, l'homme fait des vices des plaisirs qui lui échappent, et des vertus des infirmités qui lui arrivent.

🐝 L'amour que l'on éprouve est tout dans la personne qui aime; la personne aimée n'est que le prétexte.

🐝 Les plus désagréables des malheurs sont ceux dont on ne peut se prendre à personne; aussi ne néglige-t-on rien pour éviter cet embarras. C'est pour cela qu'on a inventé le *sort*, espèce de puissance ennemie et taquine, qui n'est occupée que de tourmenter notre vie, et que l'on a la consolation de maudire et d'invectiver faute de mieux.

🐝 On aime mieux être lapidé par un homme dont on peut se venger que de recevoir deux aérolithes dont personne n'est responsable.

🐝 L'incertitude est le pire de tous les maux, jusqu'au moment où la réalité nous fait regretter l'incertitude.

🐝 Dans l'amour, — il y a une personne qui aime, et l'autre qui est aimée.

🐝 Entre deux amants, il n'y a qu'une somme d'amour à dépenser : ce que l'un prend de plus, — l'autre l'a de moins.

🐝 Il y a un instinct dans le cœur de l'homme qui le fait s'effrayer d'un bonheur sans nuage. Il lui semble qu'il doit au malheur la dîme de sa vie, et que ce qu'il ne paye pas porte intérêt, s'amasse, et grossit énormément une dette qu'il lui faudra acquitter tôt ou tard.

🐝 On demande en général à la vie plus qu'elle ne renferme; nous sommes accoutumés à mettre notre bonheur dans des choses impossibles et notre malheur dans des choses inévitables.

🐝 L'espérance et le souvenir ont le même prisme : l'éloignement. Devant ou derrière nous, nous appelons le bonheur ce qui est hors de notre portée, ce que nous n'avons pas encore ou ce que nous n'avons plus.

🐝 Ceux qui entassent de l'argent ou des honneurs pour le

temps où, sans force, sans désirs, ils ne pourront plus en faire usage, me semblent des gens qui, n'ayant qu'une heure à dormir, passeraient cinquante minutes à se faire un lit bon et mou au lieu de dormir leur heure entière sur l'herbe ou sur la terre dure.

A la fin de sa vie, on découvre qu'on n'a jamais autant souffert de personne que de son ami.

La première moitié de la vie se passe à désirer la seconde, la seconde à regretter la première.

Quand on est heureux, il semble que l'on en soit fier; que le bonheur n'est pas jeté au hasard ; mais que le choix que la fortune fait de vous pour vous caresser est une preuve et un témoignage de votre mérite; vous voulez faire confidence de votre félicité à tout le monde, vous l'affichez sur votre face, et vous semblez réclamer comme un droit l'amitié et la vénération, en votre qualité d'élu de Dieu, qui vous grandit et vous approche de lui par ses faveurs, par ses marques d'affection, comme fait un prince pour ses favoris ! et vous êtes certain que personne ne refusera d'entrer en partage de vos joies et de vos délices.

Mais, si vous êtes malheureux, vous sentez que les arrêts de la fortune sont sans appel aux hommes ; que les heureux persuaderont aux autres et se persuaderont eux-mêmes que le sort qui vous frappe est juste : car, si l'on mettait en doute la justice du châtiment, ce serait mettre en doute l'équité des caresses. Vous comprenez que les heureux accueilleront mal vos plaintes, comme le légataire universel celles du fils déshérité.

Chacun veut avoir un ami, mais personne ne veut être l'ami d'un autre.

Les hommes ne vous trouvent sage que lorsque l'on partage ou qu'on approuve leur folie.

La plupart des hommes sont persuadés qu'ils sont ce que la nature a créé de plus accompli; qu'ils sont le type le plus parfait de l'homme, et que les autres sont plus ou moins bien, à proportion qu'ils s'approchent plus ou moins de leur ressemblance ; si vous n'avez pas leurs défauts ou leurs ridicules, ou leurs vices, ils vous croient mutilé ; si vous avez des talents ou du génie plus qu'eux, ils vous considèrent comme affligé de superfluité, telle qu'un goître ou une gibbosité.

La raison humaine est une plaisante chose dans votre bouche, comme dans celle de tout le monde. *Il a tort*, veut dire : *il ne pense pas comme moi*. *Il a raison*, signifie : *il est de mon avis.*

FIN DU PREMIER VOLUME.

TABLE DES MATIERES

1839

NOVEMBRE. — Aux amis inconnus. — Le gouvernement et les portiers. — Les partis et leurs queues. — Indépendance des gens de lettres. — Le roi des tragédies. — N'importe qui premier. — Ce que signifient les prodiges. — Gouvernement des marchands de peaux de lapin. — Consciences à trois francs. — Voyage du duc et de la duchesse d'Orléans. — Porte-crayons en or, contrôlés par la Monnaie. — L'hospitalité de Bourges. — Chercher Blanqui. — M. Cousin, philosophe cynique. — Les rois et les bergères. — Bon mot de S. M. Louis-Philippe. — Bon mot de M. Thiers. — Mauvais mot de M. de Salvandy. — Sur le jury. — Sur les avocats du roi. — Manière de faire condamner un accusé. — Vol de grand chemin. — M. Laffitte et un cocher. — Les livres. — Les romans. — M. de Salvandy. — Aux gens sérieux. — Parenthèse : les femmes de lettres. — L'École des Journalistes. — La Cenerentola et les pieds des chanteuses. — Le Daguerréotype et Christophe Colomb. — Le nez de M. Arago. — Les femmes s'en vont. — Les gants jaunes. — Les écuyères du Cirque. 5

DÉCEMBRE, — L'auteur à ses guêpes. — M. de Cormenin. — M. Duchâtel et ses chevaux. — Les fous du peuple. — M. Cauchois-Lemaire. — Une phrase de Me Berryer. — Le roi de France doit-il payer les

TABLE DES MATIÈRES.

Jettes du duc d'Orléans ? — Quatrain. — M. Chambolle. — M. Garnier-Pagès. — Les pharaons et les crocodiles. — M. Persil. — M. Etienne. — M. Viennet. — M. Rossi, citoyen du monde. — M. Etienne fils. — M. Persil fils. — Les hommes de lettres du château. — M. Cuvillier-Fleury. — M. Delatour. — M. Vatout. — M. Pepin. — M. Baudoin. — Histoire de Bleu-de-Ciel et de M. Baudoin. — Les journalistes vendus. — Diner chez Plougoulm. — Les philanthropes. — Madame de Dino. — M. Casimir Delavigne. — La nichée des Delavigne et la couvée des de Wailly. — L'Académie. — M. de Balzac. — Un soufflet. — Un mari et le télégraphe. — Un distique. — M° Dupin et ses discours obscènes. — La comédie de madame de Girardin. — M. Cavé. — Madame Sand. — M. de Waleski. — Les hommes vertueux. — La tribune. — Un jour néfaste. — MM. Léon Pillet, L. Faucher, Taschereau, Véron, Emile Deschamps. — Règne de M. Thiers. — M. Dosne. — Madame Dosne. — Madame Thiers. — La symphonie de M. Berlioz. — Épilogue. . . 58

1840

JANVIER. — Une année de plus. — Oraison funèbre de deux dents.— Déplorable tenue des représentants de la France. — M. Auguis. — M. Garnier-Pagès. — M. Dugabé. — M. Delaborde. — M. Viennet. — Argot des journaux. — Les ministères et les attentats. — Le discours d la couronne. — M. Passy. — M. Teste. — Insuffisance, amoindrissement, aplatissement. — M. Molé. — M. Thiers. — M. Guizot. — Polichinelle et M. Charles Nodier. — Les 221. — M. Piscatory. — M. Duvergier de Hauranne.— M. Malleville.— M. Roger (du Nord). — Les offices.—Treize gouvernements en trente-huit ans. — La conjuration de M. Amilhau pour faire suite à la conjuration de Fiesque. — Les trois unités. — Un mot de M. Pozzo di Borgo. — Le marquis de Crouy-Chanel. — Le garde municipal Werther. — Le comte de Crouy-Chanel. — Arrestation extrêmement provisoire de l'auteur des Guêpes. — Le gendarme Ameslan. — 650 ans de travaux forcés. — M. Victor Hugo. — M. Adolphe Dumas. — M. Gobert. — Mlle Déjazet. — Le gouvernement sauvage. — M. de Cormenin. — Mme Barthe. — M. Coulman. — La cour de France. — Les bas de l'avocat Dupin. — Plusieurs nouvelles religions. — L'abbé Chatel. — L'Être suprême l'a échappé belle. — Un prix de mille écus.— Le prince Tufiakin. — Les nouveaux bonbons. — Dupins à ressorts. — Une surprise. — Mme de Girardin. — M. Janin. — Mlle Rond... — Le sommeil législatif. — M. Dupont (de l'Eure). — M. Mérilhou. — M. d'Argout. — M. Alexandre Dumas. — Me Chaix d'Est-Ange. — Me Janvier. — M. Clauzel. — La gloire et le métal d'Alger. — M. Arago. — M. Mauguin. — M. G. de Beaumont. — Le maréchal Valée. — Le colonel Auvray. — Les pincettes. — S. M. Louis-Philippe et M. Jourdain. — M. Bonjour. — M. Berryer. — M. Michel (de Bourges). — M. de Chateaubriand. — M. Scribe. — M. Delavigne. — M. Royer-Collard. — Le duc de Bordeaux. — M. Bois-Millon. — Le duc d'Orléans. — Le duc de Joinville. — Le duc de Nemours. — M. Lerminier. — M. Villemain. — M. Cousin. — Dénonciation contre les princes du sang. — Une guêpe asphyxiée. — Vingt ans de tabac forcé. 74

FÉVRIER. — Le discours de la *couronne*. — L'adresse. — M. de Chasseloup. — M. de Rémusat. — Vieux habits, vieux galons. — M. Mauguin. — M. Hébert. — M. de Belleyme. — M. Sauzet. — M. Fulchiron boude. — Jeux innocents. — M. Thiers. — M. Barrot. — M. Berryer. — La *politique personnelle*. — M. Soult. — M. Passy. — Horreur de M. Passy pour les gants. — M. d'Argout. — M. Pelet de la Lozère. — M. de Mosbourg. — M. Boissy-d'Anglas. — Je ne sais pas pourquoi on contrarie le peuple. — M. de *** et le duc de Bordeaux. — La réforme électorale. — Situation embarrassante de M. Laffitte. — M. Arago. — M. Dupont de l'Eure. — La coucaratcha. — Les femmes vengées. — Ressemellera-t-on les bottes de l'adjudant de la garde nationale d'Argentan. — La Société des gens de lettres. — M. Mauguin. — Réforme électorale. — M. Calmon. — M. Charamaule. — M. Charpentier. — M. Colomès. — M. Couturier. — M. Laubat. — M. Demeufve. — M. Havin. — M. Legrand. — M. Mallye. — M. Marchal. — M. Mathieu. — M. Moulin. — M. Heurtault. — Prudence dudit. — Quatre Français. — Le conseil municipal, relativement aux cotrets. — Deux gouvernements repris de justice. — M. Blanqui. — M. Dupont. — Un vieux mauvais sujet. — Un préfet de Cocagne. — M. Teste. — Les rues. — Les poids et mesures. — Protestation. — L'auteur se dénonce lui-même à la rigueur des lois. — Les guêpes révoltées. — L'auteur veut raconter une fable. — M. Walewski. — M. Janin. — M. A. Karr. — M. N. R***. — Un bon conseil. — Un bal bizarre. — Madame de D***. — Les honorables. — M. Coraly le député. — M. Coraly le danseur. — Histoire de madame*** et d'une illustre épée. — M. Pétiniau. — M. Arago. — M. Ampère. — Les mathématiques au trot. — M. Ardouin. — M. Roy. — Concerts chez le duc d'Orléans. — M. Halévy. — M. Victor Hugo. — M. Schnetz. — M. Auber. — M. Ch. Nodier et madame de Sévigné. — Madame la duchesse d'Orléans. — Madame Adélaïde. — Le faubourg Saint-Germain et les quêteuses. — Madame Paturle et madame Thiers. — Mademoiselle Garcia et ses fioritures, Grétry et Martin. — Indigence de S. M. Louis-Philippe. — 29 janvier. — Ce que les amis du peuple lui ont donné. — — Les pauvres et les boulangers. — Bon voyage. 101

MARS. — L'attitude du peuple. — J'assemble Gatayes. — *Spartacus*. — Mantes. — Porcs vendus malgré eux. — Yvetot. — Rouen. — Bolbec. —

Le Havre. — L'*Aimable Marie*. — Le *Rollon*. — Le *Vésuve*. — L'*Alcide*. — La réforme électorale. — Le pays selon les journaux. — Etretat. — Les harengs et l'Empereur. — Deux abricotiers en fleurs. — Un bal à la cour. — Histoire d'un maire de la banlieue et de son épouse. — La dotation du duc de Nemours. — La couronne et la casquette du peuple. — Les avaleurs de portefeuilles. — M. Thiers. — M. Roger. — M. Berger. — M. de la Redorte. — M. Taschereau. — M. Chambolle. — M. Teste. — M. Passy (Hippolyte-Philibert). — Où trouver trente-voix ? — Les 221. — M. de Rémusat. — Madame Thiers. — Madame Dosne. — M. Duchâtel. — Mademoiselle Rachel. — M. de Cormenin. — MM. Arago, Dupont (de l'Eure) et Laffitte. — La crise ministérielle. — M. Molé. — M. Guizot. — La curée. — L'Académie. — M. Hugo. — Ne pas confondre M. Flourens avec Fontenelle, d'Alembert, Condorcet, Cuvier, etc. — M. C. Delavigne. — L'avocat Dupin. — M. Scribe. — M. Viennet. — M. Royer-Collard. — Mariage de la reine d'Angleterre. — L'ami de M. Walewski. — Le duc de Nemours. — Le prince de Joinville. — Le duc d'Aumale. — Mademoiselle Albertine et mademoiselle Fifille. — Accès de M. le préfet de police. — L'amiral Duperré. — Les armes de M. Guizot. — La croix d'honneur. — Mystification de quelques lions. — Le sabre de M. Listz. — M. Alexandre Dumas et Mademoiselle Ida Ferrier. — M. de Chateaubriand. — M. Nodier. — M. de Balzac. — Spirituelle fluxion du maréchal Soult. — Derniers souvenirs. — Un assaut chez lord Seymour. — De M. Kalkbrenner et d'une marchande de poisson. — M. de Rothschild. — M. Paul Foucher. — Un seigneur rustre. — Sort des grands prix de Rome. — M. Debelleyme. — Abus des grands-pères. — Les hommes et les femmes dévoilés. — Les femmes immortelles. — Recette pour les tuer. — La torture n'est pas abolie. — *At home*. — Un mauvais métier. — M. Jules de Castellane. — Un nouveau jeu de paume. — Moyen adroit de glisser vingt vers. — Réponses diverses 135

AVRIL. — Avénement des hommes vertueux au pouvoir. — Le roi. — M. Thiers. — Le *Journal des Débats*. — Le grand *Moniteur* et le petit *Moniteur*. — Le *Constitutionnel*. — Le *Messager*. — Le *Courrier français*. — Sonnez cors et musettes. — Les moutons roses. — Lettre du maréchal Valée. — M. Cubières. — M. Jaubert. — M. Pelet de la Lozère. — M. Roussin. — M. de Rémusat. — M. Vivien. — M. Cousin. — M. Gouin. — M. Molé. — M. Soult. — Remarquable invention de M. Valentin de la Pelouze. — M. Lerminier. — La *Revue de Paris*. — La *Revue des Deux-Mondes*. — M. Buloz. — M. Rossi. — M. Villemain. — Les Bertrand. — Le quart d'heure de Rabelais. — La curée. — Expédients imaginés par la vertu. — M. de Balzac. — *Vautrin*. — M. J. Janin. — M. Harel. — M. Victor Hugo. — Soixante-quatre couteliers. — M. Delessert. — Le ministère et le fromage d'Italie. — M. Cavé. — Madame de Girardin. — M. Laurent, portier et directeur du Théâtre-Français. — Deux *cordons* à son arc. — M. de Noailles. — M. Berryer. — M. Barrot. — M. Bugeaud. — M. Boissy-d'Anglas. — M. Lebœuf et madame Lebœuf. — M. F. Girod de l'Ain. — M. Mimaut. — Me Dupin. — M. Demeufve. — M. Estancelin. — M. Chasseloup. — M. Bresson. — M. Armand. — M. Liadières. — M. Bessières. — M. Daguenet. — M. Fould. — M. Garraube. — M. Pèdre-Lacaze. — M. Poulle. — M. Lacoste. — M. F. Réal. — M. Bonnemain. — Les sténographes affamés. — M. Desmousseaux de Givré. — M. de Lamartine. — M. Etienne. — M. Véron. — Croisade contre les Français. — Noms des croisés. — M. Thiers, roi de France. — Abdication de S. M. Louis-Philippe. — M. Garnier-Pagès. — Les Français sont décidément trop malins. — Un apologue. — Affaire de Mazagran. — M. Chapuys-Montlaville plus terrible que les Arabes. — Bons mots d'icelui. — Musée du Louvre. — Ce que représentent les portraits. — Qu'est-ce que la couleur ? — M. Delacroix. — Portrait d'un chou. — Portrait d'un nègre. — La garde nationale. — M. Jacques Lefebvre. — La femme à barbe. — Souscription pour la médaille de M. de Cormenin. — Le sacrifice d'Abraham. — Le supplice de la croix. — Profession de foi. — Rapacité des dilettanti. — M. Bouillé. — M. Frédéric Soulié. — A. Dumas. — Madame Dudevant. — M. Gavarni. — M. Henri Monnier. — Abus que fait le libraire Curmer de quelques écrivains. — Protestation. — Les dames bienfaisantes. — Le printemps du 21 mars. 166

MAI. — **Condamnés à la vertu.** — M. de Remilly. — M. Molé. — M. Soult. — M. Janin. — S. M. Louis-Philippe. — Le duc d'Orléans. — La carte à payer. — Les nouvelles recrues. — Les chevaux du roi. — M. Hope. — M. de Vigogne. — M. de Strada. — Napoléon, Louis XVIII, Charles X. — Les chevaux d'Abd-el-Kader. — Pacha. — M. de Montalivet. — Le duc d'Aumale. — M. Adolphe Barrot. — M. Gannal. — Les dames bienfaisantes. — M. Panel. — M. de Fluttow. — Combien coûte sa musique aux Polonais. — M. de Castellane. — Les lions. — Règlement de la salle de danse de madame veuve Deleau. — Question du pain. — M. Bugeaud, protecteur de la viande française. — Petits cadeaux. — Les circonstances atténuantes. — Le numéro 1266. — M. de Rovigo. — M. de Saint-Pierre. — Me Dupin et le maréchal Clauzel. — Le soleil. — Un perruquier. — Folie de vieille femme. — M. Thiers. — M. de Rémusat. — M. Gisquet. — M. Pillet. — Mademoiselle R. — Les femmes laides. — M. Cousin, disciple de Platon. — M. Villemain. — Madame Collet, née Revoil. — M. Droz. — Un homme qui a froid. — Chansons de table. — M. Guizot. — M. Véron. — Le roi et M. Thiers dévoilés. — M. de Cormenin couronne des rosières. — Les initiales. — Longchamps. — M. de Feuillide. — M. Méville. — Babel. — M. Altaroche. — M. Desnoyers. — Sur la société des gens de lettres. — Un conseil de révision. — M. Listz. — Un monsieur très-méchant. — Histoire d'un peintre et de son tailleur. — Mémoires d'une jeune fille. — **Les lovelaces du ministère.** — Mesdames L..., E...

TABLE DES MATIÈRES.

B..., etc. — Politique des femmes. — M. Thiers et Antinoüs. — M. de Balzac et Appollon. — Le fidèle Berger. — M. Vivien. — M. Pelet (de la Lozère). — L'Angleterre. — Commerce à main armée. — Le soufre et l'opium. — Embarras des journaux ministériels. — Les baisers de M. de Rambuteau. — M. Poisson. — Frayeur de l'auteur des *Guêpes*. — Une matinée chez madame W***. — Les vicomtes. — M. Sosthènes de la Rochefoucauld. — M. de Chateaubriand. — M. Ch. Delaunay. — M. d'Arlincourt. — Comment appeler les *auditeurs* quand ils n'écoutent pas ?— Dupré et M. Isabey. — Le chapeau à fresques. — Réjouissances à l'occasion du mariage du duc de Nemours. — Le char-à-bancs. — M. Fould.— M. Michel (de Bourges). — Madame de Plaisance. — M. Roussin n'ose pas s'accorder ses propres faveurs. — Un juré innocent. — Aux lecteurs des *Guêpes*. — M. Vivien. — M. Baudet. — M. Villemain. — M. Hugo. — *Post-Scriptum*. — Amnistie 195

JUIN. — Report d'autre part. — Le petit Martin. — M. Thomas. — Description du petit Martin. — M. Pelet de la Lozère. — L'oubli des injures. — Madame Dosne. — Les mariages. — M. d'Haubersaert. — La machine impériale. — 1er MAI. Les discours au roi. — M. Pasquier. — M. Séguier. — M. Cousin. — M. de Lamartine. — Madame Dudevant. — Madame Dorval. — Madame Marliani. — M. de Balzac. — M. François Cornu. — M. Anicet Bourgeois. — Le mari de la reine d'Angleterre. — Les Chinois. — Encore M. Cousin. — M. de Pongerville. — Madame Collet née Revoil. — Les feuilles amies. — Deux cent mille francs. — Avantage qu'ont les rois morts sur les rois vivants. — M. Duchâtel. — Mademoiselle Rachel. — Madame de Noailles. — M. Spontini. — M. Duprez — M. Manzoni. — Le père de la duchesse de Nemours. — Les injures anonymes. — Conseils à M. Jules ***. — M. de Montalivet. — M. Dumont. — M. Siméon. — Les restes de Napoléon. — M. Thiers. — M. de Rémusat. — M. Guizot. — M. Molé. — La caque sent toujours le hareng. — M. Taillandier. — La plume d'une *illustre épée*. — Le maréchal Clauzel. — Miei Prigioni. — Méditations. — Les lis et les violettes. — Madame Tastu. — Madame Laya. — M. Valée. — M. Cavaignac. — M. Fould. — M. Jacques Lefebvre. — M. Lebœuf. — M. Garnier-Pagès. — M. Thiers. — M. D'Argout. — M. Dosne. — M. de Rothschild et les juifs de Damas. — La quatrième page des journaux. — Les chemins de fer. — Trois cerfs. — Chasse courtoise. — Souscription pour les pêcheurs d'Étretat. — Rapport de M. Clauzel. — M. Frédéric Soulié. — M. Frédérick-Lemaître. — Une représentation par ordre. — Mademoiselle Albertine. — M. Glais-Bizoin. — M. Gauguier. — M. de Lamartine. — Apothéose peu convenable. — Les barbarismes de la Chambre. — Le *Journal des Débats* s'adoucit. — M. Janin. — M. de Bourqueney. — M. de Broglie. — M. Sébastiani. — M. Léon Pillet. — M. Duponchel. — M. Schikler. — Mademoiselle Fitz-James. — *Am Rauchen*. . . 233

JUILLET. — Report d'autre part. — Les médailles des peintres. — M. Jaubert, — M. de Rémusat décorés malgré eux. — Un ex-dieu. — M. Cousin, — M. Jouffroy, — Il n'y a pas de savants. — M. Arago. M. G. de Pontécoulant. — M. Mathieu de la Redorte. — MM. Étienne, — Véron, — Jay. — M. Neveu. — M. Ganneron. — M. Lherbette, — MM. Baudoin, Duprez et Éliçabide. — Mme Lafarge et Mlle Déjazet. — Hommage que l'auteur se plaît à rendre à sa propre sagesse. — M. Fauvel, maire d'Étretat. — M. Meyer-Beer. — M. Lemercier. — M. Hugo. — Les tribuns du peuple. — Léon Gatayes. — M. Janin. — M. Théodose Burette. — Mme Francia Mollard. — M. le vicomte d'Aure. — M. Baucher. — M. Malpertuis. — La revue. — Le puff du gouvernement. — L'empereur de Russie. — M. Ernest Leroy.   Le cheval de Tata. — *Attentat* du 15 juin. — Portrait du couteau. — Gueuleton. — Convoi, service et enterrement de la proposition Remilly. — Libations. — M. Waleski. — Ordre du jour. — Témérité de M. Roussel, chef de bataillon de la garde nationale de Montreuil. — La Fête-Dieu. — Un monsieur découvre que je suis un *mouchard*. — Adresse. — Dernières séances de la Chambre des députés. — Mort de Redouté. — Bohain's french newspaper. — Le satrape Valée. — M. Bugeaud. — Les pianos et les voisines. — La curée. — M. Pariset. — La Chambre des pairs. — M. Pasquier. — Divers Pasquiers. — M. Decaze. — M. de Saint-Aulaire. — M. Auguis. — M. Jouffroy. — M. Chambolle. — M. Gouin. — M. Vincent. — M. Blanqui aîné. — M. de Bourgoin. — M. de Fontenay. — M. Deffaudis. — Gaillardises d'icelui. — On donne une place à M. Drouin parce qu'il a un mauvais caractère. — MM. Laffitte et Arago, aristocrates. — M. de Balzac. — Amen e honorable. — *Am Rauchen*. 267

FIN DE LA TABLE DU PREMIER VOLUME.

Clichy. — Impr. M. Loignon, Paul Dupont et Cie, rue du Bac-d'Asnières, 12.

7559